新编公共管理类专业实践教学系列教材

（顾问 夏书章 / 主编 王枫云）

公共管理类专业综合实习教程

GONGGONG GUANLILEI ZHUANYE ZONGHE SHIXI JIAOCHENG

林志聪 编

中山大学出版社
SUN YAT-SEN UNIVERSITY PRESS
·广州·

版权所有　翻印必究

图书在版编目（CIP）数据

公共管理类专业综合实习教程/林志聪编．—广州：中山大学出版社，2017.6
（新编公共管理类专业实践教学系列教材/顾问　夏书章　主编　王枫云）
ISBN 978-7-306-05864-5

Ⅰ.①公… Ⅱ.①林… Ⅲ.①公共管理—实习—高等学校—教材 Ⅳ.①D035-45

中国版本图书馆 CIP 数据核字（2016）第 247645 号

出 版 人：	徐　劲
策划编辑：	曾一达
责任编辑：	曾一达
封面设计：	曾　斌
责任校对：	李艳清
责任技编：	何雅涛
出版发行：	中山大学出版社
电　　话：	编辑部 020-84110283，84111996，84111997，84113349
	发行部 020-84111998，84111981，84111160
地　　址：	广州市新港西路 135 号
邮　　编：	510275　传　真：020-84036565
网　　址：	http://www.zsup.com.cn
	E-mail: zdcbs@mail.sysu.edu.cn
印 刷 者：	广东省农垦总局印刷厂
规　　格：	787mm×1092mm　1/16　13 印张　300 千字
版次印次：	2017 年 6 月第 1 版　2017 年 6 月第 1 次印刷
定　　价：	35.00 元

如发现本书因印装质量影响阅读，请与出版社发行部联系调换

本教材是下列教学改革与教学研究项目的部分成果：

（1）广东省教育科学"十二五"规划2013年度课题："珠三角城市群教育资源的优化配置研究"（2013JK140）。

（2）广州市教育科学"十二五"2013年度项目："广州教育公共服务体系优化研究"（2013A010）。

（3）广东省本科高校教学质量与教学改革工程2014年立项建设项目："广州大学—广州市政务服务中心政务实践教学基地"。

（4）广州市第二批示范性实践教学基地2014年度建设项目："广州市政务服务中心政务实习基地"。

（5）2014年广东省研究生教育创新计划2014年项目："广州市人民政府政务管理办公室联合培养研究生示范基地"。

（6）广州大学2015年省级"本科教学质量工程"项目："广州大学—广州市城市管理委员会实践教学基地"。

（7）2015年广州市高等学校第七批教育教学改革重点立项项目，2015年广东省高等教育教学改革项目（本科类）："地方院校行政管理专业'双导师制'的实施现状调查及其完善对策研究——以广州大学为例"。

（8）广东省教育研究院2014年度教育研究重点项目："地方院校本科生培养质量的跟踪评估研究——以广州大学为例"（GDJY—2014—C—a008）。

（9）2014年度广东教育教学成果奖（高等教育）培育项目："校外实践教学基地建设中的大学与政府全面合作模式"。

作者简介

林志聪　广州大学松田学院法政系社会工作教研室主任、讲师、管理学硕士，广州大学大都市治理研究中心研究员。

序　言

公共管理作为一门应用性和实践性很强的学科，实践教学在其学科体系中占有非常重要的地位。实践教学体系是否充分、完备，将会直接影响到学生的实际应用能力和综合素质的提升，关乎本专业能否培养出符合社会需要的高层次创新应用型人才。但是，由于受到传统教育理念和教学模式的束缚或影响，当前我国的公共管理教学一般主要以课堂教学为主；往往偏重对理论知识的传授，而实践教学内容、实践教学形式、实践教学课时等方面的安排不够合理、不够充分。这一现状已经影响到公共管理专业的人才培养质量。这就需要突破原有的教育理念和教学模式，将实践教学作为整个公共管理专业教学体系的有机组成部分。尤其是在当前我国加快落实"创新驱动发展战略"，大力建设"创新型国家"，倡导"大众创业、万众创新"的时代背景下，公共管理专业更应主动适应经济社会发展的"新常态"，将"创新性、创造性和实践性"作为衡量人才培养质量的重要标尺。

有鉴于此，我很乐于看到王枫云教授主编的《新编公共管理类专业实践教学系列教材》的出版。作为国内第一套公共管理类专业实践教学的系列教材，这套教材由《公共管理类专业模拟实习教程》《公共管理类专业综合实习教程》和《公共管理类专业本科学位论文的写作与答辩》三本各自独立而又有内在关联的教材组成。其中，《公共管理类专业模拟实习教程》以"在课堂教学中创设情景模拟实习环境，让学生在情景模拟角色的扮演中加深对知识的理解、领会、吸纳与应用"为目标，涵盖了如下教学内容：公文写作模拟实习、公文管理模拟实习、电子政务模拟实习、政府网站管理模拟实习、公共部门人力资源管理模拟实习、公共关系模拟实习、公共危机管理模拟实习、公共管理研究模拟实习等。《公共管理类专业综合实习教程》以"让学生在不断实践的过程中找准自己的职业方向，积累工作经验，为正式就业打下基础"为指针，涉及如下教学内容：政府办公事务处理实习、接待事务实习、会务工作实习、档案管理实习、调研工作实习等。《公共管理类专业本科学位论文的写作与答辩》以"推进公共管理类专业本科生学位论文写作与答辩的思想性、学术性、创造性、规范性和严谨性"为导向，包括了如下教学内容：公共管理类专业本科学位论文的结构和格式、公共管理类专业本科学位论文写作常用的调查方法、公共管理类专业本科学位论文的选题、公共管理类专业本科学位论文材料的搜集与整理、公共管理类专业本科学位论文写作过程、公共管理类专业本科学位论文各部分的主要写法、公共管理类专业本科学位论文语言和逻辑、公共管理类专业本科学位论文写作规范、公共管理类专业本科学位论文答辩等。

上述三本教材从课堂模拟实习到校内外综合实习，再到实践教学的最终环节——学位论文的写作与答辩，形成了一个从课内到课外，再到最终环节的公共管理类专业实践教学的课程体系，能有效地促进公共管理类专业实践教学的教学内容改革、教学方式改革、考核方式改革、学位论文（设计）改革等，进而推进公共管理类专业高层次创新应用型人才培养目标的达成。

当然，具有创新性、创造性和实践性特征的公共管理类专业本科人才的培养是一个复杂的系统工程，除了不断创新实践教学教材的内容、提升实践教学教材的质量外，还要着力建立以学生为中心的实践教学运行机制，打造服务实践教学的运行平台与管理体系，构建起全方位、全覆盖的实践教学质量监控体系等。这样，才能培养出与国家、社会需求相契合的公共管理类专业本科人才。

2016 年 6 月 11 日

目 录

第一章 绪论 ·· 1
第一节 实习的意义、目标与步骤 ·· 1
一、实习的意义 ·· 1
二、实习的目标 ·· 3
三、实习的步骤 ·· 4
第二节 实习的规划与前期准备 ·· 7
一、实习的规划 ·· 7
二、前期准备 ·· 16

第二章 日常事务 ·· 26
第一节 使用电话 ·· 26
一、电话拨打者的行为规范 ··· 26
二、接听电话者的行为规范 ··· 28
第二节 收发邮件 ·· 28
一、工作邮件的分类 ·· 28
二、邮件撰写注意事项 ··· 29
第三节 印章的使用与保管 ·· 31
一、印章的概述 ·· 31
二、印章的使用 ·· 32
三、印章的保管 ·· 34
四、案例分析 ·· 34
五、公章管理相关法律规范 ··· 36

第三章 公文处理 ·· 42
第一节 公文概述 ·· 42
一、公文的概念 ·· 42
二、公文的分类 ·· 43
三、公文的作用 ·· 44
第二节 公文拟制 ·· 45
一、公文起草 ·· 45
二、公文审核 ·· 54

三、公文签发 ··· 55
　　四、常用公文写作规范 ··· 55
　第三节　公文办理 ··· 82
　　一、收文办理 ··· 82
　　二、发文办理 ··· 84
　第四节　公文管理 ··· 84
　第五节　公文写作的相关规范文件 ·· 85

第四章　接待工作 ··· 110
　第一节　接待前的准备 ··· 110
　第二节　实施接待 ··· 113
　第三节　来宾送别 ··· 118
　第四节　接待时应注意的礼仪 ·· 121

第五章　档案管理 ··· 124
　第一节　档案概述 ··· 124
　　一、档案的概念和特点 ··· 124
　　二、档案的作用 ··· 125
　　三、档案的种类 ··· 126
　　四、档案管理工作的内容 ·· 126
　　五、档案管理工作的性质和意义 ·· 127
　　六、档案管理工作的基本原则 ··· 128
　第二节　档案收集 ··· 128
　　一、归档制度 ··· 128
　　二、档案装订 ··· 130
　第三节　档案整理 ··· 131
　第四节　档案保管工作 ··· 135
　第五节　档案检索工作 ··· 136
　第六节　信息化档案管理 ··· 138

第六章　会务工作 ··· 147
　第一节　会议与会务概述 ··· 147
　第二节　会前准备 ··· 149
　第三节　会中服务 ··· 161
　第四节　会后工作 ··· 163

第七章　前台工作

第一节　前台的工作规范 …………………………………………… 165
第二节　接待来访者的要领 ………………………………………… 170
第三节　意外情况处理 ……………………………………………… 172
第四节　接待投诉的来访者 ………………………………………… 173

第八章　调研工作

第一节　调研工作概述 ……………………………………………… 175
第二节　调研程序 …………………………………………………… 176
第三节　调研工作的方式与方法 …………………………………… 178
第四节　调查报告 …………………………………………………… 181

第九章　实习报告写作指导

第一节　实习报告的概述 …………………………………………… 186
第二节　实习报告写作的原则与步骤 ……………………………… 188
第三节　实习报告的写作要求 ……………………………………… 190
第四节　实习报告的通用格式 ……………………………………… 191
第五节　实习报告范例 ……………………………………………… 193

参考文献 …………………………………………………………… 199

后记 ………………………………………………………………… 201

第一章 绪论

第一节 实习的意义、目标与步骤

一、实习的意义

近年来,我国经济增速放缓,产业结构调整,导致部分行业对人才的需求量减少;加上高校毕业生数量的持续增长(见图1-1所示),使得高校人才培养与社会需求间的结构性矛盾愈加明显。多重因素的叠加导致了近年来高校毕业生就业压力不断增大,致使每年都被称为"最难就业年"。

然而,一方面,高校毕业生就业难,另一方面,用人单位也出现招聘难、人才流动性大的问题。造成如此尴尬局面的因素是非常复杂的,站在用人单位的角度来看,出现人才招聘难和人才流动性过大现象的主要原因是高校培养出来的人才质量难以达到用人单位的用人标准,或者是高校毕业生难以适应用人单位的工作环境。这个现象的出现在某种程度上可以归结为毕业生从高校到社会的角色转换出现了"卡壳"的问题。由于高校与用人单位是两个差异性非常大的社会系统,从"学校人"向"工作人"的角色转变会存在知识、技能、心态、理念、价值观等一系列因素差异的影响,导致在对接这一环节上出现了问题。解决角色转变"卡壳"问题的最好的方法就是在角色转变之前提前做"热身",这里的"热身"就是指实习。与做激烈运动前的热身运动作用一样,通过"热身"使心理与身体都做好准备,以迎接更加高强度的挑战。

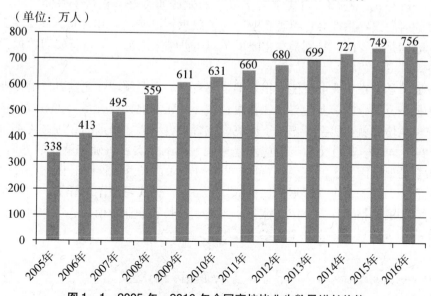

图1-1 2005年—2016年全国高校毕业生数量增长趋势

为什么高校学生要参加实习活动呢？对于这个问题可以从实习意义的角度进行回答。实习对高校学生来说主要有以下方面的意义：

1. 实习期是最好的"试错期"

很多人填报高考志愿选择专业时也许是凭一时兴趣，也许是考虑了未来的就业，也许是遵从了父母的建议，也许是某个师兄师姐做参谋，也许是老师的推荐，也许是想进入心仪的高校学习，也许是对某个城市的向往等等；无论是出于什么原因攻读这个专业3年或4年，就业前都必须要结合自己的专业特点考虑整个职业生涯。对于整个职业生涯来说，给自己的容错期是多久？在这个时间段里，允许自己犯哪些方面的错误才不至于影响整个职业生涯？这些错误会使自己付出什么样的代价？大学如果是一扇开阔眼界的大门，那么在进入这个大门后，如何让自己在选择第一家工作单位时不至于太"迷茫"？如何能够在前景未知的情况下做出理性的选择？

实践出真知，通过有针对性的实习实践，在此过程中不断地去"试错"，才能对自己的职业生涯有一个更清晰的认知。

2. 有助于明晰自己的职业方向

在实习的过程中，可以了解和尝试不同种类的岗位，不同岗位代表了不同的职业方向，实习的过程是判断自己职业方向的最好途径。根据专业、兴趣、工资、培训和学习的机会、发展等各种因素去考虑什么样的岗位最适合自己。通过实习这种方式来明晰自己的职业方向，这是其他渠道与方式不能取代的。

3. 为正式工作积累丰富的工作经验

毕业生在找工作时最大的局限性就是缺乏相关工作经验，而且进入工作状态缓慢，因此很多用人单位不太愿意接收应届毕业生。实习能有效解决上述困境，通过实习，积累一定的工作经验。实习经验本身就是一个增加就业竞争力的砝码，而更有价值的是从实习中获得的各类知识和信息，以便对将来的就业和事业发展有所帮助。

德国普罗克特尔·加姆布勒公司主管招聘人才的马蒂亚斯·恩德尔斯建议：作为学习教育的一种补充，进行"自愿定向实习"的做法非常好。在这个时候，实习生应当利用足够的时间去熟悉社会、熟悉企业。为了熟悉自己新的工作环境，化2~3个月甚至更长的时间是必要的，特别是在主要的学习生涯结束之前应当进行实习，以便为就业做好准备。

一方面，学生在毕业前夕能够很好地了解自己的专业领域，充实自己的专业知识学习内容。另一方面，当毕业生寻找工作时，实习时建立的社会关系、实习过程中留下的良好印象可以增加就业机会。德国下萨克森主管微电子人才培训的经理维克弗里德·米埃说："实习、写毕业论文和就业应当是三位一体的。实习将确定就业的方向"。据奥迪公司人事处处长因戈·博克说："同求职者的谈话，或由评价中心做出的评价通常没有多少说服力，因为每个人只展示出他的好的一面。而实习就不一样了，可以全方位地体现出实习生的性格、气质、职业能力、兴趣、特长、职业价值观、工作计划性、执行力、人际交往等信息，供企业全面参考。"[①]

---

① 任占忠：《大学生实习指导》，1~4页，北京交通大学出版社，2013。

总的来说，只有实习，才能感受一个真实工作的需要，才能确定适合你的行业和岗位。

只有实习，才能辨别你对一个工作是虚拟的幻觉还是真实的喜爱，便于进行职业方向的选择，也可以在实习体验之后选择相对比较喜欢的职业岗位。

只有实习，才能模拟体会在真实的职业岗位上其他人对你做人做事的要求，才能培养基本的人情世故，才能得到一些有价值的行为矫正。

只有实习，才能发展初具规模的校园以外的人际关系，这些人际关系对帮助你迅速进入"职业人"的角色有很大的作用。①

二、实习的目标

实习是有目的的实践活动，大学生参加实习具有很强的目的性。实习的目的可以归纳为以下三点：

1. 培养能力，提升技能

学生在学校学习的阶段能够学习到丰富的理论知识，同时能锻炼一定的思维能力。至于执行能力、人际沟通能力、团队合作协助能力等能力素质难以在学校得到充分培养和锻炼，而这些能力恰恰是个人成长、职业发展必不可少的要素。事实证明，这些能力通过实践的方式来培养才是最有效的。实习阶段为学生提供一个培养各方面能力的平台，促使学生边做边学、边做边培养能力，通过一段时间的实习，学生的各方面能力可以得到较大幅度的提升。

学生在实习阶段培养能力与技能的目标主要有以下几个方面的内容：

（1）培养执行能力。通用电气公司总裁杰克·韦尔奇曾经说过："企业目标达成的关键就在于企业的执行力。没有执行力，一切都是空谈。"作为个人，亦是如此。个人目标的实现依赖于个人执行能力。在工作岗位上，执行力主要表现在员工把上级交代的任务和想法变成行动，把行动变成结果，从而保质保量地完成任务。作为实习生，应该在实习过程中，着重培养这种能力，把上级交代的每一项任务都想方设法地落到实处，逐步改掉那种"做得差不多就可以了"的办事习惯。

（2）提高人际交往的技能。自从出生，我们就需要与人交流，随着年龄的不断增长，我们认识的人越来越多。等到步入社会，将会面对更多形形色色的人。每个人都会为了自己的利益而奋斗，并不是每个人都会友善真诚地对你，也不是每个人都会在你有过失的时候表现得非常宽容。这时候人际交往能力就派上用场了。人际交往技能作为一种基本的生存技能，对人们在将来的生活中、工作中处理好自己的人际关系，建立自己的人脉圈，都是特别重要的。社会中的人际交往比学校中的人际交往复杂很多，骤然接触这些很可能让很多人无所适从，而实习就相当于"打预防针"。因此大家要很好地利用实习的机会去强化自己的技能，努力提高自己的人际交往能力，为应对今后激烈的竞争加重几分砝码。如公共管理类专业学生进入政府机关相关部门实习，通过与政府工作人员以及相关人员的接触，能了解办理一般行政事务的程序，积累在行政部门的人际关

---

① 黑苹果青年：《这样实习就对了》，9～10页，北京时代华文书局，2014。

系,在工作中能学会为人处世的方法,突破在校学生对公共管理的狭隘认识,更早地接触社会、融入社会,有利于毕业后在工作岗位上顺利地实现角色转变。[①]

(3) 培养团队合作能力。在上学阶段,由于学生的社交圈子相对较窄,面对的人也相对较单纯,因此,与人合作的成本较低、难度较小。一旦走进社会,由于人与人之间的身份、背景、地位、利益的差异性很大,使得合作变得困难。那么在实习过程中,要学习如何与他人建立有效的合作关系,如何在团队合作过程中协调与他人的利益,以达到"1+1>2"的目的。

(4) 学会使用各类办公软件及办公设备。大部分的学生从未接触过打印机、传真机、办公自动化系统等事物,实习单位里每一类办公软件及办公设备的正确、高效地使用对他们来说都是一个不小的挑战。通过一段时间的实习,希望能够快速、准确地使用相关办公软件及办公设备,以提高工作效率,完成相应的工作任务。

除了以上提到的能力与技能外,根据公共管理专业的培养目标,实习生在实习过程中还要培养和提高协调能力、领导能力、沟通能力、分析问题的能力、统筹能力、写作技能等。

2. 明确职业发展方向

公共管理专业相对来说是一个新兴专业,作为现代管理科学四大分支之一,有着广阔的发展前途,公共管理专业的就业范围也十分宽广。正是由于此专业就业范围宽广,致使就读本专业的学生对未来职业发展方向比较模糊。很多学生对自己未来要从事什么样的工作感到迷惘和彷徨。通过实习可以有效地明确自己职业发展的方向。因为经过一段时间的实习可以发现自己具备从事某行业工作的潜质,那个时候就可以进一步明确自己的职业路径,并以此作为努力的方向。相反地,如果通过实习发现自己根本不适合某个行业或某种类别的岗位,那就及时"调转船头",选择其他的职业发展方向。实习就是这样一种"试错"的方法,使学生在不断尝试的过程中,找准自己的职业路径,为未来的职业发展奠定基础。

3. 树立正确的职业道德观

所谓的职业道德,是指人们在一定范围内所必须遵守与其行业相适应的行为规范。一般来说,公共管理类专业毕业的学生会在各级党委、政府、人大、政协、司法、企事业单位、调查咨询机构以及其他公共部门或社会团体等组织从事组织人事、行政管理、外事交流、文秘宣传、政策研究与分析、项目策划与管理等方面的工作。这些工作内容具有较强的公共性,涉及广大群众的利益,这就需要在实习过程中逐渐地培养正确的职业道德观。特别是一些与群众近距离接触的服务工作,更需要在工作过程中热情为民、秉公办事、行为有序。在实习的过程中能够加深对工作性质的认识,体会到服务群众的成就感,有助于逐步树立正确的职业道德观。

三、实习的步骤

对于准备走上工作岗位的实习生来说,他们即将面临一次角色的重大转变,很多大

[①] 娄成武,魏淑艳,曹丁:"校府合作",见《公共管理专业人才培养模式的新探索》,载《中国行政管理》,2009 (9),104 页。

学生会出现彷徨和迷茫之感。之所以彷徨，可能是因为在心理准备不足，在短时间内难以适应角色的转变，而感到迷茫是因为不知道从何入手寻找实习工作、不知道哪种类型的工作适合自己、不知道应该如何做好实习工作等。如果这种彷徨和迷茫之感一直延续的话，会严重影响实习的质量。因此，作为即将走上实习工作岗位的学生，一定要厘清实习的步骤，了解每个步骤需要注意的事项，做到心里有数，才能更好地适应角色转变带来的变化（如图1-2所示）。

图1-2　实习的步骤

1. 确定实习职业方向

方向是行动前的基础，如果方向模糊，行动就难以达到预期效果。因此，实习之前应确定实习职业方向。而确定实习职业方向需要对自身有充分的了解，即对自己所学的专业、自身能力水平、性格特点、优势与劣势、兴趣所向等方面有一个较为清晰的认知。只有对自己有一个清晰的认知，才可能确定适合自己的职业方向。在此基础上规划自己的职业生涯，为自己的职业发展确立方向以及拟订方案。如何制订属于自己的职业生涯规划，请参考本书"做好职业生涯规划"部分。

2. 收集实习相关信息

明确了自己的实习职业方向之后，接下来就要收集实习相关信息，充足且有效的信息能为决策和行动提供重要的支持作用。在投简历前收集各方面的信息是非常重要的，也是非常必要的。很多人在第一次实习时都会投出上百份简历，但收到回复的却寥寥无几，这种做法不仅浪费时间和资源，而且成功率也不会很高。出现这种现象的主要原因就在于没有事先做好信息收集，没有做到"知己知彼"。因此，我们在寻找实习工作的时候，应该尽量避免这种因雇佣双方信息严重不对称而导致的低效率。

随着互联网的快速发展，我们在互联网中能轻松获取海量的信息资源。由于通过互联网能轻易、低成本、高效地获取我们想获得的资源，互联网已经成为大学生收集实习信息的最主要平台之一。大学生可以在各大招聘网站平台如智联招聘、前程无忧等网站了解意向行业、单位或岗位的信息。也可以在政府或社会组织创办的就业信息网了解相关信息。在招聘会或企业宣讲会上也可以获得大量有用的信息。还可以利用学校的资源，如学校的就业指导中心网站，学校的BBS等。

此外，在你的身边还有很多可以利用的资源，比如你的老师、同学、亲戚、学长，他们往往是你第一次实习的介绍人，通过这些渠道获得的信息可信度往往较高。

信息收集工作是实习前准备工作的核心。事实上，收集信息的过程也是锻炼能力的过程。

3. 制作简历

求职的过程就是自我推销的过程。只有较好地把自己这个"商品"推销给招聘单位，且招聘单位认可你推销的"商品"，你才有可能被录用。简历就是你推销自己的说明书或介绍书，因此，对实习的求职者来说，简历至关重要。对招聘方来说，收集信息也尤为重要，而他们对应聘者作出判断的最根本的依据就是手中的简历。

简历虽"简"，但如果设计得当，就可以向招聘单位充分展示自身的情况。简洁而有力，才是一份高质量简历所应该达到的水准。对于不同的求职者来说，简历的大部分内容都是大同小异，因此要想脱颖而出就要花一番心思了。如何制作一份属于自己的高质量简历，在接下来的章节中会为大家详细介绍。

4. 笔试

简历投递出去后，理想的结果就是收到下一轮的甄选通知。一般来说，较为正式的实习招聘在面试前都会有一个笔试环节，当然也不乏一些不喜欢以成绩来判断能力的单位会取消此环节。笔试可以简单地分这样几类：专业技能测试、综合能力测试和智力测试。笔试成绩往往用来衡量应聘人员的实际水平。因此考前要对一些专业知识进行复习，还要收集相关考试信息，例如该单位往年的考试题目。考试时心态要放平稳，答出自信。在答主观题时要书写工整，条理清晰，这样能给阅卷人一个良好的印象。

5. 面试

有的人把简历制作得非常完美，笔试成绩也很优异，但是他们的面试表现却不突出，甚至可以说是很狼狈。因此，面对面试关不可"轻敌"。这既是对求职者能力的考验，也是证明自身能力的机会。也许你在面试前把可能发生的情况模拟了很多次，连应对的说辞也准备了好几种方案，可是到了面试的时候，却总是发生你意想不到的事；之前做的准备也许会束缚你的思维，使你的表现显得很僵硬，考官对你的印象也大打折扣。为了能更好地展现出自己，前期准备是必要的，但也要有方向。面试单位的背景、你要竞争的岗位的情况等都要仔细了解，面试前要确保自己的着装大方得体，一定不要迟到，要知道主考官想得到怎样的答案，抓住重点事半功倍。在接下来的章节中也会对面试这部分内容作详细的介绍。

6. 开展实习

如果你过关斩将，通过了所有的应聘考核，最终成功地成为该单位的实习生，那你接下来要迎接实习过程中最为重要的阶段，即实战阶段。实战阶段即实习工作的实施阶段，这是实习步骤当中的核心环节。在实战阶段中，实习生首先要端正实习态度。很多人以为踏上实习岗位就一切都解决了，但是，如果付出了那么多努力，只为了找到一个可以供自己安逸享受的地方，那之前所做的努力就失去了意义。你在实习过程中的态度将决定你最后的收获，也决定了实习的价值。细心的人、勤奋的人、用心的人无论处在任何环境，都能做到最好，也能收获最多。

实战阶段最重要的是靠自己，我们要学会抓住每一个机会。要学会去问，作为一个实习生，向前辈请教是天经地义的事。同时，也要与自己的指导教师保持联系，以便随时发现问题、分析问题、解决问题。要尝试去做，作为一个实习生，不会做的事要学着去做，会做的事要努力做好。要学会沟通，在实习过程中，最容易提升的便是沟通能力。在团队协作中、在与上级交流中，都能切身体会到一些沟通的秘诀。主动去沟通、巧妙地沟通，只有做到这两点，才能最大限度地提升自己的沟通能力。

实战阶段是整个实习流程的精华所在。在实战中接触更多的人和事,可以使自身的能力得到全面提升,可以让大家对工作岗位有所认识、对就业方向有所定位。当然,这一切的前提就是积极认真的工作态度。

7. 实习总结

实习不是目的而是手段,具体来说,就是实习是培养能力、提高自我的手段。因此,不能为了实习而去实习。实习过程会暴露每个人自身存在的问题,同时也见证了每个人的成长,这些都是值得每个人去感受、去体会的。经历不代表经验,但却可以转化为经验,大家只有在总结实习经历的基础上,才能将经历转变为经验、将经验转化成能力。因此,要想真正在实习活动中有所收获,就一定要学会总结自己的优劣与得失。只有这样,才能让每一次实习经历都更有价值,才能使自己更具竞争力,为将来就业时自身的价值加重砝码。

以上就是在进行实习时所要经历的几大步骤,主要分为实习前的准备工作、实战阶段和实习后的总结。处理好这三个环节才可以说实习活动是有意义的。在不同的阶段,或许会有不同的侧重点,但对于实习者来说,最重要的就是心态和态度,这需要大学生在整个实习过程中细细体会、有所感悟。[①]

第二节 实习的规划与前期准备

一、实习的规划

(一)了解自我

一份《大学生实习就业方向》调查报告显示,很少有学生要求实习方向必须与本专业保持一致;而大多数学生参加实习的目的就是"获得一份实习证明和推荐信"。正如求职前需要做职业生涯规划一样,实习前也要做好实习规划。其实,实习也可以看作职业生涯的一部分。与职业生涯规划类似,实习规划主要包括自我探索和职业探索,然后再根据自己的实际情况,选择适合自己的实习单位和岗位。

谁能及早地了解自己、认识自己,谁就能顺利地摆脱职业迷茫,明确人生的目标和职业定位。要深入、全方位地了解自己,就要对自己的职业兴趣、性格特点、职业价值观及擅长的职业技能等进行全面、系统地分析。客观地对自我与环境风险进行评估,有助于更清晰、更透彻地分析定位;有助于在准确分析的基础上,明确个人期望从事的岗位或职业与自己最适合岗位的差距在哪里;有助于弥补自己的劣势及跨越这段差距。

要想对自己进行明确定位,可以借助一些测试工具,如霍兰德职业兴趣测试、DISC个性测试、职业气质测试、SWOT分析法等。以下主要介绍如何借助SWOT分析法来了解自己和认识自己。

SWOT分析法是探索自我的一种常用方法,已经广泛地应用于企业自身的竞争分

[①] 高美:《求职预备役——精彩实习全攻略》,16~21页,北京工业大学出版社,2014。

析，以帮助企业在竞争中制订适合企业自身发展的竞争战略。现在越来越多的人开始借鉴这一方法来认识自我。

SWOT 为 4 个英文单词 Strengths（优势）、Weakness（劣势）、Opportunities（机遇）、Threats（威胁）首个字母的组合。通过 SWOT 分析，可以更好地了解自己的优势和劣势，也能更好地针对自己的优势、劣势来确定方向和做好自己的定位；同时可以让自己更加明确地面对环境中的挑战和机遇，选择最有利于自己的机会。

SWOT 分析是一种比较全面的分析工具，每个人都可以根据自己已有的"硬件"与"软件"来为自己作一个 SWOT 分析，以便能够更好地认识自己。

个人 SWOT 分析案例

一、个人概况

张小明，男，1993 年出生，广东省广州市人，就读于××大学公共管理学院，攻读的专业为公共事业管理。

二、个人 SWOT 分析

1. 优势（Strengths）

（1）思维活跃，分析能力强。

（2）学习能力较强。

（3）善于管理时间，办事效率较高。

（4）组织能力强，工作态度认真。

2. 劣势（Weakness）

（1）安于现状、缺乏冒险精神。

（2）适应能力较弱。

（3）办事较武断、有时比较浮躁。

（4）英语水平较低。

（5）性格内向，不善于交际。

3. 机遇（Opportunities）

（1）我国经济社会发展迅速，经济以及政治领域的改革不断向前推进，国家及地区对公共事业管理人才的需求激增，因此公共事业管理专业学生的就业前景较为乐观。

（2）近年来，国家对大学生就业制定了大量的政策，在一定程度上减轻了大学生的就业压力。

（3）学校与地方政府及企业建立了人才培养合作机制，使得大学生不论是实习还是毕业后就业都有了一定的优势。

（4）随着信息技术的发展，可以在各大网络教育平台免费或以较低的费用进行学习来提升自己。

4. 威胁（Threats）

（1）公共事业管理专业在我国属于新兴学科，社会对此专业的认识不足，认可度不高。

（2）公共事业管理专业应用面过于广泛，包括科技、文化、教育、体育、卫生、环保等领域,缺少针对性的岗位。

(3) 政府机关及事业单位内的专业对口的工作岗位对应聘者的素质要求较高,竞争上岗的难度较大。

(4) 每年高校毕业生数量都在增加,就业压力进一步增大。

三、SWOT 策略分析

SO 战略:

(1) 进一步规划好时间,继续努力学习专业知识,掌握过硬的本领。

(2) 利用网络资源拓展自己的知识面。

(3) 积极参加各种与本专业相关的实践活动,积累经验。

WO 战略:

(1) 了解成功人士的经验,提高与培养创新意识和冒险精神。

(2) 多参加社交活动,积极与其他人交流,提高交际能力和适应环境的能力。

(3) 利用网络免费平台提升自己的英语能力。

(4) 积极了解学校与其他组织的人才培养机制,争取获得实习或参与活动的机会。

ST 战略:

(1) 着重培养自己的特色,保持优势,发掘个人核心竞争力。

(2) 多参加社会实践活动和专业竞赛,尝试把专业知识运用到实践中。

(3) 了解政府机关及事业单位的相关岗位,分析岗位所需条件与自身条件的匹配程度。

WT 战略:

(1) 了解国内外公共管理方面的重要事件和资讯,尝试应用所学的专业知识来解释公共管理问题。

(2) 努力提高水平,提高竞争力。

四、战略筛选、配置

(1) 专注学习,掌握公共事业管理学的理论知识;保持优势科目,自主提高英语水平与能力。

(2) 学习之余,积极参与社会实践活动,从中发挥自己的优势与能力,积累组织、管理的能力,同时提高与人交流、沟通的能力。

(3) 涉猎多方面知识,特别重视掌握信息技术。

(4) 多关注国家方针政策的变化,了解国内外重大事件与公共事业管理资讯,尝试应用所学知识解释公共事业管理问题。多参加有关人才招聘、名人经验分享、职业发展等讲座,逐步了解有关资讯。还要与前辈多交流,获取更多经验,为今后的实习或职业发展做好铺垫。

(二) 确定实习方向

职业探索主要是指个体对外部职业世界的探索,如工作机会、工作性质、工作要求、薪酬待遇、工作环境、工作地点、发展前景、提升机会等。对个人来说,职业探索的过程是一个逐步明确自己职业选择的过程。第一步是开放式探索。个体探索的范围可以比较广，比如：自己对公共管理领域中的人力资源管理感兴趣，那么就要先了解目前人力资源管理有哪些可供选择的工作机会。第二步是具体性探索。个体一旦在某一行业领域中确定了某几项或某一项感兴趣的工作，就要详细收集与该工作有关的信息，如该工作的岗位职责是什么、薪资水平如何、需要具备哪些技能和训练、工作条件如何、工作的晋升机会如何、发展前景如何。职业探索的形式主要有以下两种：一是亲身实践。通过兼职或专职等形式，体验各种不同的职业活动，具体了解某一工作的现实要求，检验自己在某一特定领域的技能，思考自己是否喜欢某项工作。二是搜集信息。通过个体的社会关系网络，找到从事过或正在从事这一职业的人员，通过通信或面谈等形式详细了解该工作的信息，也可以通过互联网等现代传媒了解所需要的信息。从个人本身来讲，一个人想在事业上有所成就，事半功倍，一定要了解两件事：一是想做什么，二是能做什么。

"想"是兴趣，是意愿，是主观能动性。兴趣代表求知的欲望，能给人持续的自发学习、主动创新的动力。忽略了主观意愿的工作，倦怠期会提前到来，"全力以赴"和"全力应付"的差距可想而知。作为社会经验相对较少的大学生，大多都有广泛的兴趣，天马行空，充满梦想。在众多"兴趣"中何去何从？这就不得不涉及另一个重要话题："我"能做什么？"能"是天赋，是知识，是先天才干和后天技能的交集。在前面做完 SWOT 个人分析后，思考自己适合做哪些类型的工作。如果想找到自己确切的优势所在，还可以请身边的同学、朋友帮你再填写一份 SWOT 分析表，结合自我评价与他人评价找出自己最擅长、能够快速胜任的职业方向，避免做自己不擅长的事儿，造成职业的发展偏差。

（三）心理问题与心理调适

1. 心理问题

对于大多数刚刚走出校园、走上实习工作岗位的大学生来说，实习是一次重要的角色转换，即从学生的角色逐渐向"准职业人"的角色转变。虽然他们本质上还是学生，但是他们所处的环境、面对的人、承担的任务等都与过去有很大的不同，加上缺乏专业的就业指导，就导致实习生非常容易产生以下心理问题。

（1）迷惘心理。

实习前缺乏相对明确的实习目的，只知道参加实习锻炼自己，但内心却非常迷惘，不知道该找什么样的实习岗位，面临种种心理冲突，产生的迷惘矛盾心态。他们胸怀远大的理想，却不愿正视眼前的现实；渴望竞争，又缺乏竞争的勇气；注重专业能力的发展，但又互相攀比、爱慕虚荣；重事业，重才智的发挥，却在实际价值取向上重物质利益；对自我抱有充足的信心，但在遇到挫折之后，又容易自卑；既崇尚个人奋斗、自我实现，又有较强的依赖感。职业目标上理想和现实存在反差，自我认知上自傲与自卑并存，这些都使得他们在准备实习前感到十分迷惘和困惑。

（2）焦虑心理。

理想是丰满的，现实是骨感的。许多学生实习前对环境评价出现偏差，目标过高不切合实际。当进入社会后，毕业生因面对日趋严峻的就业形势，面对日益激烈的竞争，面对社会需要、个人意志、有限的供职岗位、多样的工作环境等多元因素组合的职业选择时，就会感到无所适从；从而产生焦虑和烦躁，甚至恐惧的心理。

(3) 依赖心理。

一些人缺乏主动参与意识和竞争意识，信心和勇气不足，在社会为其提供的实习机会面前顾虑重重，不能主动地参与竞争。不是向用人单位展示自我、推销自我，依靠自身的努力去赢得竞争、赢得用人单位的青睐，而是寄希望于学校和家庭，缺乏择业的主动性。"等、靠、要"思想和依赖心理严重，使自己在实习中处于劣势。

(4) 自傲心理。

自傲心理在大学生身上反映得最为突出。一些人或许是受陈旧观念的影响，以"天之骄子"自居，自认为高人一等，高估了自己的知识和能力水平。有的人好高骛远，自命不凡，期望值过高，脱离实际，怕吃苦、讲实惠，不愿到基层、规模小的单位实习，择业目标与现实之间存在巨大的反差。如有的人认为自己具备很多优势：学习成绩优秀、政治条件好、学校牌子响、专业需求旺、求职门路广等，因而盲目乐观，把目标定得很高，满脑子挤满了"淘金梦"，实习时一味寻找所谓的好单位、好岗位，结果屡屡受挫。这种失败源于不能摆正自己的位置，对自己的劣势和困难估计不足。

(5) 自卑心理。

自卑心理是大学生实习前和实习过程中一种常见的心理现象。有的人自我评价过低，低估了自己的知识和能力水平。表现在实习过程中，即对自己缺乏自信：过于拘谨、缩手缩脚、优柔寡断，不能向用人单位充分展示自我，从而错失良机。有的人因为学历、成绩、能力、性格方面的某些缺陷和不足而丧失了勇气，悲观失望、抑郁孤僻、不思进取，觉得自己事事不如别人，不敢参与市场竞争。有的人尽管具备一定的实力，但对自己的评价过于保守，面对激烈的竞争，总觉得自己不如别人；因而丧失了竞争的勇气，习惯于临阵退缩，放弃了许多很好的机会。以上种种都是由于他们不客观的自我评价而产生的。

(6) 挫折心理。

生活中有成功就会有失败。大学生由于一直囿于校园，生活经历比较简单，没有经受过挫折的考验；所以心理承受能力和自我调节能力较差，情绪波动大，情感较为脆弱，往往缺少对待挫折的准备。在实习前，往往希望实习能够一蹴而就，顺利达到实习目标，害怕失败。一旦受到挫折，就容易产生挫折心理，感到失落、悲观失望、自惭形秽；对自己、对未来失去信心；或不思进取、消极等待，或怨天尤人、顾影自怜。

(7) 攀比心理。

由于每个人所处的环境、家庭背景，以及能力、性格、所碰到的机遇是不相同的，因而在实习目标、职业选择上不具有可比性。大学生血气方刚，喜欢争强好胜，虚荣心强，容易引发攀比心理。表现在寻找实习机会的过程中，忽视自身特点，对自我缺乏客观正确的分析，不从自身实际出发，不考虑所选单位是否适合自己；而是盲目攀比，不屑于到基层锻炼，总想找到一份超过别人、十全十美的实习机会，这种攀比心理使得不少大学生迟迟得不到实习的机会。

(8) 从众心理。

大学生正处于人格逐渐完善和成熟的阶段，容易受社会思潮和社会观念的影响，人云亦云，缺乏个人主见，从众心理较为严重。在实习过程中忽视所学专业的特点，过分追求实惠，追求功利，追求所谓的热门单位、热门职业，没有从职业发展与个人前途去考虑；求安稳，缺乏积极进取的精神，功利主义、实用主义思想严重。

(9) 固执狭隘心理。

有些大学生缺乏变通，不顾社会分工和专业的内在联系，只看到专业的独特性，人为地"画地为牢"，限制了自己的选择范围。其实，现在社会所需要的人才并不只是学了多少知识、专业是否对口的人，更重要的是看个人所具备的综合素质和职业能力是否达到了要求。

大学生参加实习前，调整好实习心态、做好充分的心理准备是非常重要的。具体来说，大学生在实习前应做好心理调适。

2. 心理调适

(1) 准备转换角色。

虽然实习还不是正式的就业，但是，在思想上，必须把它当作正式的工作来看待。相对来说，大学生活是一种单纯而有保障的生活，与老师同学为伴、与书本为伍，经济上有父母的支持；在这样的环境里，大学生容易萌发浪漫的情调和美好的理想，但这样的生活与现实社会存在一定的距离。从大学校园到社会，最重要的心理准备就是要转变角色。所谓转变角色，主要是指由一个受父母、老师呵护的大学生，转变为一个现实的职业工作者。要想更好地发挥实习的价值，就必须作好转换角色的心理准备。学校环境和社会环境是有很大差异的，不能把学校、家庭、亲友及同学所给予的关心、呵护、尊重当成是社会的最终认可，而是要摆正自己的位置，客观、冷静地进入实习状态。认识社会，了解社会，以自身的实力，积极主动地去适应社会的需要；也接受社会的选择，正确地迈出人生这关键的一步。

(2) 知己知彼，选择适当的目标。

大学生实习前要做到知己知彼。知彼就是要了解社会大环境，正确认识面临的就业形势，了解社会需要什么样的大学毕业生，了解自己要从事的行业对应聘者有什么样的特殊要求。知己就是实事求是地评价自己，对自己有正确的认识。要客观、正确地认识自己德智体诸方面的情况，对自己的优点和长处、缺点和短处及性格、兴趣、特长等有比较清晰的了解。避免理想主义，避免从众心理；一切从自身的特点、能力和社会需要出发，不与同学攀比，找到适合自己的实习岗位。

(3) 树立自信心，敢于竞争，善于竞争。

现在人们处在一个充满竞争的时代。竞争冲击着人们的事业和生活，也冲击着人们的意识和思想。大学生的竞争意识，就是要在正确的自我评价的基础上，充分相信自己的实力，敢于通过竞争去达到理想的目标；自觉地正视社会现实，转变观念，作好参加竞争的心理准备。

(4) 正确对待挫折。

世上不如意者十有八九，人们总会遇到各种各样的挫折。遇到挫折不要消极退缩，应采取积极的态度，勇于向挫折挑战。一个心理健康的人对人生总保持着自信心。如果丧失了自信心，就失去了开拓新生活的勇气。遇到挫折后应放下心理包袱，仔细寻找失利的原因，调整好目标，脚踏实地地前进，争取新的机会。需要特别指出的是，有时候所谓的"挫折"，只是没有达到理想，并不能算是失败。

（5）遇到困惑要善于求助。

在实习过程中大学生会出现困惑、迷茫甚至悲观情绪，对前途失去信心。遇到这些心理问题时，如果自己不能处理，要善于求助。比如，可以同老师和同学谈谈这方面的感受，以取得帮助，或向心理专家求助。平时应多听一些校内安排的毕业生就业心理专题讲座，多看一些相关资料，以积极的态度应对心理困惑。实习是大学生从校园迈向社会的重要一步，只有做好充分的心理准备，拥有健康积极的就业心态，大学生才可能找到适合自己的实习岗位，为日后顺利地走上社会打下良好的基础。[①]

（四）做好职业生涯的规划

1. 大学生职业生涯规划的现状

职业生涯规划是指对一个人将要从事的职业和未来职业的发展进行策划与设计，选择职业目标，制订合理的计划实现目标，并不断调整、修正职业目标的过程。

职业生涯规划的学说和理论起始于20世纪60年代，20世纪90年代中期从欧美传入中国，目前已经成为企业人力资源管理的核心内容之一，并逐渐为更多的人群所适用。对于当前正处于就业难关的大学生来说，尽早进行科学的职业生涯规划，不仅是顺利就业的有效途径，更是创造成功人生的重要法宝。实习阶段作为"象牙塔"与社会的过渡期，大学生在这个时期制订并完善自己的职业生涯规划显得很重要。但就目前的情况来看，实习生对规划职业生涯方面还存在诸多问题。

（1）规划意识淡薄。当前，我国大学生普遍缺乏职业生涯规划意识，不重视职业生涯规划设计。大多数人认为在大学阶段就进行职业生涯规划还为时过早，误以为职业生涯规划是走进社会后就自然而然会做的一件事，没有针对个人具体情况制订科学合理的职业规划。在《职业》杂志与搜狐教育频道进行的《大学生就业职业指导现状》调查中，51.4%的人对自己的职业发展只有模糊的想法和愿望，还有31%的人根本不知道自己能选择什么样的职业，只有17.6%的人有3－5年的职业规划。中国青年政治学院副院长陆士桢教授的调查也显示，有近一半的大学生没有进行过职业生涯规划。

（2）职业目标模糊。罗曼·罗兰说："人生最可怕的敌人，就是没有明确的目标。"职业目标是职业生涯规划的核心。大学生正处于职业生涯规划的探索阶段，由于知识储备、社会阅历以及对自身了解等方面的不足，许多大学生在职业生涯规划过程中缺乏明确的发展方向和目标追求，对自己将来从事的职业只有一个模糊的概念，甚至根本没有。结果表明，50.93%的大学生不清楚即将从事的职业，50.25%的大学生清楚了解从事职业的工作环境；而49.47%、44%、40.1%的大学生对从事职业的工作条件、工作

---

① 任占忠：《大学生实习指导》，13～20页，北京交通大学出版社，2013。

需求和工作内容概念模糊，48.25%的大学生不了解从事职业所需的心理特征。① 由此可知，大学生对职业认知是不清晰和不完全的，难以准确把握行业发展趋势和职业需求方向，影响了大学生职业生涯规划与定位。

（3）主客观认知不足。大学生随着年龄的增长、知识的增加，自我意识和自我认知能力不断增强，但心理发展的不成熟往往使他们不能够正确、全面地认识自我，观察和思考事物也容易理想化。因此，大学生在制订职业生涯规划时既不会结合自己的性格、兴趣、能力等特点，也不去分析环境的特点、发展变化的趋势和环境对其职业生涯规划的影响等因素。调查表明，91.84%、81.09%、71.7%的大学生清楚了解自己的个性、能力与兴趣。34.88%的大学生不了解自己所学的专业，41.28%的大学生不能确定自己的特长和不足。可见，大学生由于有限的生活阅历，缺乏客观的横向比较，对自我认知的状况有所欠缺，对大学生职业生涯规划有一定影响。

（4）职业准备不够。职业准备，包括建构知识结构、锻炼职业技能、培养职业素质等，是职业生涯规划的重要组成部分。大学生只有做好了职业准备，才有可能在将来的择业中抓住机遇，实现理想。职业准备不够最明显的一点就是大学生缺乏求职的方法和技巧，面对机会不能及时把握或把握不住。面试时，不是面红耳赤、心跳加速、紧张、流汗甚至说不出话来，就是不知道怎么推销自己，不强调自己的优势和为什么适合这份工作；写简历时，千人一面，没有特色，形成了同一专业好像录用谁都可以的局面。

（5）实践能力缺乏。虽然有些大学生有制订职业生涯规划的意识，甚至有人还制订了自己的职业生涯规划；但大多是规划完就了事，没有把自己的实际行动与规划统一起来，也没有自觉按规划去实现这些目标。不重视学校安排的实习活动，只是将其作为一种经历，而不与自己未来的职业挂钩；也没有计划性的暑期实践活动，不能将自己的理论知识与实践经验相结合。因而，无法在实践中获得职业技能与技巧，无法养成良好的职业道德和职业素养，导致许多大学生理论知识丰富而实践能力不足，求职中得不到需求单位的青睐。

2. 实习生如何完善自己的职业生涯规划

职业生涯规划对提升大学生竞争优势、促进大学生顺利就业、实现其人生理想都有重要的意义。针对当前职业生涯规划中存在的一些共性问题，实习生应注意以下四点：

（1）强化职业生涯规划意识，分步实现职业目标。只有充分认识到职业生涯规划的重要性，积极参加各种职业训练，才能提高职业生涯规划能力，制订出科学合理的职业生涯规划。职业生涯规划是一个长期的过程。大学生进行职业生涯规划应该从进入大学的第一天起就做好思想准备，针对不同的年级，制订不同的训练目标、各有侧重、分步实施。一年级重在适应新环境，初步进行职业生涯规划。进入全新而陌生的校园开始学习和生活，大学生必须要在心理、行为和目标上做出适当的调整和改变，尽快融入大学的新生活；争取对自己大学四年的学习生活有一个初步的认识和计划，确立自己初步的职业目标。二年级重在对自我的全面认知和做好从事职业前的心理准备。自我认知是

---

① 丁谌：《大学生职业生涯规划现状研究》，载《佳木斯职业学院学报》，2015（3），189~190页。

职业生涯规划的第一步，对自我的不同认识和评价，将直接影响自己的职业定位。结合职业规划积极参加一些实习、兼职、暑期工作或志愿者的活动，获得必要的工作经验和人际交往技巧，为从事职业做好心理准备。三年级主要是进行职业适应，落实职业规划。通过参加人才市场招聘、搜集求职信息、撰写简历、参加面试等实践活动进行职业分析、准备，有计划地落实职业规划，全面提升个人综合素质，为将来职业发展做好各项准备。四年级则重在职前培训，适应社会。通过参加有针对性的岗前培训，强化自己的角色意识，更快地适应社会，更好地实现由"校园人"到"社会人"的转变。

（2）提高自我认知水平，增强环境分析能力。要提高自我认知水平，就要对自我进行全面客观的剖析，包括对自己的价值观、兴趣、爱好、特长、性格、学识、技能、智商、情商以及协调、组织管理、活动能力等进行全面的分析。进一步弄清自己是谁，自己想要做什么，自己能做什么。自我剖析的过程，实际上是自我的全面评价过程。自我剖析是职业生涯规划的基础，直接关系到职业的成功与否。在进行自我剖析时，大学生对自己的认识难免有片面之处。一方面可以征求家人、老师及同学的意见和建议，另一方面也可以利用科学的心理测量表以及职业测评工具来帮助自己进行科学的分析与定位，以便更准确地认识自我。环境因素对个人职业生涯的发展也有巨大的影响作用。大学生在认识自我的基础上，应当提升对外部环境的分析和利用能力。外部环境为每个人提供了活动空间、发展条件和成功机遇。在制订职业生涯规划时，大学生要认真分析外部环境的特点、发展变化的趋势、个人与环境的关系、环境对个人的要求，充分利用大学校园的便利资源，广泛搜集相关的职业信息，增加对职业环境的了解，弄清目前环境对自己职业发展的作用及影响。加强自己对职业的认知，更好地进行职业目标的规划与职业路线的选择，根据实际情况选择适合自己成长、适应社会发展的职业生涯规划。

（3）提高自身综合素质，增强职业竞争能力。当前，竞争已深入到社会的各个层面与角落，贯穿于人生发展的各个阶段。成功的竞争来源于充分的实力。大学生只有努力学习，不断提高自身的综合素质，才能增强职业竞争能力。首先，大学生必须构建合理的知识结构。新世纪对未来人才的知识综合性提出了更高的标准，要求大学生在职业中既能充分体现个人特色，又能发挥群体优势；既是宝塔型人才，又是网络型人才。构建合理的知识结构并没有捷径可走，只能是学习和积累。大学生要根据职业特性和社会发展的具体要求，持续不断地付出艰辛的努力，在实践中将已有的知识科学重组，合理建构，最大限度地发挥知识的整体效能。其次，大学生要培养职业所需要的实践能力。知识虽然是能力的基础，但从某种意义上来说，一个人的能力比知识更重要。用人单位不仅看重大学生扎实的理论功底，更看重其在工作中对知识的综合运用能力、对环境的适应能力、对文化的整合能力和实际的操作能力。大学生只有通过参加社会实践活动，增加自己实习和培训的机会，在实践中弥补学校教育的不足，重点培养职业需要的决策能力、创造能力、实际操作能力、社会交往能力及组织管理能力，才能增强自己综合的职业竞争能力。

（4）加强成功心理训练，提升践行规划绩效。成功心理训练是以培养和训练个人的成功心理为目标，通过心理分析、心理和行为训练等一整套的科学方法，在强化积极心态、规划成功目标、勇于成功实践等方面对受训者进行成功心理教育的一种训练活动。大学生一方面应借助于成功心理训练活动,培养自己的职业心理素质;另一方面也要积极参加实践活动,提升践行规划绩效。职业生涯规划必须要有成功心理训练作为辅助。只有职业生涯规划,没有成功心理训练,职业生涯规划就可能成为空想。只有成功心理训练,没有职业生涯规划,成功心理训练就会因为没有目标而陷入困境。只有将二者有机结合,职业生涯规划才能取得更好的效果。提升践行规划绩效,要求大学生要有坚强的意志和毅力,持之以恒,加强管理,努力把职业规划落到实处。当前,大学生社会实践的薄弱主要体现在两个方面:一是社会实践的量不足。与国外大学生的实践活动相比,国内大学生个人自觉参加的社会实践及学校现有的毕业实习活动在时间和次数上都较少,其社会风气与氛围也尚未形成规模。二是社会实践的质不高。

大学生的职业实践仍停留在较浅层次上,真正意义上的具有针对性的实践活动却不多,致使其不能深入了解自己将来要从事的职业,也不可能制订出切实可行的职业生涯规划。大学生只有以成功心理训练为辅助,自觉践行职业生涯规划,才能充分发挥职业生涯规划的作用,真正提升职业生涯规划的绩效。[①]

二、前期准备

(一) 如何寻找实习机会

寻找实习机会的第一步就是搜集相关信息。在当前这样一个信息大爆炸的时代,信息的获取已经变得轻而易举,但如何在浩瀚的信息海洋中搜索并提取有用的信息成为高难度之事。那么公共管理专业的学生如何搜集实习岗位的相关信息呢?搜集实习岗位的相关信息途径非常多,以下介绍几种途径以供大家参考与借鉴:

1. 学校就业指导中心或相关机构

图1-3 中山大学就业指导中心官网

---

① 滑登红:《当代大学生职业生涯规划的现状及对策》,载《山西高等学校社会科学学报》,2010(11),117~119页。

在我国，基本上每个学校都设立有就业指导中心，它是学生就业工作的主管部门。很多大学生对这个部门也许并不陌生，但却很少与其打交道。这个部门在长期科研以及人才培养的过程中，与许多用人单位形成了固定的联系以及长期的合作关系。可以说，就业指导中心就像一个工厂，而这个工厂里生产的就是大学生就业的机会。许多用人单位通过就业指导中心对在校生进行选拔、录用。一些较大的名企校园招聘会，也会在该部门的协助下进行。因此，对于很多大学生来说，学校的就业指导中心是获取实习岗位信息的主要渠道之一。从这里获取的信息，往往具有较高的真实性和可靠性，大学生应该尽量把握住并利用好这个丰富的资源。

2. 网络招聘平台

随着市场经济的发展和互联网的迅速普及，互联网上出现了众多以大学生就业市场为目标，为想要就业的大学生提供各类实习或就业信息的商业机构，如智联招聘、前程无忧、大街网、应届毕业生网等。这些网络平台会及时地发布一些实习项目的相关信息。同时，大学生也可以在它们的网站上注册账户、填写信息，以供用人单位选拔。

除此之外，政府部门或第三部门建设的非营利性网络就业信息平台也是学生寻找实习机会的平台，如中国就业培训技术指导中心、大学生志愿服务西部计划网站、中国就业网、中国人力资源市场网、中国国家人才网、全国大学生就业公共服务立体化平台、中国高等教育学生信息网（学信网）、新职业（教育部大学生就业网）等网络平台。

图 1-4　常见的社会招聘机构

3. 个人人际关系网

在大学生寻找实习单位的过程中，通过亲人、朋友等人际关系网来搜寻实习岗位信息的方式还是比较常见的。试想一下，当你向你的朋友询问一些就业信息时，他或许知之甚少，但朋友也会有其他朋友，通过这种人际关系网形成的信息传播渠道是非常高效的。在大学里，很多老师都有自己的科研项目，或者会与一些企业单位进行合作，通过老师的引荐和联系，大家可以很容易地进入一个企业进行实习，或者参与一些科研项目的工作。另外，你还可以通过熟识的学长获得岗位信息。作为你的学长，他们是当之无愧的"过来人"，对如何搜集岗位信息都很在行，甚至他们本身就是一个很好的信息传播渠道。

当然，很多同学会选择在自己父母的单位实习，或者通过亲戚的关系进入相关的企事业单位。诚然，这也是一个不错的选择，但还是鼓励大学生通过自己的努力去获得实习机会。因为在你寻找实习单位的同时，也锻炼了能力。[①]

---

① 高美：《求职预备役——精彩实习全攻略》，77～80 页，北京工业大学出版社，2014。

4. 校园招聘会和宣讲会

为了给学生提供一个求职平台，降低学生在社会上寻找工作或实习机会的成本，各大高校在某一时间段里邀请相关单位进驻校园进行招聘，这种形式的招聘会就是校园招聘会。学生应该把握这样的机会，与招聘单位进行面对面的交流，了解目前招聘单位对人才招聘的标准、薪酬水平、行业发展、某类岗位的具体情况等等。与此同时，一些较大型的单位会来到学校进行宣讲，主要介绍本单位的企业文化、历史与发展、对人才的需求、工作环境等，学生也可以参加此类宣讲会。无论是校园招聘会还是宣讲会，学生们都可以在其中搜集到当前人才市场的相关信息，同时如果遇到心仪的单位可以投递简历，希望能以此获得实习的机会。

5. "政府合作"项目

近年来，开设公共管理专业的高校为了能为公共管理专业的学生提供更为专业对口的实习单位，积极与当地政府机关的相关部门建立合作关系。政府机关按照与学校达成的合作协议规定，为学生安排相应的实习岗位。公共管理专业的学生可以积极争取去政府机关实习的名额，通过这种渠道获得的实习机会不仅可以让公共管理专业的学生实现实习工作专业对口的愿望，而且还相对稳定和可靠。

（二）如何撰写和投递实习简历

简历是敲开实习单位大门的"敲门砖"，能不能敲开实习单位的大门取决于这块"砖"的"硬度"。这里的"硬度"主要是指你的简历质量是否过硬。高质量的简历是由简历的形式与简历的内容两个部分组成的。形式与内容二者缺一不可。内容丰富的简历如果没有美观的模板进行"包装"，会让阅读简历的 HR 心生厌烦；如果制作精美的简历中内容缺乏、空洞抽象，也不会打动 HR。因此，形式与内容都应该要受到同等的重视。

1. 简历应该包括哪些内容

简历没有一个固定的模板和标准，可以根据自身的实际情况设计适合自己的简历。但是一般来说，为了让 HR 能够更清楚地了解你，你的简历可以包括以下七个方面的内容：

（1）个人基本信息。包括姓名、性别、出生年月、籍贯、学历、联系方式、毕业学校等。以上信息一定要以规范化的、约定俗成的方式进行表达，否则会让阅读你简历的人产生困惑或误解，最终可能会阻碍你获得面试的机会。如有些同学为了体现出自己的创意，在性别一栏写上"XY"或"XX"；毕业学校一栏写着"华师"，HR 难以判断是"华南师范大学"还是"华中师范大学"。

（2）校内外实践的经历。这一部分内容是简历中的重点内容，是很多单位招聘人才时重点阅读的内容。因为绝大部分的单位更愿意招聘一位有一定实践经历的学生，不仅可以节省入职培训的成本，而且可以从实践经历来判断应聘者的各方面能力，所以这部分内容要重点撰写。校内外实践经历一方面包括你在校内担任过的职务或者做过的实践活动，如在校担任学生会干部，策划和组织过大型的活动，在学校与其他同学一起有过创业的尝试等等，这些都是你个人宝贵的实践经验；另一方面指校外的实践经历，如在某某公司担任行政助理兼职工作，在某政府部门有过实习的经历等。很多同学在写校内外实践经历时，很简单地一笔带过，写得过于简单。这样做难以吸引 HR 的目光。因此，建议在制订简历的时候，对于校内外实践经历这一部分应该展开来写，具体描述你担任的职务与所承担的工作任务，例子如下：

2015 年 5 月 - 2016 年 4 月　　××公司　　行政助理
工作内容：1. 负责处理办公室日常事务；
　　　　　2. 负责整理和归档办公室文件；
　　　　　3. 协助统计办公室行政费用及其他数据的收集；
　　　　　4. 协助办理面试接待、会议、培训，公司集体活动的组织与安排。

（3）教育经历。主要列举你接受教育的经历，一般认为列举高中到大学两个阶段的教育经历就足够了。列举教育经历时要注意的是，不能模糊化某个阶段的教育经历，如一位专升本学生的教育经历应该是：

2010 年 9 月 - 2013 年 6 月，××职业学院，专科学历
2013 年 9 月 - 2015 年 6 月，××大学××学院，本科学历

但是他却在简历上写成：

2011 年 9 月 - 2015 年 6 月，××大学××学院，大学本科学历

这样做有学历造假之嫌疑，如果认定应聘者诚信有问题，大多数的单位都不愿意接收这样的应聘者。

（4）奖励或荣誉。列举你在学习期间获得的奖励和荣誉，这部分要列举重要和典型的奖励和荣誉。如果你获得的奖励或荣誉很多，那就把最重要的奖励或荣誉如奖学金、优秀学生干部等奖项或荣誉放在最前面。列举你所获得的奖励或荣誉时一定要做到具体和准确，否则会让人觉得你有"蒙混过关"的嫌疑。如某位同学获得了"挑战杯"全国大学生系列科技学术竞赛校级一等奖，而他把"校级"字样去掉，这样的做法不管是有意还是无意，如被 HR 发现都会给他留下不好的印象。

如果你在大学期间没有获得过任何奖励或荣誉，就不要设置这个栏目，避免出现以下情况（如图 1-5）：

图 1-5　简历中避免出现的情况

（5）技能证书。我们经常听到这样的说法：证书不能代表一个人的能力。这句话在某种程度上来说是正确的，但是客观地来说，它又是片面的。考取某个领域的证书，虽然不能完全体现这个学生的能力，但这些证书从侧面能够说明这个学生是有积极进取的精神的，有一定的学习能力。从这一点上就可以说明证书对于求职来说还是有很大作用的，最起码"有总比没有好"。因此，在制作简历的时候应该把所获得的证书列举出来，如大学英语四六级证书、教师资格证、驾驶证等证书。

（6）爱好和特长。这部分内容可以向HR展示你的个性化的才能，更重要的是，HR通过你的爱好和特长的描述来判断你的性格和潜力，以及这些爱好与特长对开展工作的积极影响。因此，我们在描述自己的爱好和特长时，应该不只是局限于爱好与特长的简单描述，而是要在每一项爱好或特长后面简单描述这项爱好或特长给你带来什么益处。如：

阅读：锻炼思维、开阔眼界。

运动：强健体魄，能应付繁重的工作和压力。

旅游：增加社会阅历、增长见闻。

书法：陶冶情操、培养耐性。

通过这样的描述，可以使你的爱好与特长的"附加价值"更直观地展示在HR面前。

（7）自我评价。大部分学生在写自我评价的时候都出现"假大空"的情况，即自我评价抽象空洞、言之无物、同质化严重等。常见的自我评价如下：

本人政治方向坚定，价值观端正。工作认真仔细，有较强的组织能力、协调能力和统筹能力。能勇于挑战，有自我提升的要求。

如何把抽象空洞的自我评价写得言之有物、有理有据、极具说服力呢？最简单的做法就是为每一项自我评价搭配相关经历或例子。根据这一方法修改以上的自我评价，以供大家参考：

本人政治方向坚定，价值观端正，被多次评为校级优秀党员。在校期间担任学校学生会组织部部长，策划组织过多次大型的校内活动，并取得了较好的效果。在策划组织活动过程中使我的组织能力、协调能力和统筹能力得到了较大的提高。在校期间不断尝试参加各种社会活动和实践，达到了自我提升的目的。

2. 如何制作出一份有吸引力的简历

（1）简历内容要"投其所好"。这里的"投其所好"是指简历中要显现出HR希望看到的内容。如何才能做到这一点呢？答案就是根据招聘岗位的条件，有针对性地把自己的相关经历和学习成果放在简历中最为显眼的地方。例如，你的目标实习岗位要求应聘者需要具备良好的写作能力，那你就应该把能体现出你的写作能力的经历或获得的荣誉等作重点的描述。如在写到你的实践经历时，你可以写你曾经从事过撰稿的相关兼职工作，或者在简历中提及你在校期间主修过相关写作课程的经历，或者列举相关的参加写作比赛获得的奖励或荣誉证书。

（2）制作简历时建议把所有内容压缩在两张A4纸以内。有些同学错误地认为，简历的内容越多越好，篇幅越大越够诚意。重要的信息往往被淹没在信息海洋里。相同的道理，如果你的简历内容非常多，而且绝大部分是一些无关紧要的信息；那么，一些重要的信息就会被淹没在其中，使HR难以发现其中的亮点，那你通过简历筛选的机会就变小了。而且，对于每天要阅读大量简历的HR来说，内容繁多的简历会增加阅读难度，从而使他对你的简历产生厌烦。

（3）简历内容切勿出现错别字。简历内容出现错别字是最低级的错误，不仅影响HR的阅读，更重要的是会留给HR一个"不认真、粗心大意"的印象。因此，简历制作完毕后一定要认真检查，杜绝错别字或其他的低级错误。

（4）简历上一定要贴照片。简历上是否贴照片对 HR 阅读你的简历、了解你的基本情况没有太大的影响，但是不贴照片的简历会被认为是对这份工作不重视或并不是非常渴望。简历上的照片应该使用证件照，而不是使用日常生活照，或者是一些不严肃的照片，如大头贴照、搞怪照片等。

（5）要重视简历的排版。很多同学并不注重简历的排版问题，使得简历看上去很不美观，甚至影响阅读。一份完善的简历，除了内容上要丰富充实，而且还要达到版面美观的效果。

（6）简历一定要保持整洁。一些学生带着简历去应聘的过程中，往往把纸质版的简历弄得皱巴巴的，在投递简历时容易引起 HR 的反感。建议用文件袋把简历装起来，保持简历的整洁。

（三）如何通过实习面试

1. 结构化面试

结构化面试又称为规范化面试，是指依照预先确定的题目，程序和评分标准进行面试，要求做到程序的结构化、题目的结构化和评分标准的结构化[①]。学生在准备面试之前，可以准备好一些常规问题的答案，以提高面试通过的几率。以下介绍几个结构化面试常用的题目及其回答技巧。

问题一：请你作一下自我介绍。

回答技巧：这个问题几乎在所有面试当中都会出现，所以可以提前准备好。有些人可能会有这样的疑问，为什么我的简历有比较详细的个人信息，面试官还会让我作自我介绍呢？在面试开始时让面试者作自我介绍的目的非常多，例如，自我介绍能使面试者有一个"热身"的过程，缓解面试压力；考察面试者的语言表达能力、总结归纳能力和对自我的评价能力等；对比简历是否存在自相矛盾的地方，等等。作为面试者，在准备自我介绍的时候一定要注意以下几点：

（1）自我介绍一定要客观、真实、中肯，切勿夸大事实。

（2）自我介绍一定要简洁，重点突出，不可夸夸其谈、漫无目的。重点阐明与岗位相关的实践经历、教育经历、相关技能以及自己的工作态度。自我介绍用时一般不超过 3 分钟，最好压缩为 2 分钟以内，但亦不可用时太短，否则有敷衍之嫌疑。

（3）自我介绍主要讲三部分内容：①"我是谁？"即姓名、年龄、籍贯、毕业院校、攻读专业、在校担任过哪些职务等，主要是让面试官对你的背景有一个初始的印象。②"我做成过什么？"即在大学期间，你参与过哪些校内外的实践活动，取得过什么样的成绩，有什么样的收获。这部分内容是自我介绍的重点内容，也是面试官特别关注的内容。③"我要做什么？"即进入单位实习后，你如何开展工作？如何为单位带来效益？这也是面试者对自己职业生涯进行的规划。

---

① 中国就业培训技术指导中心：《企业人力资源管理师（二级）》，100 页，北京，中国劳动社会保障出版社，2013。

（4）准备一个英文的自我介绍，有备无患。

问题二：你的好朋友（大学同学、导师、老板、父母）会怎样形容你？

回答技巧：面试官是想通过这样的问题了解面试者在特定时期、特定空间环境的表现。也是从一个侧面了解面试者是在一个什么样的环境中长大的，从中可以判断出面试者的发展前景如何。那么，在回答的时候应该用好朋友（大学同学、导师、老板、父母）的口吻来评价自己，尽量做到客观、真实、中肯，切勿夸大。如果他人对你的评价含有负面的信息，如你的缺点、不足等信息，你也可以向面试官坦诚地交代自己的确有这些缺点，但是也要进一步向面试官阐述你是如何通过努力克服这些缺点与不足的。

问题三：未来五年时间里，你都计划做些什么？

回答技巧：这是一道考察面试者职业生涯规划的面试题。现在很多大学生没有为自己做职业生涯规划，因此，不仅找实习或找工作盲目，对未来自己要做什么都是相当模糊的。回答这个问题之前，关键是自己要有一个比较明确的职业生涯规划，即根据自身实际情况和内外环境，确定自己未来的职业方向，以及通过努力可以达到一个什么样的高度。如何制订职业生涯规划请参考本书中"做好职业生涯规划"这一部分的内容。

问题四：你遇到的最大挫折或困难是什么？

回答技巧：很多面试者面对这样的问题，以为直接把自己遇到的最大挫折或困难描述出来就能获得高分，并非如此。作为面试者，面对面试官提出的每一个问题都要认真思考问题背后所要考察的内容。像这个问题就是考察面试者在遇到最大挫折或困难时如何调整自己的心态、采取何种方法解决面临的挫折或困难，即考察面试者的抗压能力和解决问题的能力。因此，应聘者应该在描述完面临的挫折或困难后，还要进一步阐述自己是如何面对挫折或困难的，采取什么方法去解决它。

不同的单位根据不同的岗位所设计的结构化面试题目各有不同，因此，无法将所有的题目列举出来。面试者应该对自己有一个客观、清晰的认识和评估，才能在面试过程中以不变应万变，自信自如地回答面试官提出的各种问题。

2. 非结构化面试

非结构化面试是指在面试中事先没有固定的框架结构，也不使用有确定答案的固定问题的面试。简单地说，非结构化面试就是面试官与应聘者通过"漫谈"的方式，了解应聘者的情况和判断其是否具备岗位所需要的条件。这种"漫谈"的面试方式并非"闲聊""胡扯"。表面上看，面试官与应聘者进行交谈时没有固定的主题，感觉就是"说到哪儿就是哪儿"；因此，应聘者容易表现得过分放松，夸夸其谈或口若悬河，既没有逻辑，又缺乏重点，这样难以通过面试的考核。面对非结构化面试，应聘者也应该谨慎对待与面试官每一回合的对话，认真思考面试官提出来的每一个问题，这样才能做到"兵来将挡，水来土掩"。

3. 半结构化面试

半结构化面试是介于结构化与非结构化面试之间的一种面试形式，与结构化面试相比，半结构化面试只有部分流程是固定的，有些程序则可以根据情况有所变动。而与非结构化面试相比，半结构化面试克服了话题过于分散的缺点。这种面试方式被较多单位所采用。

4. 情景模拟面试

主考官现场设定与工作岗位相关的情景，让应聘者根据具体情景想办法进行解决。通过这种方式，招聘方可以考察应聘者解决问题、处理紧急事件的能力。例如，对一个行政助理的实习岗位，可能会设计这样的情景，假如你手头上积压了大量重要的工作还没有完成，这时你的上司把正在休假的同事的工作转交给你处理，但根据你的时间和精力根本没办法在规定的时间内完成，这时你会怎么做？这样的问题对于一个学生来说也许没遇到过，因此，面对这样的面试方式，应聘者一定要沉着冷静，要思考这样的情景模拟主要的考察目的是什么，再根据考察的目的做出具体的回答。

5. 无领导小组讨论

（1）无领导小组讨论的含义。

无领导小组讨论（leaderless group discussion，简称 LGD），是指由一定数量的一组应聘者（6-9 人），在规定时间内就给定的问题进行讨论，讨论中各个成员处于平等的地位，并不指定小组的领导者或主持人。通常，应聘者通过讨论得到一个全体成员一致认可的问题决策方案，面试官通过应聘者在讨论中的语言及行为，观察评价应聘者的领导能力、人际沟通技巧、主动性、口头表达能力、说服力、自信心等素质。

（2）无领导小组讨论的操作流程（如图 1-6 所示）。

图 1-6　无领导小组讨论的操作流程

（3）无领导小组讨论的具体要求：

①每个小组大概 6-9 人。

②阅题时间大概 2-3 分钟。

③个人观点陈述即每个小组成员阐述自己对面试题决策方案的初步想法。

④自由讨论，即小组成员根据面试题目进行自由讨论。所用时间要视试题难易程度而定。

⑤统一意见，即经过自由讨论后做出一个统一的、针对面试题目的决策方案。

⑥汇报小组讨论结果，即每个小组派一名代表把小组的决策方案陈述出来。

（4）无领导小组讨论中的角色定位。

在小组讨论中，每位成员之间有很微妙的关系，既是竞争者，又是合作者，所以正确处理好你和其他面试者的关系是非常重要的。每位成员之间的地位都是平等的，每个成员需要通过自己的努力，争取得到小组公认的角色，并为小组的讨论结果，贡献自己的力量。扮演什么样的角色这一问题很重要。在整场面试中，角色定位清晰，并在自己选定的角色方向，贡献值最大，通过面试的机会就非常大了。那么，在无领导小组讨论过程中，自己应该扮演一个什么样的角色呢？

角色一：领导者

扮演此角色较为容易通过面试，因为他表现的时间和机会多，容易为自己加分，容易引起面试官的注意。

做领导者，首先要和其他成员搞好关系，这比什么都重要。不要一开始就说"我来做领导，领导大家走向胜利"，这会引起其他人的反感，而是要潜移默化地让别人承认你是领导者。做一个好的领导者应该是引导其他成员来讨论问题，而不是指派任务。他更多地表现为一个协调者。

领导者并不一定是最好作总结的人，恰恰相反，作总结的人应该由领导者来建议，大家一致同意推选出来的。

角色二：智库

扮演这一角色的成员也许在整场面试中话不是最多的一位，但是每一句话都能切中问题的关键点，并且能为得出统一的决策方案提供有建设性的建议。扮演这一角色通过面试的机会非常大。

角色三：时间管理者

这个角色也较容易通过面试。因为他的团队合作和团队贡献会很突出。他的第一任务是时间管理。即拿到案例题目的时间规定后，把讨论的过程分成几个部分，分别安排适当的时间。在讨论过程中严格按照时间规划来管理时间，适当打断发言超时的同学千万不要超时。

角色四：记录总结员

组员在讨论得不可开交，而其中有一位成员埋头在记录，把组员的观点都列了出来，并标明哪些是重点内容。因为这个人把大家的观点总结好了，所以最后上去汇报成果的人选自然而然就是他了。记录员并不一定就是总结员，自己要争取机会去当总结员。当组员推选你去当汇报员的时候，你千万不要谦虚推辞，这个是你表现的好机会。

角色五："路人甲"

在无领导小组面试中，总是有小组成员"置身事外"，就像一位路人，时不时插上一两句，但说出来的话对最后决策毫无作用。这种角色是难以通过面试的。

角色六：旁观者或沉默者

在无领导小组面试中，也会有小组成员因各种原因全程不发言，或采取点头的方式，或作"嗯""对"等简单表达以示对其他成员的回应。这种旁观者或沉默者是绝对无法通过这一轮面试的。

有一个问题需要注意的是，以上所提及的角色并非面试官分配给小组成员指定的，也不是小组成员之间讨论协商一致后由某个小组成员扮演哪一种角色；而是在小组讨论的过程中，每个成员根据自己的能力水平、性格特点以及临场状况选择适合自己的角色，并在选好的角色方向上扮演好自己的角色，贡献自己的力量。

（5）无领导小组讨论面试题范例。

现在发生海难，一艘游艇上有八名游客等待救援，但是现在直升机每次只能够救一个人。游艇已坏，不停漏水。寒冷的冬天，刺骨的海水。游客情况是：

①将军，男，69岁，身经百战。

②外科医生，女，41岁，医术高明，医德高尚。

③大学生，男，19岁，家境贫寒，参加国际奥数获奖。

④大学教授，男，50岁，正主持一个科学领域的项目研究。
⑤运动员，女，23岁，奥运金牌获得者。
⑥经理人，男，35岁，擅长管理，曾将一个大型企业扭亏为盈。
⑦小学校长，男，53岁，劳动模范，五一劳动奖章获得者。
⑧中学教师，女，47岁，桃李满天下，教学经验丰富。
请将这八名游客按照营救的先后顺序排序。
要求：
每个小组阅题时间为2分钟，每位成员用1分钟陈述自己的观点，每个小组用15分钟进行自由讨论，讨论结束后，每个小组推选一名代表进行1分钟的总结陈述。

第二章 日常事务

第一节 使用电话

电话已经成为当前使用最为广泛的办公工具之一。电话不仅仅是一种传递信息、获取信息、保持联系的工具，还是通话者所在单位或个人形象的一个载体。在日常办公中，普普通通的接打电话，实际上是在为通话者所在的单位、为通话者本人绘制一幅给人以深刻印象的电话形象。所谓电话形象，即人们在通电话的整个过程中的语言、声调、内容、态度、时间感等的集合，它能够真实地体现出个人的素质、待人接物的态度以及通话者所在单位的整体水平。[①] 作为刚走上工作岗位的实习生，特别是对于在办公室环境从事实习工作的实习生来说，了解电话使用规范是十分有必要的。

在日常办公使用电话时，我们不是充当电话拨打者，就是充当电话接听者。因此，本节对两种角色在使用电话时的行为规范作具体介绍。

一、电话拨打者的行为规范

1. 拨打电话时要选择合适的时间

拨打办公电话的最主要目的是与对方进行良好的沟通，最终就某事达成共识或建立合作关系。为达到这样的目的，就必须选择一个合适的时间进行通话。何为"合适的时间"？简单地说，"合适的时间"就是对方接听电话方便，不会给对方工作或生活造成较大干扰的时间。具体来说，办公电话最好在办公时间拨打，休息时间尽可能不要干扰对方。虽然每家单位的办公时间不尽相同，但是一般来说，办公电话最好在上午9点之后打，下午6点之前打。中午12点至下午两点一般为午休时间，要避免在这个时间拨打对方的电话。周末或节日也是休息时间，也应该避开在这个时间给对方打电话，以免打扰别人的休息。如果遇到非常重要的事情，非联系对方不可，可用手机短信或微信等方式联系，或者通过上述方式征求对方同意方可拨打。如果遇到非常紧急的事情，要立即通过电话联系对方，那在接通电话时一定要说一句"抱歉，事关紧急，打搅您了"，以求得到对方的谅解。此外，如果打国际长途电话，还要考虑时差问题。

出于礼貌，也出于对对方的尊重，在接通电话时应问一句"现在接电话是否方便"。如果对方回答"不方便"，那可以另约时间与对方通话。

2. 拨打电话的空间选择要适当

一般来说，实习单位里的电话主要用于办公，因私事需要用到电话时应该使用自己的手机拨打，切勿贪小便宜使用办公室的电话拨打私人电话，甚至是"煲电话粥"。作

---

① 叶黔达：《办公室工作实务规范手册》，377页，成都，四川人民出版社，2014。

为一个实习生,这一点更是需要注意,否则会给领导和其他同事留下"爱占小便宜"的印象。

总的来说,因公事需要拨打电话的使用办公室电话,因私事需要拨打电话则使用自己的手机。但需要注意的是,即是使用自己的手机拨打私人电话也不应该在办公室长时间进行通话,以免影响其他同事办公。一些工作单位对在办公时间和在办公地点拨打私人电话做出了严格的限制,目的就是避免影响办公环境和办公效率。因此,作为实习生,一定要严格要求自己,遵守单位相关的规定和规范。

3. 通话时间的长度要掌握分寸

拨打办公电话的原则就是就事论事、高效沟通。简单地说就是把应说的公事说完就可以结束通话了,不可与对方玩捉迷藏,如"猜猜我是谁?""你不记得我啦?再好好想想"。这样的沟通方式会使对方反感,直接影响接下来沟通的效果。

因此,拨通电话后要开门见山、直入主题,以尽可能高效地完成与对方的沟通。一般来说,每次通话应该控制好时间,切勿出现通话时间太长而导致对方产生厌烦的情绪。如何才能达到长话短说、高效通话的目的呢?在通话之前列出谈话提纲,通话过程中按照提纲与对方进行沟通(如图2-1所示),这样就可以提高通话效率,也会给对方留下一个良好的印象。

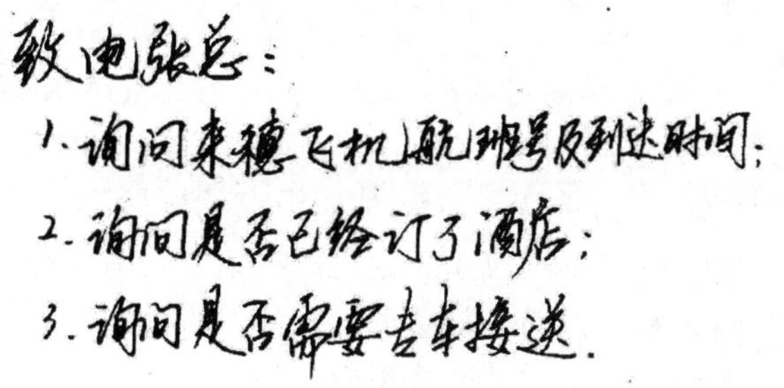

致电张总:
1. 询问来穗飞机航班号及到达时间;
2. 询问是否已经订了酒店;
3. 询问是否需要专车接送。

图2-1 手写的通话提纲

4. 自我介绍

在拨通电话时应该首先作自我介绍,自我介绍的作用是表明身份,以降低对方的排斥心理。同时自我介绍后根据对方的回应可以确认自己拨打的电话是否正确。自我介绍的方法没有固定的模式,一般来说,应该介绍自己的名字、供职单位名称、通话的事由等。如"您好,我是×××有限公司行政部的张明,我想与您谈谈关于文具采购的事情"。

5. 通话终止

在通话的结束时会涉及一个问题:谁先挂断电话?挂断电话的先后顺序实际上是涉及礼仪的问题。如果不弄清楚这个问题,就很有可能失礼于人。有些实习生认为谁先挂断电话都没关系,于是把问题说完后没有考虑到对方的情况就立即挂断电话,这种做法实际上是非常不妥的。在谁先挂断电话这个问题上,通行的做法是:地位高者先挂断。如果没有明显的地位高低之分的,谁拨打电话谁就先挂断。

二、接听电话者的行为规范

1. 铃响不过三声

在接听电话这个问题上,常常会遇到两类人:一类是当电话铃声一响,他就用迅雷不及掩耳之速度接起电话;另一类人会让电话一直在响,到最后关头才接听电话。事实上,两种接听电话的方式都不是最佳的。因为当电话铃声刚响起就接听,没有给对方预留反应和缓冲的时间,可能会惊吓到对方。而当电话铃声一直在响,你长时间不接听,对方会产生不耐烦的情绪,同样会影响接下来双方的通话质量。因此,当电话铃声响两到三下的时候接起来最得当,既给对方预留了准备的时间,也不会让对方感觉你有怠慢之意。

2. 自我介绍

拨打电话时要进行自我介绍,在接听电话时也要进行自我介绍。因为接听电话时的自我介绍可以确认自己是否是对方想要通话的人,同时,也显示出你是一个训练有素的职业人。在自我介绍时应该自报家门,可以报单位名称或自己姓名,也可以把单位名称与自己的姓名一起报出来。

第二节 收发邮件

电子邮件(E-mail)是在传统邮件的基础上衍生出来的网络应用,它是运用互联网络向交往对象发出的一种电子信件。使用电子邮件进行对外联络,不仅方便快捷,不受篇幅限制,而且可以降低通信费用,特别对远距离的国际通信交流和大量的信息交流,其优势更是明显。电子邮件不仅仅用于远距离的信息交流,在组织内部,电子邮件也成为组织成员传达信息、相互沟通的最重要的工具。因此,在使用电子邮件时应当要遵循一定的行为规范,否则就会给沟通造成障碍,造成人际关系紧张,从而不利于工作的高效开展。

一、工作邮件的分类

工作邮件大致可分为四种类型:

1. 确认邮件

当我们对上级领导口头下达的任务或同事口头交代的事项存在疑问时,可以通过邮件进行确认相关的细节内容。这样做有两个好处:一是能确认任务或事项有去完成的必要性及具体细节内容;二是通过邮件进行确认可以有留存证据的效果,有利于厘清责任归属;正所谓"口说无凭,立字为据",邮件就有"立字"之功能。

2. 需求邮件

在工作过程中,我们会经常需要向组织内部人员或组织以外的其他人提出工作的需要,如需要财务部提供上一年度的财务数据、需要应聘者提供体检报告等。撰写需求邮件时一定要具体细化,即把需求的对象写得尽量具体,争取通过一次邮件沟通就可以让对方明白你的需求,避免对方出现理解上的误差,影响工作效率。

3. 反馈邮件

反馈邮件与需求邮件相对应，即对方向你发送需求邮件，你应及时准确地进行反馈。进行反馈不仅是一种礼貌，更是高效率工作的一种体现。

4. 通知邮件

通知邮件的发送对象一般为人数众多的群体或全体成员，有"广而告之"的作用，如《关于2016年元旦及寒假放假安排的通知》。一般情况下，这种对组织全体成员发出的通知，接收者不需要进行回复确认；但如果通知附有回复的要求，则要及时回复确认，以示自己已知晓通知的相关内容。

二、邮件撰写注意事项

1. 邮件撰写要规范

电子邮件和平常的书信一样，称呼、敬语、签名均不可少。不要发送正文栏空白的电子邮件，这样做不仅不礼貌，还容易被收件人当作垃圾邮件删除掉。电子邮件内容要明确，语言要简洁、准确，邮件必须有明确的主题，以便让收信人一看就明白来信的主旨。写完以后还要认真检查有无错误，因为发出去的电子邮件代表一个人的知识水平和文化修养，如果发出去的邮件错漏百出，就会给别人留下粗心、不礼貌和没修养的印象。

2. 收发邮件要及时

发送完毕，可用电话或手机短信告知收件人，让其阅读。收件人收到电子邮件应尽快回复。如果暂时没有时间，先短信回复，告诉对方收到邮件，随后详细回复。

3. 收发邮件要注意安全

电子邮件是计算机病毒的重要传染源和感染病毒的主要渠道。收发电子邮件，要注意远离计算机病毒。最好在发送邮件前用杀毒软件进行杀毒，同时要定期清理收件箱、发件箱、回收站，空出有限的邮件空间，接受新的邮件。

4. 慎用及擅用抄送功能

一般来说，写私人邮件很少会用到邮件中的抄送功能，但抄送功能在工作邮件中的曝光率却非常高。

什么是抄送？抄送对象有哪些？抄送具体有哪些作用呢？以下对这三个问题进行一一解答。

抄送（Carbon Copy，简称CC）就是将邮件同时发送给收信人以外的人，用户所写的邮件抄送一份给别人，对方可以看见该用户的E-mail。在工作邮件中，抄送其实涉及的是写件人、发送人和抄送人三者之间的关系。简单来说，抄送的目的主要分为两种：一种是知会，就是让自己的同事或者上司了解工作情况；另一种是寻求帮助，希望抄送对象给自己的工作出一些主意，作一些评论。

根据对抄送的解释可以得知，抄送的对象非常广，可以是与这项工作相关的任何人，包括同事、下级、上级和组织以外的其他相关人员。

抄送所发挥的功能相当"微妙"，用得好的话可以事半功倍，用得不好的话则会起到反效果。抄送的作用可以分为以下三点：

首先,"被抄送,被重视"。被抄送其实有一种较为强烈的暗示——我被重视了。当你把相关工作邮件的内容抄送给工作相关的人时,对方都会有受重视之感觉,当你再向这些人寻求相关工作支持时会更容易得到帮助。

其次,"我们都有责任"。在开展工作时,把工作计划、进展、结果等抄送给相关人员,这样做的潜台词就是"我把工作相关情况告知大家,我们都有责任,因此要共同努力"。

最后,向上级汇报——"我很努力"。在开展工作过程中应不时地向上级进行汇报,一方面可以让上级了解工作开展的进度,以便及时作出指示和调整;另一方面,可以让上级知晓你一直为这个项目努力工作。一般来说,汇报工作有三种方式,面谈、电话、邮件。前面两种方式不宜频繁使用,以免打扰上级工作或者给其他员工留下"善于拍马屁"的印象。因此,用邮件汇报工作的效果最佳。可以通过抄送的方式告知上级你的工作进展,这样做既不会太唐突,也可以让上级较为清楚地了解工作进展和你的努力成果。

在使用抄送功能时有很多人可能会忽略的一个问题是"滥用抄送"。在工作中,大可不必把每个细节都抄送给自己的上司,这很有可能会给对方造成负担。在抄送之前先进行判断,这其实也是体现自己执行力和判断力的一种方式。

此外,在发电子邮件时,经常还会用到其中一个功能是密送。所谓密送(Blind Carbon Copy,简称BCC),是指同时将这一封邮件发送给其他联系人,但收件人及抄送人都不会看到密送人,同时密送给两位以上的联系人时,密送人之间相互看不到彼此的信息。密送所起到的作用也是非常明显的:

第一,不方便让别人看到在收件人列表里出现的人,可以放在密送里。

第二,重要的、容易忘的邮件,密送给自己一份,可以方便管理查看。

第三,在发送通知类邮件时,不想让大家在邮件里群体回复,可以把发送对象的邮件地址列表放在密送人里。这样大家看到的收件人里只有自己,全部回复也不会打扰到其他人。

5. 撰写及发送邮件步骤有技巧

在撰写和发送邮件的过程中,往往会出现这样的情况:忘记添加附件、邮件内容尚未写完或忘记写主题,等到意识到错误时,邮件已经发送出去了,那时就后悔莫及了。对于一封重要的邮件,如果出现以上问题,不仅影响工作进度,而且会给对方留下一种"不靠谱""粗心大意"的印象。作为实习生,如果经常出现如此疏漏,实在难以取得上级领导的信任和重用。

那如何能够避免上述的失误呢?通过规范发送邮件的步骤就能有效减少此类失误,即把添加收件人、抄送人、密送人的邮件地址放在最后一个步骤。因为没有添加邮件地址,邮件是无法发送的,这样做可以有效地避免了因邮件内容没完成而把邮件发送出去的情况。

正确的邮件撰写与发送顺序及步骤如下:添加附件——填写主题——编写邮件内容——添加收件人(抄送人、密送人)地址——发送(如图2-2所示)。

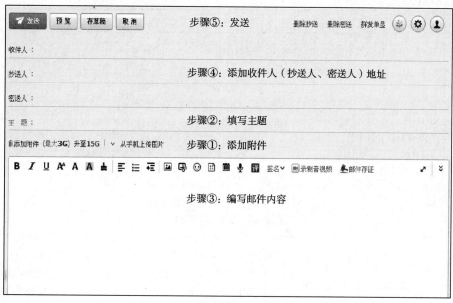

图2-2 撰写及发送邮件的步骤

第三节 印章的使用与保管

大多数学生对于印章这种事物并不陌生,但对于印章的使用规范却知之甚少。公共管理类专业的学生在实习过程中会经常涉及印章的使用与保管问题,如果不对印章的使用规范作一定的了解,很容易造成工作上的失误,甚至给实习单位造成巨大的声誉或经济等方面的损失。

一、印章的概述

印章又称印信,是国家机构、企事业单位、社会组织和个人的特定标记。印章按其性质、作用、质量可分为以下几类:

表2-1 印章种类及其定义、用途、说明

种类	定义	用途	说明
正式印章	按照法定的规格、外形、尺度和样式刻制的,证明一个单位机构的法定全称的印章。	代表单位对外签章。可以使用在以单位名义发出的信函、公文、合同、介绍信、证明、其他单位正式材料。	该类印章具有标志和象征性意义,代表一定职责与权力的印信凭证。

续表 2-1

种类	定义	用途	说明
专用章	为了便于工作，单位专门刻制的用于某种特定用途的印章。	不同种类的专用章有不同的用途，以财务专用章为例，其用途主要有：用于单位或集团内部的现金、银行收付业务（内部借款、往来结算）；单位对外的现金、银行收付业务（预留银行印鉴、支票、汇票、业务委托书等）；以及其他外部业务（如工商部门备案等用途）等。	该类印章仅用于印章上标明的使用范围，超出这个范围使用就失去了法律效力。
钢印	用金属材料刻制的上下两部分凸凹相对的印章。	它可以直接在文凭证件上印出字迹，通常用于需要贴照片的证件，压在照片与证件的骑缝上，如社保手册，不能用于文件、介绍信等。	此章在贴照片的证件上印压时，钢印压出来的字迹一定要清楚出现在证件与照片上，否则加盖的印章不具有法律效力。
缩印	按照公章比例缩小用于印刷的专用公章。	该公章只能用在小型票证上，如税务发票、交通发票、餐券	此章不能作为正式印章用于介绍信或出具证明等。
套印	按照公章的原样复制而成、专供印刷用的模印。	主要用于印刷需要加盖印章的文件、颁发的通知、布告上使用，它用制版印刷的方式代替手工盖印，适用于大宗公文凭证用印。	此章不能作为正式印章用于介绍信或出具证明等。
手章	即单位领导人的印章。	用于各类需要领导人个人签署的文件。	不同于个人私章，其属于公务专用章，具有行使职权的作用。
戳记	刻有一定字样的、带有标识性质的印章。	如财务单据上盖的"现金收讫"，文书处理中所盖的"急""特急"等。	

二、印章的使用

1. 填写"印章使用申请表"

单位相关人员使用印章前，应根据单位印章使用要求与范围，填写印章使用申请表，并将其报主管领导审核审批。经主管领导审批后，相关人员才可以到行政人员处办理使用登记。

表2-2 印章使用申请表

申请使用单位（部门）		申请使用人（经办人）		印章类别	
申请事由				部门领导意见	
				公司领导意见	
				办公室盖章人	
使用时间	年　月　日	上述材料共　　份		备注	

1. 凡使用公司印章须填写此表。
2. 申请事由一栏应将用印的文本名及文本内容填写清楚，如文本是合同的应填写涉及的金额数及签订合同的对方单位名称。

2. 印章使用登记

填写印章使用登记时，使用人员应该详细写明使用时间、使用部门、使用事由、使用数量、审批领导、是否外带等信息。①

表2-3 印章使用登记表

序号	时间		用章部门	用章人（签字）	用章材料、表格内容	用章个数	使用时间	归还时间	备注
	月	日							

3. 加盖印章

加盖印章时必须做到用力均匀，使印章端正、完整、不歪斜，更不能颠倒。印章要保持清洁，印油均匀，使字迹清晰、醒目。在加盖印章时还要注意加盖印章的位置，如果加盖的位置不当会丧失其有效性。

（1）落款章。加盖于文书作者的落款处，用来表明作者的法定性和文件的有效性。凡文书都应加盖落款章。加盖落款章的位置应在落款处年、月之间，即"骑年盖月"。

（2）更正章。对文书中的错字、脱字、冗字、倒字，可以在改正后，用加盖更正章的办法作为法定作者自行更正的凭据。加盖的更正章要覆盖修改处。

（3）证见章。对以他人名义出现的文书盖章做证。如签订合同，请双方上级主管

---

① 刘少丹，郭学丽：《行政人员岗位培训手册》，17页，北京，人民邮电出版社，2015。

机关加印证见；摘抄档案内容要由档案保管部门证见；旁证材料要由旁证人所在单位证见。

（4）骑缝章。带有存根的公函、介绍信，须加盖在正本和存根连接处的骑缝线上。

（5）骑边章。重要案件的调查、旁证，以及座谈记录等材料，很多是由调查人自做笔录。为完备手续，除由当事人盖落款章、所在单位盖证见章外，必须将同文多页沿边取齐后均匀错开，从首页到尾页，骑各页边加盖一个完整的公章；从而证明文件的各页确实是同时形成的。

（6）密封章。在公文和其他重要文件封套的封口处加盖印章，以确保传递途中没有私自拆封。

三、印章的保管

印章的保管是印章管理的重要内容。对印章进行有效的维护和保管，可以保证印章的完好，保证单位印章使用的规范性，减少违章用印，维护单位的权益。

1. 专人保管，避免委托

印章是代表单位的信物，加印就表示经过了单位领导的许可；一切用印都应通过专职人员的审查，不允许随便委托他人代取代用。

2. 专柜保管，随用随开

印章最好放在办公室的保险柜或铁柜中，做到随时用随时开，用完随时锁上；节假日期间，放印章的地方应加锁或加封条。

3. 不徇私情，严格核查

每次用印必须认真登记，以备核查，切不可凭感情、讲情面、违章用印。

4. 避免碰损，随时清洗

盖印时，文件下面要垫有一定的硬胶或厚纸等，防止印章在坚硬的物体上使用造成碰损；印章应及时清洗，确保印迹清晰。[①]

四、案例分析

中信银行员工私刻印章 违规放贷3400万元获刑

从2011年4月份开始到2012年8月29日，高喜乐利用其担任中信银行柳市支行零售业务部经理的职务便利，多次以办理个人委托贷款业务为由，伪造中信银行柳市支行零售业务部印章，与客户黄女士签订"中信投资宝"报告书，吸收其资金共计人民币3450万元。2013年7月1日，中信银行柳市支行零售业务部经理高喜乐日前被乐清市人民法院以"吸收客户资金不入账"罪，判处有期徒刑七年六个月。

"中信投资宝"投资取向为"委托贷款"。但事实上，高喜乐为了赚取利差，未将有关资金存入中信银行柳市支行委托贷款指定结算账户，私下借贷给林某（化名）人民币2950万元和李某（化名）500万元。目前，共收回1050万元，借给林某的2400万

---

① 任南：《办公室文员工作一本通》，129～130页，北京工业大学出版社，2014。

元资金无法收回。

2012年9月13日，高喜乐主动投案，以涉嫌犯吸收客户资金不入账罪被刑事拘留。同年10月19日，高喜乐被逮捕。

2011年6月29日，中信银行温州分行已通知柳市支行，即日起所有个人委托贷款业务只能由个贷中心的专职个贷经理承办，而黄女士与高喜乐签订"中信投资宝"报告是在2011年11月14日。此外，"中信投资宝"业务已于2008年停办，其报告书上所盖的"中信银行温州柳市支行零售业务部"的印章系高喜乐私刻。

黄女士的代理律师胡波表示，黄女士是出于对银行的信任与高喜乐签了"中信投资宝"报告书。高喜乐利用职务之便，在银行一楼零售业务办公室签订部分报告书，使用银行的文本，并私刻印章，使黄女士相信其所签订的就是正常的银行理财合同，造成黄女士的财产权益蒙受巨大损失；而这与中信银行柳市支行在管理、教育、监督、选任等方面的过错均存在着密切关联。因此，黄女士的经济损失，应由银行方面承担民事赔偿责任。①

案例分析与反思

出现完成任务、提升工作业绩从而得到领导的认可和重用是每一位初来乍到的实习生希望达到的目标。通过自己的勤奋与努力获得领导的认可，乃为"正道"；而有些人却想通过"旁门左道"来获得自己想要的结果，例如为了提升业绩或为了获得不正当的经济利益，私刻公章冒充单位来从事违法活动。然而，很多人并不知道私刻公章是违法行为，或抱着侥幸心理，甚至认为"很多人这样做也没出现什么问题，法不责众嘛"；但到最后，这些违法者都难逃法网。对私刻公章等违法行为的处罚，我国法律也作出了明确的规定。

按照《中华人民共和国治安管理处罚法》第五十二条的规定，有下列行为之一的，处十日以上十五日以下拘留，可以并处一千元以下罚款；情节较轻的，处五日以上十日以下拘留，可以并处五百元以下罚款：（一）伪造、变造或者买卖国家机关、人民团体、企业、事业单位或者其他组织的公文、证件、证明文件、印章的……对于刻字业违反管理规定承制公章的，属于违反治安管理的行为，给予行为人或者企业的负责人处十日以上十五日以下拘留，可以并处一千元以下罚款；情节较轻的，处五日以上十日以下拘留，可以并处五百元以下罚款的治安管理处罚。如果私刻、伪造、变造公章，则应以扰乱公共秩序罪论处。

按照《中华人民共和国刑法》第二百八十条的规定：伪造、变造、买卖或者盗窃、抢夺、毁灭国家机关的公文、证件、印章的，处三年以下有期徒刑、拘役、管制或者剥夺政治权利，并处罚金；情节严重的，处三年以上十年以下有期徒刑，并处罚金。伪造公司、企业、事业单位、人民团体的印章的，处三年以下有期徒刑、拘役、管制或者剥夺政治权利，并处罚金。

因此，在实习过程中，要时刻谨记遵守法律法规和单位的规章制度，切勿因小失

---

① 高翔：《中信银行员工私刻印章，违规放贷3400万元获刑》，上海证券报，2013-7-2。

大，毁掉美好前程。

五、公章管理相关法律规范

国务院关于国家行政机关和企业事业单位社会团体印章管理的规定[①]

国发〔1999〕25号

各省、自治区、直辖市人民政府，国务院各部委、各直属机构：

1993年国务院印发的《国务院关于国家行政机关和企业事业单位印章的规定》（国发〔1993〕21号），对于规范和加强国家行政机关和企业事业单位、社会团体印章的管理工作，起到了重要的作用。但是，随着政府机构的变化，有些条款已不再适用。为进一步规范和加强国家行政机关和企业事业单位、社会团体印章管理，现对国家行政机关和企业事业单位、社会团体印章的制发、收缴和管理规定如下：

一、国家行政机关和企业事业单位、社会团体的印章为圆形，中央刊国徽或五角星。

二、国务院的印章，直径6厘米，中央刊国徽，国徽外刊机关名称，自左而右环行，由国务院自制。

三、各省、自治区、直辖市人民政府和国务院办公厅、国务院各部委的印章，直径5厘米，中央刊国徽，国徽外刊机关名称，自左而右环行，由国务院制发。

四、国务院直属机构、办事机构的印章，正部级单位的直径5厘米，副部级单位的直径4.5厘米，中央刊国徽，国徽外刊机关名称，自左而右环行，由国务院制发。

五、国务院直属事业单位的印章，正部级单位的直径5厘米，副部级单位的直径4.5厘米，经国家机构编制管理部门认定具有行政职能的单位的印章中央刊国徽，没有行政职能的单位的印章中央刊五角星，国徽或五角星外刊单位名称，自左而右环行，由国务院制发。

六、国务院议事协调机构和临时机构的印章，直径5厘米，中央刊五角星，五角星外刊机关名称，自左而右环行，由国务院制发。

七、国务院部委管理的国家局的印章，直径4.5厘米，中央刊国徽，国徽外刊机关名称，自左而右环行，由国务院制发。

八、国务院部委的外事司（局）的印章，直径4.2厘米，中央刊国徽，国徽外刊机关名称，自左而右环行，由国务院制发。

国务院部门的内设机构和所属事业单位，法定名称中冠"中华人民共和国"或"国家"的单位的印章，直径4.2厘米，中央刊国徽，国徽外刊单位名称，自左而右环行，由国务院制发。

九、自治州、市、县级（县、自治县、县级市、旗、自治旗、特区、林区，下同）和市辖区人民政府的印章，直径4.5厘米，中央刊国徽，国徽外刊机关名称，自左而右环行，由省、自治区、直辖市人民政府制发。

[①] 中国政府网：http://www.gov.cn/zhengce/content/2010-11/15/content_1273.htm，2010-11-15。

十、地区（盟）行政公署的印章，直径4.5厘米，中央刊五角星，五角星外刊机关名称，自左而右环行，由省、自治区人民政府制发。

十一、乡（镇）人民政府的印章，直径4.2厘米，中央刊五角星，五角星外刊机关名称，自左而右环行，由县级人民政府制发。

十二、驻外国的大使馆、领事馆的印章，直径4.2厘米，中央刊国徽，国徽外刊机关名称，自左而右环行，由外交部制发。

十三、国家行政机关内设机构或直属单位的印章，直径不得大于4.5厘米，中央刊五角星，五角星外刊单位名称，自左而右环行或者名称前段自左而右环行、后段自左而右横排，分别由国务院各部门和地方各级国家行政机关制发。

十四、企业事业单位、社会团体的印章，直径不得大于4.5厘米，中央刊五角星，五角星外刊单位名称，自左而右环行。制发办法由公安部会同有关部门另行制定。

十五、国家行政机关和企业事业单位、社会团体印章所刊名称，应为法定名称。如名称字数过多不易刻制，可以采用规范化简称。地区（盟）行政公署的印章，冠省（自治区）的名称。自治州、市、县级人民政府的印章，不冠省（自治区、直辖市）的名称。市辖区人民政府的印章冠市的名称，乡（镇）人民政府的印章，冠县级行政区域的名称。

十六、实行民族区域自治的地方人民政府的印章，可以并刊汉字和相应的民族文字。

十七、印章所刊汉字，应当使用国务院公布的简化字，字体为宋体。

十八、印章的质料，由制发机关根据实际需要确定。

十九、各省、自治区、直辖市人民政府和国务院各部委、各直属机构印制文件时使用的套印印章、印模，其规格、式样与正式印章等同，由国务院制发。

二十、国务院有关部委外事用的火漆印，直径4.2厘米，中央刊国徽，国徽外刊机关名称，自左而右环行，由国务院制发。

二十一、国务院的钢印，直径4.2厘米，中央刊国徽，国徽外刊机关名称，自左而右环行，由国务院自制。

地方外事机构、驻外使领馆钢印的规格、式样，由外交部制定。

其他确需使用钢印的单位，其钢印直径不得大于4.2厘米，不得小于3.5厘米，中央刊五角星，五角星外刊单位名称，自左而右环行，报经其印章制发机关批准后刻制。

二十二、国家行政机关和企业事业单位、社会团体的其他专用印章（包括经济合同章、财务专用章等），在名称、式样上应与单位正式印章有所区别，经本单位领导批准后可以刻制。

二十三、印章制发机关应规范和加强印章制发的管理，严格办理程序和审批手续。国家行政机关和企业事业单位、社会团体刻制印章，应到当地公安机关指定的刻章单位刻制。

二十四、国家行政机关和企业事业单位、社会团体的印章，如因单位撤销、名称改变或换用新印章而停止使用时，应及时送交印章制发机关封存或销毁，或者按公安部会同有关部门另行制定的规定处理。

二十五、国家行政机关和企业事业单位、社会团体必须建立健全印章管理制度，加强用印管理，严格审批手续。未经本单位领导批准，不得擅自使用单位印章。

二十六、对伪造印章或使用伪造印章者，要依照国家有关法规查处。如发现伪造印章或使用伪造印章者，应及时向公安机关或印章所刊名称单位举报。具体的印章社会治安管理办法，由公安部会同有关部门制定。

二十七、过去有关印章管理的规定，如有与本规定不一致的，以本规定为准。

国务院

一九九九年十月三十一日

公安部印章管理办法①

第一章 总 则

第一条 为了加强印章社会治安管理，预防和打击违法犯罪活动，根据国务院《关于国家行政机关和企业事业单位社会团体印章管理规定》和国家有关规定，制定本办法。

第二条 本办法适用于国家权力、党政、司法、参政议事、军队、武警、民主党派、工会、共青团、妇联等机关、团体，企业事业单位，民政部门登记的民间组织，居（村）民委员会和各议事协调及非常设机构的印章刻制、建档、变更、缴销等管理活动。

第三条 本办法所称印章指公章和具有法律效力的个人名章。

本办法所称公章是指国家权力、党政机关、司法、参政议事、军队、武警、民主党派、工会、共青团、妇联等机关、团体，企业事业单位，民政部门登记的民间组织，居（村）民委员会和各议事协调机构及非常设机构的法定名称章和冠以法定名称的合同、财务、税务、发票等业务专用章。

本办法所称具有法律效力的个人名章是指国家权力、党政、司法、参政议事、军队、武警、民主党派、工会、共青团、妇联等机关、团体，企业事业单位，民政部门登记的民间组织，居（村）民委员会和各议事协调机构及非常设机构的法定代表人及其财务部门负责人的名章。

第四条 公安机关应当遵循合法、公正、公开、及时、便民的原则对印章实行属地管理；建立、健全管理责任制度，确保印章管理安全规范化和信息科学化。

第二章 印章管理

第五条 任何单位和个人禁止买卖印章，不得非法制作、使用印章。

第六条 国家权力、党政、司法、参政议事、军队、武警、民主党派、共青团、工

---

① 崇左市江州区人民政府网：http://www.czsjzq.gov.cn/web/2015-08/9059.htm，2015-08-04。

会、妇联等机关、团体的印章制发，依照国家的有关规定办理。

第七条　国家权力、党政、司法、参政议事、军队、武警、民主党派、共青团、工会、妇联等机关、团体的各级组织、机构需要刻制印章的，由制发机关的印章管理部门开具公函到所在地县级以上人民政府公安机关办理备案手续。

县级以上人民政府公安机关应即办理并出具准刻证明。

第八条　企业事业单位、民政部门登记的民间组织、村（居）民委员会和各协调机构及非常设机构需要刻制印章的，应当凭上级主管部门出具的刻制证明和单位成立的批准文本到所在地县级以上人民政府公安机关申请办理准刻手续。

无上级主管部门的，应当凭登记管理部门核发的营业执照、登记证书或者所在地公安派出所出具的证明，到所在地县级以上公安机关申请办理准刻手续。

办理准刻手续的经办人员，需持刻制单位的委托证明和本人身份证明；办理人名章准刻手续的，同时提供名章所刻人名的身份证明。

县级以上人民政府公安机关自接到申请之日起三个工作日内作出是否核发准刻手续的决定。对符合条件的，出具准刻证明；不符合条件的，书面通知申请单位并说明理由。

第九条　需要到外省、市、县（区）刻制印章的，凭单位所在地县级以上公安机关出具的证明及有关申请材料，到刻制地同级公安机关办理准刻手续。

第十条　需要刻制印章的单位应当到公安机关批准的刻制单位刻制；刻制单位将刻制的印章向公安机关办理印鉴备案后，方准启用。

第十一条　需要更换印章的，须公告声明原印章作废后按照本办法第七条、第八条规定重新办理备案或准刻手续。

印章遗失、被抢、被盗的，应当向备案或批准刻制的公安机关报告，并采取公告形式声明作废后，按照前款规定重新办理备案或准刻手续。

第十二条　印章规格、式样、印文和质料按照国家有关规定执行。

实行民族区域自治的地方，刻制的印章可以并刊汉字和相应的民族文字。

印章不得单刊外文，因工作需要可中、外文并刊。

需要刻制中、外文并刊印章的单位除持有本办法第八条规定的证明、文件外，还应提出书面申请，并到地、市级以上人民政府公安机关办理准刻手续。

第十三条　需要刻制印章的单位，只能申请刻制一枚单位法定名称章。

需要刻制套印章、钢印章的，依照本办法第七条、第八条、第九条、第十条的规定办理。

第十四条　企业事业单位、民政部门登记的民间组织和各协调机构及非常设机构印章实行年审制度。

第十五条　印章停止使用后，使用单位应当在十日内将印章全部交回上级主管部门或登记管理机关封存；逾期不交的，由上级主管部门或登记管理机关予以收缴。上级主管部门或登记管理机关对交回和收缴的印章要登记造册，并于十日内送备案或批准刻制的公安机关。

公安机关对交回和收缴的印章，需预存两年，无特殊情况的，预存期满后予以销毁。

第十六条 有历史纪念意义需要长期保存的印章，由收藏保存机构向省、自治区、直辖市公安机关提出申请并公告，批准后可不予销毁，由申请单位收藏保存。

第三章 印章经营单位管理

第十七条 经营本办法所指的印章业务的单位，应当具备下列条件：
（一）有固定的经营场所；
（二）经营场所和设施符合国家消防和治安管理的规定；
（三）经营者和从业人员无诈骗、招摇撞骗、伪造印章等违法犯罪记录；
（四）符合公安机关印章治安管理信息系统的资质条件；
（五）设有印章保密工房和成品保管仓库。

第十八条 经营印章业务的单位不得将印章业务转包他人经营。

第十九条 承接刻制印章应当遵守下列规定：
（一）应查验公安机关出具的备案或准刻证明；
（二）登记委托刻制印章的名称、法定代表人或者负责人、经办人的姓名和公民身份证号码，按照规定逐项登记印章名称、式样、规格数量，并保存五年，以备查验；
（三）指定专人负责承接印章业务，保管制作的印章以及销毁作废章坯；
（四）对超过三个月无人领取的印章，应当登记造册，送交原备案或批准刻制的公安机关处理；
（五）每月10日前向所在地公安机关报告印章制作情况。

第二十条 从事印章经营业务应当在批准的固定场所内进行。

第二十一条 经营印章业务的单位的法定代表人或者负责人是本单位的治安第一责任人，负责做好本单位的治安防范工作：
（一）教育从业人员自觉遵守国家法律、法规；
（二）制定并落实各项治安管理制度和防范措施；
（三）监督从业人员认真执行承接刻制印章查验证明和登记工作；
（四）对公安机关检查发现的治安隐患及时整改；
（五）发现涂改、伪造备案或准刻证明等可疑情况以及案件线索，及时报告公安机关。

第二十二条 外商独资、中外合作和中外合资企业不得经营本办法所规定的印章业务。

第二十三条 公安机关应当对经营印章的单位进行监督检查，并履行下列职责：
（一）定期对经营印章业务的单位进行监督检查，发现治安隐患，限期整改；
（二）发现可疑情况或者案件线索，依法调查处理；
（三）依法对经营印章业务的单位的违规违法经营行为进行查处。

第四章 罚 则

第二十四条 违反本办法第五条规定的，非法制作或者使用印章的，除收缴非法印章外，并处二千元以上一万元以下罚款；有非法所得的，没收非法所得。

买卖印章的，依照前款规定处罚；构成犯罪的，依法追究刑事责任。

第二十五条 违反本办法第七条、第八条、第十条和第十一条规定，未办理备案或准刻手续的，予以警告，并限期补办；逾期不办理的，制作的印章为无效印章，由公安机关予以收缴，对委托刻制单位处以二千元以上一万元以下罚款，并对直接负责的主管人员和直接责任人处二百元以上一千元以下罚款。

第二十六条 违反本办法第十二条和第十三条规定，刻制外文印章或擅自刻制中外文并刊印章及违反规定刻制两枚以上单位法定名称章的，收缴违法制作的印章，并处二千元以上一万元以下罚款。

第二十七条 违反本办法第十四条规定，逾期或不进行年审的，处一千元以上五千元以下罚款。

第二十八条 违反本办法第十八条规定，将印章业务转包他人经营的，收缴违法制作的印章，取消其经营资格，并处二千元以上一万元以下罚款；有违法所得的，没收违法所得。

单位违反前款规定的，对单位依照前款规定处罚，并对其直接负责的主管人员和其他直接责任人员处以二百元以上一千元以下罚款。

第二十九条 违反本办法第十九条规定，未查验准刻证明和履行登记手续的，对承制单位处以一千元以上五千元以下罚款；情节严重的，处五千元以上一万元以下罚款。并对其直接负责的主管人员和其他直接责任人员处以二百元以上一千元以下罚款。

第三十条 违反本办法第二十条规定的，处二千元以上一万元以下罚款，并处取缔。

第三十一条 违反本办法第二十一条规定的，对经营印章业务的单位的法定代表人或者负责人予以警告，并处五百元以下罚款。

第三十二条 伪造本办法规定的印章，构成犯罪的，依法追究刑事责任。

第三十三条 公安机关的人民警察在监督管理印章工作中玩忽职守、滥用职权、徇私舞弊的，应当予以行政处分；构成犯罪的，依法追究刑事责任。

第五章 附 则

第三十四条 印章准刻证明的式样由公安部统一制定。

第三十五条 印章载有密级信息的，可由印章制发单位自行建档保存。

第三十六条 本办法由公安部负责解释，自发布之日起三十日施行。

第三章 公文处理

公文处理工作不仅是党政机关实施领导、履行职能的重要工作内容,也是企事业单位、社会团体等非党政机关维持组织正常运作的重要工作手段。公文处理是公共管理类专业实习生接触最多的一项工作类型,也是实习生应该掌握的一项技能。

"公文处理工作是指公文拟制、办理、管理等一系列相互关联、衔接有序的工作。"① 公文拟制包括公文的起草、审核、签发等程序。公文办理包括收文办理、发文办理和整理归档。公文管理是指对公文的公开发布、撤销、废止以及本单位所有收文、发文的存放、复制、清退等工作的科学管理。

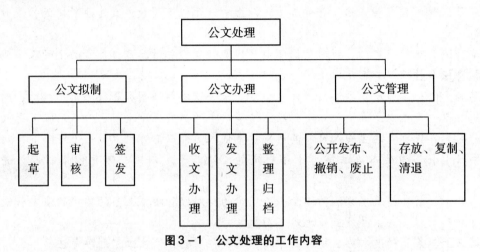

图3-1 公文处理的工作内容

第一节 公文概述

公文处理是一项严谨而系统的实践性工作。在公文处理过程中不仅要求相关人员要具备较高的实际操作能力,同时还要求其具备扎实的理论知识。因此,全面了解和认识公文很有必要。本节对公文的概念、公文的分类、公文的作用等内容进行介绍。

一、公文的概念

"公文"是公务文书的简称。公文概念有广义与狭义之分。广义的公文是指党政机关、企事业单位、社会团体等组织在行政管理、处理公务、联系工作等过程中形成的,

---

① 国务院办公厅:党政机关公文处理工作条例 http://www.gov.cn/zwgk/2013-02/22/content_2337704.htm,2013-02-22。

具有法定效力和规范体式的文书。① 狭义的公文又称"法定公文"或"通用公文",是党政机关实施领导、履行职能、处理公务的具有特定效力和规范体式的文书,是传达贯彻党和国家的方针政策,公布法规和规章,指导、布置和商洽工作,请示和答复问题,报告、通报和交流情况等的重要工具。② 具体是指 2012 年出台的《党政机关公文处理工作条例》第二章第八条中规定的决议、决定、命令(令)、公报、公告、通告、意见、通知、通报、报告、请示、批复、议案、函和纪要等 15 种公文种类。

公共管理类专业学生可选择的实习单位不仅仅限于党政机关,还可以包括企事业单位、社会团体等。因此,公共管理类专业的实习生接触到的公文应该属于广义上的公文。基于此,本书使用的是广义的公文概念。

二、公文的分类

公文种类繁多,可以按照以下六种分析依据进行分类(见表 3-1)。

表 3-1 公文分类表

分类依据	种类	内容
按公文的性质分类	党政机关公文	党政机关实施领导、履行职能、处理公务的具有特定效力和规范体式的文书,是传达贯彻党和国家的方针政策,公布法规和规章,指导、布置和商洽工作,请示和答复问题,报告、通报和交流情况等的重要工具。
	企事业单位公文	企事业单位处理日常事务、沟通信息、总结经验、研究问题、指导工作、规范行为、表述意愿的实用性文书。绝大部分属于事务文书。
	社会团体公文	社会团体行使职权、处理公务时所撰写的规范性文书。
按法定效力大小分类	法定公文	又称"通用公文",是依法行政和进行公务活动的重要依托和必要工具。具体是指《党政机关公文处理工作条例》中规定的 15 种公文形式:决议、决定、命令(令)、公报、公告、通告、意见、通知、通报、报告、请示、批复、议案、函和纪要。
	事务文书	又称"常用文书",是指党政机关、企业事业单位、社会团体为处理工作而普遍使用的法定公文之外的文书。如简报、会议记录、总结、计划等。
按公文的来源分类	收文	其他机关发送到本机关的文件。如上级机关发来的指示、通知;下级机关报送的报告、请示等。
	发文	由本机关制发的文件。一部分是发送给需要用它进行工作联系的其他机关,一部分是下发给本机关内部使用的文件。

---

① 周小其:《经济应用文写作》,18 页,成都,西南财经大学出版社,2012。
② 国务院办公厅:党政机关公文处理工作条例 http://www.gov.cn/zwgk/2013-02/22/content_2337704.htm,2013-02-22。

续表 3-1

分类依据	种类	内容
按公文的行文方向分类	上行文	下级机关向它所隶属的上级机关发送的文件，例如请示、报告等。
	下行文	领导机关对下属机关的发文，例如指示、决定、决议、通报等。
	平行文	同级机关或不相隶属的机关（即没有领导或业务指导关系的机关）之间的来往文件，例如公函。
按公文发送与处理的时间要求分类	特急件	内容特别紧急，必须随时优先迅速传递处理的文件。
	急件	内容紧急，必须打破工作常规，优先迅速传递处理的文件。
	平件	无特殊的时间要求，可按工作常规传递处理的文件。
按公文内容的机密程度分类	绝密公文	含有最重要的国家秘密，泄露会使国家的安全和利益遭受特别严重损害的公文。
	机密公文	含有重要的国家秘密，泄露会使国家的安全和利益遭受严重损害的公文。
	秘密公文	含有一般的国家秘密，泄露会使国家的安全和利益遭受损失的公文。
	公开公文	可以向人民群众公开发布或在机关组织内部使用的公文。

三、公文的作用

1. 领导和指导的作用

公文的内容反映党政机关、企事业单位、社会团体等组织的意图，所以具有领导和指导工作的作用。在传达贯彻党和国家的方针政策、发布行政法规和规章方面、统一上下级思想及行动方面，通过公文来进行上传下达。各级组织可以认真领会上级组织的精神意图并按照这一精神意图进行工作，开展活动。公文本身就体现了上级对下级的领导和指导作用。

2. 宣传和教育的作用

公文既是推动工作的工具，也是向广大干部群众或组织内部人员进行宣传教育，是他们提高认识、统一思想的武器。所以公文虽然与报纸、图书上的宣传教育材料不同，但也具有一定的宣传教育作用。特别是一些纲领性文件、重大政策性文件和机关领导同志的指示、以及各级组织的决定，其宣传教育作用十分明显。

3. 联系和关照的作用

党政机关、企事业单位、各社会团体等组织有各自的系统。各机关系统有各自相应的权限范围。既要保持党政机关、企事业单位、各社会团体的正常运转，又需要各系统之间有互相配合、互相促进的关系。这种互相之间的关系，包括上下级之间的纵向联系，也包括各同级机关之间的横向联系。这种联系的纽带之一就是公文。与联系作用紧密相关的是知照作用，即公文是为了把有关事项通知、关照对方，使之了解情况，使机关之间得以保持联系、互通信息，从而有秩序地开展工作。

4. 依据和凭证的作用

公文反映了制发机关的意志、愿望和要求，收文机关要贯彻落实这一意图，就必须以公文来作为依据；根据公文的内容要求开展工作、处理问题。一方面，上级机关所发的公文对下级来说，无疑都是工作的依据。另一方面，下级机关所发的公文，如请示、报告等，对上级机关来说，同样也有依据作用。上级机关就是根据这些上行的公文了解下情，作为制订正确决策的参考依据，或作为针对性答复问题、指导具体工作的凭证。

5. 规范和制约的作用

公文作为管理国家的重要工具，其权威性和法定性赋予了它以规范和制约社会行为和公民活动的作用。正所谓"国有国法，家有家规"，公文中有许多法规、命令、条例、告示、公告等，不仅规范和制约着单位工作人员的行为活动，甚至直接规范和制约着人们日常生活中的行为活动。例如《北京市人民政府关于禁止春节期间在市区燃放烟花爆竹的规定》一经发布，便具有法律效果，任何人都不得违反。又如，一些在公共场所不准乱扔垃圾的公告和规定等，也具有制约人们行为的作用，同时它们也是保证社会秩序稳定的武器之一。

第二节 公文拟制

公文拟制包括公文的起草、审核、签发等程序（见图3-2）。公文拟制是公文处理工作的首要环节，也是最为重要的环节。本节对公文起草、公文审核和公文签发三个环节进行全景式的介绍。

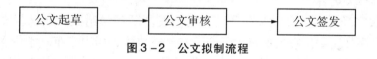

图3-2 公文拟制流程

一、公文起草

公文起草是公文拟制的开端，是公文拟制成功与否的核心环节。在公文起草工作前，负责起草公文的人员必须对公文的格式、公文的布局和公文的表达方式等有一个系统的认识。

（一）公文的格式①

在公文写作的规范上，国家只对法定公文的格式进行了严格规范，而对其他的事务性公文，在格式规范上并不严格，因此本节对公文格式的介绍主要是聚焦于法定公文格式。

国家规范的公文具有特定的格式，保证了公文的权威性、完整性、科学性和效率性。公文格式各要素划分为版头、主体、版记三部分。公文首页红色分隔线以上的部分

---

① 参见《党政机关公文处理工作条例》《党政机关公文格式》等有关文件。

称为版头；公文首页红色分隔线（不含）以下、公文末页首条分隔线（不含）以上的部分称为主体；公文末页首条分隔线以下、末条分隔线以上的部分称为版记。

公文一般由份号、密级和保密期限、紧急程度、发文机关标志、发文字号、签发人、标题、主送机关、正文、附件说明、发文机关署名、成文日期、印章、附注、附件、抄送机关、印发机关和印发日期、页码等组成。

1. 版头

《党政机关公文格式》规定，版头包括份号、密级和保密期限、紧急程度、发文机关标志、发文字号、签发人、版头中的分隔线共7个要素（如图3-3所示）。具体的格式要求如下：

（1）份号。公文印制份数的顺序号。涉密公文应当标注份号。一般用6位3号阿拉伯数字，顶格编排在版心左上角第一行。

（2）密级和保密期限。公文的秘密等级和保密的期限。涉密公文应当根据涉密程度分别标注"绝密""机密""秘密"和保密期限。

（3）紧急程度。公文送达和办理的时限要求。根据紧急程度，紧急公文应当分别标注"特急""加急"，电报应当分别标注"特提""特急""加急""平急"。如需同时标注份号、密级和保密期限、紧急程度，按照份号、密级和保密期限、紧急程度的顺序自上而下分行排列。

（4）发文机关标志。由发文机关全称或者规范化简称加"文件"二字组成，如"中共中央文件"，也可以使用发文机关全称或者规范化简称，如"中国共产党中央委员会"或"中共中央"。联合行文时，发文机关标志可以并用联合发文机关名称，也可以单独用主办机关名称。

（5）发文字号。由发文机关代字、年份、发文顺序号组成。联合行文时，使用主办机关的发文字号。编排在发文机关标志下空二行位置，居中排布。年份、发文顺序号用阿拉伯数字标注；年份应标全称，用六角括号"〔〕"括入；发文顺序号不加"第"字，不编虚位（即1不编为01），在阿拉伯数字后加"号"字。如"国发〔2015〕5号"。

上行文的发文字号居左空一字编排，与最后一个签发人姓名处在同一行（如图3-4所示）。

（6）签发人。上行文应当标注签发人姓名。由"签发人"三字加全角冒号和签发人姓名组成，居右空一字，编排在发文机关标志下空二行位置（如图3-4所示）。如有多个签发人，签发人姓名按照发文机关的排列顺序从左到右、自上而下依次均匀编排，一般每行排两个姓名，转行时与上一行第一个签发人姓名对齐。

（7）版头中的分隔线。版头中的分隔线起到分隔版头与主体的作用。版头中的分隔线置于发文字号之下4 mm处居中印一条与版心等宽的红色分隔线。

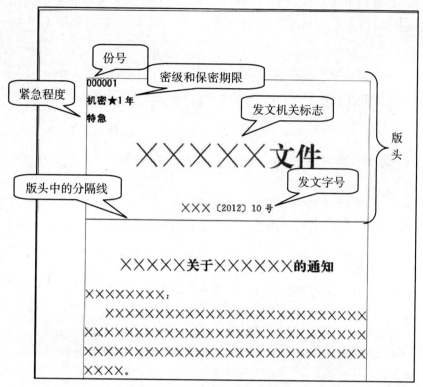

图3-3 "版头"的格式安排

×××〔2000〕1号　　　　　　　签发人：×××

关于××××××××请示

××××××××：
　　××××××××××××××××××××××××
××××××××××××××××××××××××××
××××××××××××。
　　××××××××××××××××××××××××××

图3-4 上行文中"发文字号"与"签发人"的格式安排

2. 主体

（1）标题。公文标题一般要标明发文机关、事由和文种三要素，如《中共中央、国务院关于抗震减灾紧急指示》；也有只用发文机关和文种做标题的，如《北京市人民政府公告》；还有用事由和文种做标题的，如《关于任命×××为市办公室主任的决定》；为了引人注目，也有只用文种做标题的，如《通知》《公告》等。

(2) 主送机关。公文的主要受理机关，应当使用机关全称、规范化简称或者同类型机关统称。

(3) 正文。文中结构层次序数依次可以用"一、""（一）""1.""（1）"标注；一般第一层用黑体字、第二层用楷体字、第三层和第四层用仿宋体字标注。公文的正文一般分四部分：

第一部分是开头，称引据部分，简要说明发文的原因和依据。

第二部分是主体，是公文主体部分，要求重点突出，条理清楚。

第三部分是结语，扼要提出要求和希望。一般根据上行、下行、平行的不同文种，采用不同的结语。如"是否妥当，请予指示""此令""特此函复"等。

第四部分是发文机关署名、成文日期和印章。三者的位置安排较为复杂，主要分为加盖印章的公文与不加盖印章的公文两种情况。

①加盖印章的公文。成文日期一般右空四字编排，印章用红色，不得出现空白印章。

单一机关行文时，一般在成文日期之上、以成文日期为准居中编排发文机关署名；印章端正、居中下压发文机关署名和成文日期，使发文机关署名和成文日期居印章中心偏下位置；印章顶端应当上距正文（或附件说明）一行之内（如图3-5所示）。

图3-5　单一机关行文时"发文机关署名""成文日期"和"印章"之间的位置安排

联合行文时，一般将各发文机关署名按照发文机关顺序整齐排列在相应位置，并将印章一一对应、端正、居中下压发文机关署名。最后一个印章端正、居中下压发文机关署名和成文日期。印章之间排列整齐、互不相交或相切，每排印章两端不得超出版心，首排印章顶端应当上距正文（或附件说明）一行之内（如图3-6所示）。

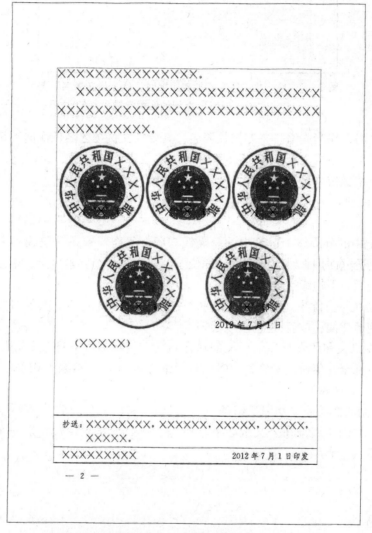

图3-6　联合行文时"发文机关署名""成文日期"和"印章"之间的位置安排

②不加盖印章的公文。单一机关行文时，在正文（或附件说明）下空一行右空二字编排发文机关署名，在发文机关署名下一行编排成文日期，首字比发文机关署名首字右移二字。如成文日期长于发文机关署名，应当使成文日期右空二字编排，并相应增加发文机关署名右空字数（如图3-7所示）。

```
        ××××××××××××××××××
        ××××××××××××××××××
        ××××××。
                        工业和信息化部
                        2016 年 6 月 1 日
```

图 3-7　单一机关行文不加盖印章时"发文机关署名"与
"成文日期"之间的位置安排

联合行文时，应当先编排主办机关署名，其余发文机关署名依次向下编排。

还需要注意的是成文日期中的数字用阿拉伯数字将年、月、日标全，年份应标全称，月、日不编虚位（即 1 不编为 01），如"2016 年 6 月 1 日"。

（4）附件说明。公文附件的顺序号和名称。

3. 版记

（1）版记中的分隔线。版记中的分隔线与版心等宽，首条分隔线和末条分隔线用粗线，中间的分隔线用细线。首条分隔线位于版记中第一个要素之上，末条分隔线与公文最后一面的版心下边缘重合。

（2）抄送机关。除主送机关外需要执行或者知晓公文内容的其他机关，应当使用机关全称、规范化简称或者同类型机关统称。

（3）印发机关和印发日期。公文的送印机关和送印日期。印发日期用阿拉伯数字将年、月、日标全，年份应标全称，月、日不编虚位（即 1 不编为 01），后加"印发"二字（如图 3-8 所示）。

另外，《党政机关公文处理工作条例》增加页码这一公文格式要素[①]，但它不属于版记的内容。页码应编排在公文版心下边缘之下，数字左右各放一条一字线，即"—1—"（如图 3-9 所示）。

[①] 2012 年出台的《党政机关公文处理工作条例》较 2000 年出台的《国家行政机关公文处理办法》（已停止执行）增加了发文机关署名和页码两个公文格式要素，删除主题词格式要素，并对公文格式各要素的编排进行了较大的调整。

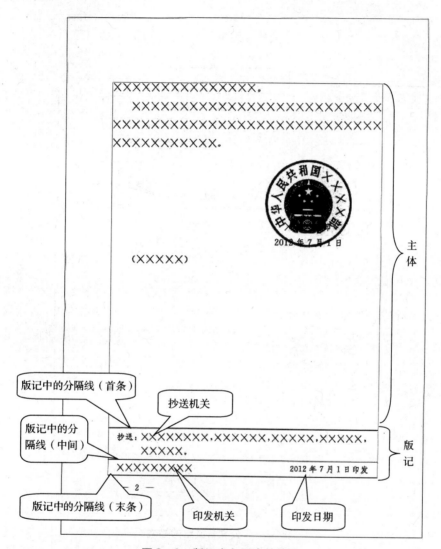

图 3-8 版记中各要素的格式

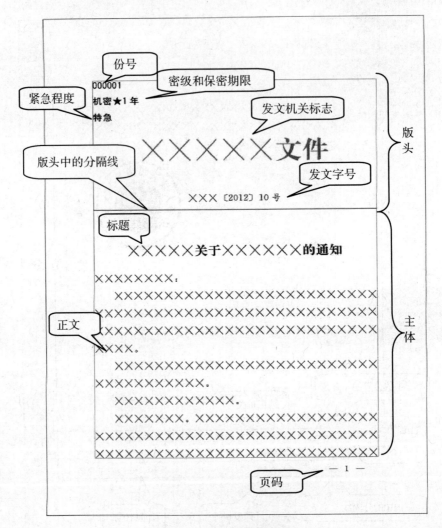

图3-9　公文各要素的格式

以上对公文格式作了简单的介绍，更详细、更具体的公文格式标准请参考本章节的《党政机关公文处理工作条例》和《党政机关公文格式》。

（二）公文的布局

做好公文的布局就是搭好文章的结构架子，即遵循一定的逻辑，有规则、有次序地依据文章主题的需要，对材料加以排列组合，使公文成为一个有机的整体。

公文布局的基本要求之一是严谨。严谨指公文结构要使材料之间缜密、周严、纲目清晰、逻辑性强，令人感到材料的组合严丝合缝。

基本要求之二是完整。完整指构成文章的各个局部结合得完善统一，而且各个局部相应齐备，没有残缺。要使文章有头、有尾、有起、有承、有转、有合，开头有交代，结尾有照应说明。

基本要求之三是匀称。要使文章疏密相同，详略得当。将主体文字置于中间，分为多层、多段展开，详细论述，谓之密笔；而把目的、意义、希望、要求等放在开头或结尾，作为单段、概要简述，谓之疏笔。切忌将中心内容压在一头，一团乱麻，令人喘不过气，难以读懂。

基本要求之四是连贯。连贯指文章的各部分在内容脉络上要相互贯通，协调一致，语言上要注意过渡，衔接紧密、自然，文中不能出现互不相干或自相矛盾的现象。

公文的布局一般使用以下五种方式。

1. 分列小标题式

全文分若干段，依每段内容归纳出一个小标题。通常指示性通知、调查报告、决定、简报、通报等都经常用这种形式。

2. 分块式

全文分成几大块，每一块独立成章，块中可以有自然段，每块前面正中加（一）、（二）、（三）等序号。通常调查报告、工作总结、会议纪要等采用分块式。

3. 并列式

并列式指在公文开头以简要的语句开宗明义以后，正文部分是若干并列的句子，有的句与句押韵，以诗歌、顺口溜的形式表达。通常守则常用这一形式。

4. 章、条、款分列式

这种形式是把全文分成几章，章下分条，条中有款，条目清晰，款项明了。通常章程、规定、规则、办法、细则等法规性公文采用此方式者多。

5. 转发转述式

用批转、转发、转述的方式，把上下级或平级的有关公文转印给下级单位，一般在文首以"现将××转发给你们，望遵照执行"形式以文载文。通常批转性通知、转发性通知、简报等都采用这种形式。

（三）公文的表达方式

1. 公文运用表达方式的含义

公文既要记述概要、叙述清楚，又要议论发挥、剖析义理，还要说明措施、提出要求。因此，公文的表达方式是以叙述为基础、议论为手段、说明为目的，三者综合运用。

由于公文的内容制约了表达方式的采用。因此，当公文的主要内容不一样时，其表达方式就各有侧重。具体讲，以反映情况为主要内容的公文，表达方式侧重于叙述；以阐明道理为主要内容的公文，表达方式侧重于议论；以提出要求为主要内容的公文，表达手段侧重于说明。

2. 公文运用表达方式的作用

与记叙文的表达方式相比较，公文中叙述带有显著的概括性。公文中叙述事物，不像记叙文的断面特写、细节刻画、气氛渲染，而是直述本质、明确无误。公文中叙述事件，不像记叙文那样详写事情发展变化的具体过程，描绘复杂、曲折的生动情节，而是概括反映全貌，明白叙说梗概。公文中表述情感，不如记叙文奔放或细腻，而是庄重、鲜明。

与议论文的表达方式相比较，公文中的议论带有直接的目的性。任何议论都是为了得出相应的结论，证实某一问题，都带有目的性。但议论文（如社论、评论、学术论文）旨在影响读者，并非针对某一具体事项提出要求，所以带有泛论的属性。而公文中的论述是为解决实际工作中某一问题、围绕既定要求而发，不允许偏离目的，旁及与要求无关的内容，更不得放言空论。

说明是公文的主要表达方式，每篇公文中都有完整的说明文字。[①] 但就总体而论，公文综合运用了这三种表达方式，所以它不同于说明文。

二、公文审核

公文审核是在公文起草完成后所进行的必要环节。通过审核，不仅可以保证公文的质量，而且可以控制发文的数量。所谓审核是指单位领导或负责人对文稿进行审查、核准以及修改。审核可以视为公文起草过程的延续。这个过程可以有效地对草拟出来的公文进行把关，审查其是否符合相关政策，是否真正体现了部门的意图，是否交代清楚了需要交流的内容，以确保发文的质量。

审核公文应该把工作重点聚焦于以下方面：

（1）行文理由是否充分，行文依据是否准确。

（2）内容是否符合党的理论路线方针政策和国家法律法规，是否完整准确体现发文机关的意图，是否同现行有关公文相衔接，所提政策措施和办法是否切实可行。

（3）涉及有关地区或者部门职权范围内的事项是否经过充分协商并达成一致意见。

（4）文种是否正确，格式是否规范，人名、地名、时间、数字、段落顺序、引文等是否准确，文字、数字、计量单位和标点符号等用法是否规范。

（5）其他内容是否符合公文起草的有关要求。

经审核不宜发文的公文文稿，应当退回起草单位并说明理由；符合发文条件但内容需作进一步研究和修改的，由起草单位修改后重新报送。

---

① 张浩：《最新公文写作技巧、格式、模板与实用范例全书》，4～13 页，北京，海潮出版社，2014。

三、公文签发

签发是指单位领导对已经审核的公文进行最终审核，并进行签署，决定印发。签发是公文拟制的最终环节，也是公文是否具备有效性的关键环节。

签发前，单位领导要对公文进行全面审查，及时纠正错误，确认无误后才能进行签署。签发时，领导首先要明确签署自己的意见，如"同意""发"等，然后签署自己的姓名和签署时间。文稿经领导人签发即成定稿，签发人从政治上到文字上对其所签发文稿的准确性负完全责任。

签发的注意事项：

（1）对公文进行最后的审查，确保公文的质量，提高工作效率。

（2）不能越级签发。公文应当经本机关负责人签发。党委、政府办公厅（室）根据党委、政府授权制发的公文，由授权机关主要负责人签发或者按照有关规定签发。签发人签发公文，应当签署意见、姓名和完整日期；圈阅或者签名的，视为同意。联合发文由所有联署机关的负责人会签。如果相关领导人不在，可以授权或委托其他负责人签发。

（3）签署姓名要写全称，不可只写姓；签发的时间也要清楚注明。①

四、常用公文写作规范

公文的种类繁杂多样，因本书篇幅有限，难以做到面面俱到。本书旨在为公共管理类专业大学生的实习提供指导，而实习生所能接触到的公文是非常有限的。因此，本书仅对实习生有较大机会接触到的公文种类进行介绍，以期使实习生们掌握一定的公文写作实用技巧和方法。

（一）通知的写作规范

1. 通知的概述

通知是适用于发布、传达要求下级机关执行和有关单位周知或者执行的事项，批转、转发公文。② 通知的适用范围非常广，不仅在党政机关被广泛使用，而且在企事业单位、社会团体等组织中使用的频率也非常高。它可以用于批转下级机关的公文、转发上级机关和不相隶属机关的公文、发布规章、下达指示、布置工作、传达有关事项、传达领导意见、任免和聘用干部等。由于通知的使用范围广泛、内容涉及面广、功能作用大、使用频率高等特点，一直以来在公文体系里占据着重要的地位。

根据通知的内容和作用的不同，可以把通知分为以下六种类型：

（1）发布性通知。用于发布行政规章制度及党内规章制度。

（2）批转性通知。用于上级机关批转下级机关的公文给所属人员，让他们周知或

---

① 马仁杰：《秘书学教程》，195～196页，合肥，安徽大学出版社，2015。
② 国务院办公厅：党政机关公文处理工作条例 http://www.gov.cn/zwgk/2013-02/22/content_2337704.htm，2013-02-22。

执行。

（3）转发性通知。用于转发上级机关和不相隶属的机关的公文给所属人员，让他们周知或执行。

（4）指示性通知。用于上级机关指示下级机关如何开展工作。

（5）任免性通知。用于任免和聘用干部。

（6）事务性通知。用于处理日常工作中带事务性的事情，常把有关信息或要求用通知的形式传达给有关机构或群众。①

2. 通知的写作结构和基本内容

（1）标题。

第一类：批示性通知的标题。

批示性通知可分为批转性通知和转发性通知，其标题的写作结构与规范如下：

①发文机关＋批转/转发＋被批转/转发文件的题名＋文种。如：广东省人民政府转发国务院关于印发土壤污染防治行动计划的通知。

②批转/转发＋被批转/转发的文件题名＋文种。如：关于转发《关于查处违反中央八项规定精神和"四风"等问题的通报》的通知。

如果被批转或被转发的公文文种也是通知的话，一般需要省略文种"通知"，转发的文件也应去掉书名号。如：转发《关于做好发展党员有关工作的通知》的通知，应该改为：转发关于做好发展党员有关工作的通知。

第二类：发布性通知的标题。

①发文机关＋关于发布/关于颁布/关于印发/关于实施＋原文件名称（要加书名号）＋文种，如：中央关于印发《党员权利保障条例》的通知。

②关于发布/关于颁布/关于印发/关于实施＋原文件名称（要加书名号）＋文种，如：关于印发《行政事业单位内部控制规范（试行）》的通知。

第三类：指示性、任免性、事务性通知的标题。

①发文机关＋事由＋文种，如：国务院关于做好自由贸易试验区新一批改革试点经验复制推广工作的通知。

②事由＋文种，如：关于扎实做好2017年春节期间安全生产工作的通知。

如果需要通知的事态紧急，可以在标题中的事由与文种之间加"紧急"一词，如：国务院办公厅关于切实做好汛期灾害防范应对工作的紧急通知。

（2）主送机关。主送机关即通知的受文机关。主送机关应写在标题之下、正文之上顶格的位置。当主送机关为两个或两个以上时，要特别注意要按照主送机关的级别、名称等安排主送机关的顺序。如下文《国务院关于印发土壤污染防治行动计划的通知》的主送机关为"各省、自治区、直辖市人民政府，国务院各部委、各直属机构"。

---

① 张浩：《最新公文写作技巧、格式、模板与实用范例全书》，124页，北京，海潮出版社，2014。

国务院关于印发土壤污染防治行动计划的通知

国发〔2016〕31号

各省、自治区、直辖市人民政府，国务院各部委、各直属机构：

现将《土壤污染防治行动计划》印发给你们，请认真贯彻执行。

国务院

2016年5月28日

（3）正文。正文由开头、主体和结尾三个部分组成。开头主要交代通知缘由、根据，主体说明通知事项，结尾提出执行要求。

通知缘由主要用来表述有关背景、根据、目的、意义等。批示性通知，根据情况，可以在开头表述通知缘由；但多数以直接表达转发对象和转发决定为开头，无须说明缘由。发布性通知，多数情况下篇段合一，无明显的开头部分，一般也不交代缘由。

通知事项为通知的主体部分。其主要说明所发布的指示，提出的方法、措施，安排的工作，改变的名称，列出的名单等事项。如内容较多，可以分几点列出。

执行要求可有可无。如有必要，可以在结尾处提出贯彻执行的有关要求。如"请遵照执行""请认真贯彻执行"等。

3. 通知的写作范例

（1）批示性通知范例。

广东省人民政府办公厅转发国务院办公厅
关于批准佛山市城市总体规划的通知

佛山市人民政府：

现将《国务院办公厅关于批准佛山市城市总体规划的通知》（国办函〔2016〕107号）转发给你们，请认真遵照实施。

省府办公厅

2017年1月11日

（2）发布性通知范例。

广东省人民政府印发《广东省关于激发重点群体活力
带动城乡居民增收的工作方案》的通知

各地级以上市人民政府，各县（市、区）人民政府，省政府各部门、各直属机构：

《广东省关于激发重点群体活力带动城乡居民增收的工作方案》已经省人民政府同意，现印发给你们，请认真组织实施。

广东省人民政府

2017年1月22日

（3）指示性、任免性、事务性通知范例。

国务院办公厅关于2017年部分节假日安排的通知
国办发明电〔2016〕17号

各省、自治区、直辖市人民政府,国务院各部委、各直属机构:

经国务院批准,现将2017年元旦、春节、清明节、劳动节、端午节、中秋节和国庆节放假调休日期的具体安排通知如下。

一、元旦:1月1日放假,1月2日(星期一)补休。

二、春节:1月27日至2月2日放假调休,共7天。1月22日(星期日)、2月4日(星期六)上班。

三、清明节:4月2日至4日放假调休,共3天。4月1日(星期六)上班。

四、劳动节:5月1日放假,与周末连休。

五、端午节:5月28日至30日放假调休,共3天。5月27日(星期六)上班。

六、中秋节、国庆节:10月1日至8日放假调休,共8天。9月30日(星期六)上班。

节假日期间,各地区、各部门要妥善安排好值班和安全、保卫等工作,遇有重大突发事件,要按规定及时报告并妥善处置,确保人民群众祥和平安度过节日假期。

国务院办公厅
2016年12月1日

(二)函的写作规范

1. 函的概述

函是一种适用于不相隶属机关之间商洽工作、询问和答复问题、请求批准和答复审批事项的公文。[①]

函是一种较为灵活的文种,主要体现在以下三点:一是格式灵活,二是语言灵活,三是行文方向灵活。函的适用范围广,一是可以广泛应用于商洽工作、询问和答复问题、请求批准和答复审批事项,可以传递信息、交流情况、帮助解决问题等;二是任何组织、单位都可以使用,没有级别限制。因此,函的作用范围相对于其他文种要宽,使用频率也高。

函从不同的角度可以划分为以下几种类型:

(1)从形式上可以分为公函和便函。

(2)从内容性质上可以分为商洽函、询问函、请批函、答复函、知照函、协查函。

(3)从行文方向上可以分为去函和复函。

以下就按照行文方向角度划分的去函和复函这两种函的类型对函的写作方法进行介绍。

---

① 国务院办公厅:党政机关公文处理工作条例 http://www.gov.cn/zwgk/2013-02/22/content_2337704.htm,2013-02-22。

2. 去函

（1）去函的标题。

①发文机关＋事由＋文种，如：市金融工作局关于报送2016年政府信息公开年度报告的函。

②事由＋文种，如：关于收集2016年××省高等院校毕业生信息的函

（2）主送机关。主送机关即受文单位。去函的主送机关只有一个。

（3）正文。

①发函缘由。这部分要写明发函的原因、目的、依据。如"最近……""根据……""为了……""得悉/据悉……"。要开门见山，不能将一般书信开头用的"你们好"等问候语在公函或便函中使用。

②事项、问题。这部分要求一事一函，要具体而简练，条理清晰，切忌内容庞杂。

③希望或要求。如要求对方答复的，应写"请函复""盼复"等。如不要求对方答复的，则用"特此函达""特此函告"。如是商洽函，则用"请大力支持为盼""请支持/协助为盼""请予支持/请予合作"等。

（4）落款。署发文机关名称、成文日期并加盖印章。

3. 复函

（1）复函的标题。

①发文机关＋事由＋复函，如：国家能源局关于内蒙古风电清洁供暖有关事项的复函。

②发文机关＋事由＋给×××＋复函，如：国务院办公厅关于悬挂国旗等问题给××省人民政府办公厅的复函。

③事由＋复函，如：关于对环保核查工作制度有关问题解释的复函。

（2）主送机关。即受文单位，复函的主送机关与来函机关一致。

（3）正文。

①发函原因，即引叙来函，写清来函的标题、文号，然后写"收悉"。如：你厅《关于X射线人体安检设备辐射安全管理相关问题的函》（川环函〔2016〕1476号）收悉。

②发函事项，即答复对方提出的问题和要求。要求答复明确，不能含糊。

③结尾，即结语。可以写"此复""特此函复""专此函复"，也可以不写结语。

（4）落款。署发文机关名称、成文日期并加盖印章。

4. 函的写作范例

（1）去函的写作范例。

**广州市旅游局关于报送
2016年政府信息公开年度报告的函**

市政务公开办：

根据你办《关于抓紧编制发布2016年政府信息公开年度报告的函》（穗政务公开办函〔2017〕1号）要求，现将《2016年广州市旅游局政府信息公开年度报告》报送

给你办。

专此函达。

广州市旅游局
2017 年 1 月 23 日

（2）复函的写作范例。

关于对 X 射线人体安检设备辐射安全管理相关问题的复函
环办辐射函〔2016〕1797 号

四川省环境保护厅：

你厅《关于 X 射线人体安检设备辐射安全管理相关问题的函》（川环函〔2016〕1476 号）收悉。经研究，现函复如下：

一、根据我国《射线装置分类办法》（原国家环境保护总局公告 2006 年第 26 号），X 射线人体安检设备属"其它高于豁免水平的 X 射线机"范畴，为Ⅲ类射线装置。

二、根据《放射性同位素与射线装置安全和防护条例》（国务院令 第 449 号）和《放射性同位素与射线装置安全许可管理办法》（环境保护部令 第 3 号）的相关要求，生产、销售、使用 X 射线人体安检设备的辐射工作单位应填报环境影响登记表和取得省级环保部门（或其委托的市级环保部门）颁发的辐射安全许可证，纳入辐射安全监管。

三、根据国家标准《电离辐射防护与辐射源安全基本标准》（GB 18871-2002）的相关要求和国际辐射防护实践，不得采用电离辐射设备进行大规模人体相关普查性质的检测。因此使用单位应确定使用 X 射线人体安检设备的正当性并严格限定其使用范围和对象，不得在公共场所对公众大规模使用。

四、你厅应严格执法，对未经许可违法生产、销售、使用 X 射线人体安检设备的单位，责令立即停止违法行为，确保公众安全。

特此函复。

环境保护部办公厅
2016 年 10 月 10 日

（三）会议记录的写作规范

会议记录一般适用于比较重要和正式的会议，是有关会议情况的原始笔录和第一手材料。要整理和写作一份高质量的会议记录，会议记录者需要熟练掌握会议记录的主要类型、基本特征、写作格式和注意事项。

根据不同的划分标准，会议记录可以分为不同的类型。按照记录方法和详略程度不同，一般分为详细会议记录、摘要式会议记录、重点式会议记录等。按照会议性质不同，主要分为办公会议记录、专题会议记录、联席会议记录、座谈会议记录等。按照会议主办单位不同，可分为党委会议记录、企事业行政会议记录、群众团体会议记录等。

会议记录一般具有实录性、备考性、完整性等特点。①实录性。会议记录是对会议情况和内容的客观、真实、原始的记录，未经加工和增添删减，具有原始性和凭据性，是会后查对有关情况的真实依据。这也是会议记录与会议简报、会议纪要等在存在形态上的本质区别。②备考性。会议记录的重要作用是作为分析会议进程、研究会议议程的依据，是编写会议简报、撰写会议纪要的重要素材，此外还可以作为原始资料编入档案进行长期保存，以备需要时查阅。③完整性。会议记录要将会议的时间、地点、人物、事项，领导的讲话，与会者的发言、讨论和争议，形成的决议和决定等内容一一记录下来，完整地反映会议的实况。

1. 会议记录的格式

（1）标题。一般由单位名称、会议名称与文种"会议记录"构成，如"中共××市委常委扩大会议记录"。如果某一类会议印有专用的会议记录本，则可以省略单位名称，由会议名称和文种构成，反映会议主题（或会议时间、会议届次）即可，如"三月份教学会议记录"，也可以直接用"会议记录"作为标题。

（2）会议基本情况。这种情况也称为"记录头"，主要包括会议时间（要注明具体年、月、日及会议的开始和结束时间），会议地点，出席人（人数较少的会议要将出席者姓名都写上，人数过多的会议或召开频次较高的例行会议可只写明出席范围和人数）、列席人、主持人、记录人。这部分内容一般在会议正式开始前记录好，每一项要分段依次排列，清晰记录。

（3）会议进行情况。这是会议记录的核心部分，包括主持人讲话、会议议题、会议讨论发言、会议结论或议决事项等。会议内容是会议记录的重点，记录时必须聚精会神，边听边记，不要出现疏漏。

（4）尾部。一般于正文后另起一行空两格写上"散会"或"会议结束"等字样，以示记录完毕。如遇中途休会，应注明"休会"等字样。由于会议记录是不容更改的原始凭证，因此要由会议记录员、主持人等相关人员在会议记录末页下端签名，重大决策性会议还需全体与会人员签字，以示对该会议记录负责。

2. 做好会议记录的注意事项

（1）客观真实。会议记录应该严格遵守客观真实、完整准确、清楚规范的原则。记录个人发言注意内容准确、保持原意。原话意思不完整的，可以作一些技术上的加工处理，但不能随意对内容和意思作增减删改。

（2）全面翔实。会议记录的内容应包括会议的基本情况、经过情形和结论等。要将记录的重点放在讨论的议题、提出的建议、形成的决议方面，尤其要翔实记录主持人（主要领导）的结论性发言。有时会场上的笑声、掌声和有关动态，与会者的迟到、早退等情况也应记录在案。会议中如有争议问题，还应该把争议焦点及有关人员的争论观点记录下来。

（3）条理清晰。记录会议发言内容应讲究条理，分条列项，以一个发言者为一个记录单元单独成段，查阅时便能一目了然。

（4）有所取舍。详细记录会议内容并不是说要一字不落，与会议主题无关的发言内容可以舍去不记，发言中出现的重复啰唆内容以及口头语言等也不必记录。记录的详略要视具体情况而定，一般而言，决议、建议、问题和发言人的观点、论据材料等要记得具体、详细；一般的情况说明则抓住要点，略记大意即可。

（5）及时校核。记录时要做到层次分明、语句通顺，字迹应清晰易认，不要过于潦草，不使用自造的简称或文字。会后要及时对会议记录的内容进行全面检查，查漏补缺，改正错别字。对会上没有弄清的或发言人未表述清楚的地方，可于会间当面确认，也可会后对照录音或找相关与会人员核实。会上如有漏记的内容，可先做出标记，会后再进行核对、补写。

（6）便于存档。因为会议记录是立卷归档的重要材料，因此应使用墨水笔记录。即使有摄影、录音设备，也应当做好书面记录。这样做不仅使会后整理记录的速度更快，而且可以防止设备中途出现故障而漏掉会议内容。如用录音设备记录，会后也应及时根据录音整理成书面记录，并交领导审阅定稿。①

3. 会议记录的写作范例

会议记录

第　页共　页

会议主题	××市××区管委会办公会议记录		
地点	管委会会议室	时间	2015年4月6日上午
会议主持	李××（管委会主任）	记录	邹××（管委会办公室秘书）
出席者	杨××（管委会副主任）、周××（管委会管城建的副主任）、李××（市建委副主任）、肖××（市工商局副局长）、陈××（市建委城建科科长）及建委、工商局有关科室 宣传人员。街道居委会负责人。		
列席者	管委会全体干部		
应到人员	30	实到人员	30

会议要点

讨论议题：

（1）如何整顿城市市场秩序。

（2）如何制止违章建筑，维护市容市貌。

杨主任报告城市现状：

我区过去在开发区党委领导下，各职能单位齐心协力，齐抓共管，在创建文明卫生城市方面取得了一定成绩，相应的城市秩序有一定进步，市场街道也比较可观。可近几个月来，市场秩序倒退了，街道上小商贩逐渐多了起来，水果摊、菜摊、小百货摊满街乱摆，一些建筑施工单位沿街违章搭棚、乱堆放材料，搬运泥土洒落大街，这些情况严重破坏了市容市貌，使大街变得又乱又脏，社会各界反应强烈。因此今天请大家来研

---

① 刘伟：《会议记录整理与写作撮要》，载《秘书》，2015（2），338～339页。

究：如何整顿市场秩序？如何治理违章建筑、违章作业，维护市容？

讨论发言：

肖××（市工商局副局长）：个体商贩不按规定，到指定市场经营；管理不力，处理不坚决，我们有责任。这件事我们坚决抓落实：重新宣传市场有关规定，坐商收店，小贩收市，农民卖蔬菜副食到专门的农贸市场……工商局全面出动抓，也希望街道居委会配合，具体行动我们再考虑。

罗××（工商局市管科科长）：市场是到了非整治不可的地步了。我们的方针、办法都有了，过去实行过，都是行之有效的。现在的问题是要有人抓，敢于抓，落到实处……只要大家齐心协力，问题是能够解决的。

秦××（居委会主任）：整顿市场纪律居委会也有责任。我们一定发动居民配合好，制止乱摆摊、乱叫卖的行为。

李××（市建委副主任）：2014年上半年创建文明卫生城市时，市上出了个7号文件，其中施工单位不能乱摆"战场"。工场、工棚不得临街设置，更不准侵占人行道。沿街面施工要有安全防护措施……今年有些施工单位不顾市上文件，在人行道上搭工棚、堆器材。这些违章作业严重影响了街道整齐、美观，也影响了行人安全。基建取出的泥土，拖斗车装的过多，外运时沿街散落，到处有泥沙，破坏了街道整洁。希望管委会召集有关施工单位召开一次会议，重申市府7号文件，要求他们限期改正。否则按文件规定惩处。态度要明确、坚决。

陈××（市建委城建科科长）：对违规者一是教育，二是严肃处理。我们先宣传教育，如果施工单位仍我行我素拒不执行，那时按文件严肃处理。

周××（管委会管城建的副主任）：城市管理我们都有文件，有办法。现在是贵在执行，职能部门是主力军，着重抓，其他部门配合抓。居委会把居民特别是"执勤老人"都发动起来，按7号文件办事，我们市区就会文明、整洁、美观。

与会人员经过充分讨论、协商，一致决定：

（1）由工商局牵头，居委会及其他部门配合，第一周宣传，第二周行动，监督落实。做到坐商归店，摊贩归点，农贸归市，彻底改变市场紊乱状况。

（2）由管委会牵头，城建委等单位配合，对全区建筑工地进行一次彻查，然后召开一次施工单位会议，对违章建筑、违章工场限期改正。一个月内改变面貌。过时不改者坚决照章处理。

散会

主持人：（签名盖章）　　　　　　　　　　　　记录人：（签名盖章）

2015年4月6日

（四）会议纪要的写作规范

1. 会议纪要简介

会议纪要[①]适用于记载、传达会议情况和议定事项。会议纪要应用较为广泛，既可以作为党政机关、企事业单位、社会组织等单位内部文件使用，也可以作为一种正式的行政公文使用。会议纪要既可上呈，又可下达，其作用主要是沟通情况、交流经验、事件备忘和指导工作。

会议纪要作为一种行政公文，具有以下特点。

（1）纪实性。要如实反映会议的基本内容和议定事项，未讨论的议题不能写进会议纪要。

（2）纪要性。会议纪要对会议内容进行归纳、总结，记录主要事项、体现主要精神，而非有闻必录。

（3）约束性。会议纪要与其他行政公文一样，具有一定约束力。

2. 会议纪要的主要类型

会议纪要依据不同标准可以有多种划分方式。根据会议性质的不同，可以划分为办公会议纪要和一般会议纪要；依据写法的不同，可以划分为决议式纪要、概述式纪要和摘要式纪要；依据纪要内容的差别，可以区分为议决性纪要和消息性纪要。

下面主要介绍议决性会议纪要和消息性会议纪要两种。

（1）议决性会议纪要。是指带有议定事项的决议性会议纪要。

（2）消息性会议纪要。是指没有议定事项，仅用于反映会议信息和情况的会议纪要。

3. 会议纪要的构成要素与写作要求

会议纪要包括标题、正文和落款3部分。

（1）标题。会议纪要的标题拟写比较简单，一般由"会议名称+纪要"组成，如"××集团公司2006年度工作总结会议纪要"。

（2）正文。关于会议纪要的正文内容，以下就议决性会议纪要和消息性会议纪要分别加以介绍。议决性会议纪要的正文内容包括导语和议决事项。导语部分要简要介绍会议名称、目的、时间、地点、参加人员、报告人、会议议程、会议总体效果等会议的基本情况。议决事项的内容可能是与会各方或相关利益方的职责权利的划分与界定，或者是就某些问题达成的统一认识等，或者是会议提出的号召与要求，或者是提出执行议定事项的措施或要求。

消息性会议纪要的正文内容主要包括导语，与会各方就会议议题发表的认识和意见，会议提出的号召、希望和要求等。

（3）落款。会议纪要落款一般包括会议单位和成文时间。如果会议纪要在正文中已交代会议时间、会议单位、会议参加人员等内容，一般省略落款部分，不写成文时间

[①] 2012年新出台的《国家党政机关公文处理工作条例》把"会议纪要"改为"纪要"。本书为了更好地与"会议记录"作呼应和比较，沿用了"会议纪要"这一名称。

与机构，不加盖公章，也不署名。

4. 会议纪要的写作注意事项

在拟写和使用会议纪要的过程中，应注意以下几点。

（1）会议纪要要注意突出会议重点和主题，不要事事记录。

（2）要纪实，实事求是地反映情况，未讨论或未达成共识的事项一定不能写成议定事项。

（3）行文语言表达应概括、简约、明了。

（4）作为行政公文的会议纪要行文应该严肃、严谨，因为下级需要遵守执行。

（5）注意许多会议的会议纪要虽有会议纪要之名，但并非严格的行政公文，而是会议简报，是用以通报会议情况的。[①]

5. 会议纪要的写作范例

关于××饮料公司被兼并财务处理的会议纪要

时间：2015年11月20日上午8：00—11：00

地点：H市××饮料公司第一会议室

主持人：H市中小企业管理局副局长沈××

参加单位：H市中小企业管理局、市经委、财政局、税务局、H市第一食品集团公司、H市××饮料公司等有关部门负责人。会议对H市第一食品集团公司兼并××饮料公司的财务处理及有关政策问题进行了充分讨论，提出以下处理意见，特此纪要。

1. 关于兼并后的并账依据、时间及财务处理的问题

鉴于原××饮料公司因被兼并，其法人资格自行消失，在财务上需要并账。并账依据是以交接之日（即2015年12月20日）的"资产负债表"中经市财政局和市第一食品集团公司核定的余额。

（1）资不抵债部分。由市财政局和市第一食品集团公司在核定利润指标时，减少部分数额。××饮料公司弥补该部分亏损减少的利润，市财政局视同承包基数的完成。

（2）2015年12月20日正式兼并后，为使被兼并企业能够进行正常生产，所投入的生产经营设施维修费用在2015年12月底前转入市第一食品集团公司产品生产成本中。

2. 原××饮料公司所欠产品增值税问题

截至2015年12月末，原企业所欠产品增值税，写出申请免缴报告，呈请有关领导批准后，由市税务局给予免税处理。

3. 其他方面的问题

（1）为核定交接时的原企业资产与负债，责成由财政局、兼并涉及的两家企业，在近期内共同完成2015年12月末的原企业资产负债表的编制审定工作。

[①] 周小其：《经济应用文写作》，65~68页，成都，西南财经大学出版社，2012。

（2）其他未尽事宜，如有必要，可及时研究解决，保障兼并工作的顺利开展。

H 市××饮料公司（公章）
2015 年 11 月 21 日

（五）计划的写作规范

据对往届公共管理类专业实习生实习情况的了解，实习生在各类组织中接触到计划这一事务性文书的机会还是非常多的。为了使公共管理类专业实习生在工作中能更好地理解这种文体，从而撰写出高质量的计划，本小节内容将对计划的概念、作用、种类、写作结构和基本内容、写作要求进行详细介绍，最后提供计划的范例，以供参考。

1. 计划的概念

古人云："凡事豫则立，不豫则废。""豫"，即"预"，就是事先有了准备。一切成功都是与事先充分准备紧密联系着的。未雨绸缪，早作安排，事情就容易成功；否则盲目瞎干将导致或事倍功半，或劳而无功。由此可以看出，计划在经济社会发展、组织运作、个人日常工作和生活中起到十分重要的作用。所谓计划是指党政机关、企事业单位、社会团体对今后一段时间的工作、活动作出预想、设计、安排的一类文书。计划是使用频率较高的一种事务性文书。[①]

2. 计划的作用

制订计划是工作、生产、学习中不可或缺的重要环节，也是一种科学的工作方法。对一个单位来说，为了把握一定时期的工作目标和重心，圆满完成各项任务，制订计划是十分重要的。

（1）有了计划，就有了明确的奋斗目标。目标是行动的动力。干部、群众通过计划明确了一段时间内行动的方向，就会激发工作热情，增强主人翁意识，把个人的具体行动同集体的奋斗目标紧密结合起来。有些比较宏观的计划，通过层层分解、细化，变成若干阶段化、具体化的小计划，就能增强人们达到工作目标的信心。

（2）有了计划，就可以合理配置各种资源。制订了计划，干部和群众对工作目标的具体内容和方法步骤了然于心，就可以掌握主动权，根据实际情况，合理地安排人力、财力和物力，减少盲目性和时间、人员的浪费。同时，计划也可以使工作富有条理，劳动者与各种活动内容组成和谐有机的联系，从而提高工作的效率。

（3）有了计划，就可以指导人们的行动。人们要实现一定的目的，就要对自己的行为进行有效的控制和约束，使自己的行为有利于任务的完成和目标的实现。计划正是这种约束和控制的依据。计划执行者随时检查自己的活动与计划要求之间的差距，就可以保证计划顺利完成。另外，计划的制订有利于领导掌握工作进程，随时进行指导。

总之，计划可以帮助我们克服盲目性，增强自觉性，发挥积极性。它对学习、工作和生产都有重要的指导、推动和保证作用。

[①] 于立志：《公文写作小全书》，144 页，北京，中国言实出版社，2014。

3. 计划的种类

计划是一个统称，常见的还有规划、安排、打算、设想、要点、意见和方案等名称。这些虽都属计划，但在选择使用时，要考虑它们在时间、内容和成熟度方面的差异。一般地说，预定在短时间、小范围内要做一些具体的事情，可用"安排"，而对其中的指标或措施等考虑得还不很周全的则可用"打算"。"规划"是比较全面的长远的发展计划，内容比较概括。"设想"是初步的，提供参考的未成型计划。"方案""要点""意见"往往是领导机关向所属单位布置一定时期的工作，交代政策，提供工作方法时使用，侧重于原则性指导。其中，"方案"对某项工作，从目的要求到方法步骤都要作出全面的安排。

按照不同的标准，计划还可以分为不同的种类。如按性质划分，有生产经营计划、学习计划、工作计划、科技发展计划、新产品开发计划等；按范围划分，有国家计划、部门计划、单位计划、班组计划、个人计划等；按内容涉及面划分，有综合计划、单项（专题）计划等；按时间划分，有长远规划、年度计划、月度计划、周计划等；按写作形式划分，有条文式计划、表格式计划、图画式计划、混合式计划等。上述分类，可以是重合的。如《建设银行××分行2016年第一季度贷款计划》就分属工作计划、单位计划、专题计划、季度计划和混合式计划。

4. 计划的写作要求

（1）要服从大局。我们制订计划的目的，是为了更好地贯彻和执行党和政府的有关方针政策，把上级政策与本单位、本部门的实际结合起来，圆满完成各项任务。因此，在制订计划时必须贯彻下级服从上级、局部服从全局的原则，自觉地把本单位、本部门的小计划纳入国家和上级机构的大计划之中，正确处理好局部与整体、当前与长远、个人与集体的关系。这样，计划符合正确方向，就能充分发挥积极作用。

（2）要实事求是。制订计划，一定要从本单位、本部门的实际出发，既要尽力而为，又要量力而行。切忌采用"倒口袋"的方法，照搬照抄上级主管部门的计划，致使计划的目标、内容、措施、步骤严重脱离实际。由于计划是事前订的，随着客观情况的变化，可能要进行修改、调整和补充，所以制订计划时要有一定的灵活性，必须留有余地。

（3）要明确具体。计划是要执行的，写得越具体明确，操作性就越强。无论是任务、要求、指标，还是措施、办法、步骤，都应当写得清清楚楚，实实在在。有的任务还需要按层次分出大小项目，每一项都要写清楚需要做哪些具体工作，怎样做，如何完成，完成的时限以及具体分工等。当然，每一个时期只能有一个中心工作，因此计划写作时要注意突出每一个时期的重点，而避免像记流水账似的泛泛而谈。

5. 计划的写作结构和基本内容

一般的日常计划，在写作上比较灵活、自由，但以文件形式下发或上报的计划，则在写作格式上有一定的要求。不论采用何种写作形式的计划，一般都由标题、正文、结尾这三部分组成。

（1）标题。计划的标题即计划的名称，应居于首行正中，字体可大一些。它通常由制订计划的单位名称、计划时限、计划的内容和计划的种类四部分组成。如《××药材有限公司20××年度新产品开发计划》《××大学20××～20××学年寒假工作安排》。若发文纸上已印有单位名称,或计划结尾处写了单位名称,则标题中的单位名称可以省略。如果计划还未经正式讨论通过,是征求意见稿或讨论稿,就应在标题后用括号注明"草案""初稿""供讨论用"等字样。

(2)正文。正文是计划的内容,也是计划的主体,从第二行空两格写起。这部分要围绕"做什么""为什么做""怎样做""做多久"进行表述,要求具体明确,主次分明,条理清晰,简明扼要。正文一般包括下列几项内容:

①前言。前言是计划的灵魂和总纲,主要说明制订计划的依据或目的,即说明为什么要制订这个计划。它包括上级指示、指导思想以及今后总的工作任务等。文字要求十分简练。例如:"遵照上级指示,今年我厂要发动全厂职工深入、广泛地开展增产节约运动,努力增加产量,不断提高质量,降低消耗,增加积累,用最少的物化劳动为社会主义多做贡献。我们的奋斗目标是:全年变压器比去年增产28%以上,费用节约××万元。"这段前言,简要地说明了制订计划的依据和奋斗目标。有的前言是在对本单位目前基本状况简要介绍后,就如何做好下一步工作作概要的说明。前言部分的末尾常用"现制订计划如下""为此,本年度要抓好以下几项工作"等语句过渡到下文的计划事项。

②任务和目标。这是计划的主要内容。任何一份计划都要根据需要和可能,提出一定时期的具体任务和目标,也就是明确规定"做什么"。计划的任务、目标要写得具体、明确,突出重点。计划中表示数量、质量、工作步骤、时间进程等内容,切忌模棱两可,责任不清。"大概""左右""尽量""有所""可能的情况下"等模糊语言不宜多用。否则,任务和目标的弹性太大,计划就不易落到实处。对那些不能用具体数字表达的工作任务,如精神文明建设、素质教育等,也要有具体、明确的要求,比如主要抓哪几方面的工作,应达到什么程度等。

③步骤和措施。任务和目标确定之后,就要解决"怎样做"的问题,也就是要根据实际条件,确定工作方法和步骤,采取必要的措施,以保证计划任务的完成。计划的步骤安排要科学、合理。要确定先做什么,后做什么,主要抓什么,次要抓什么,一项工作分成几个阶段来开展,以及在何时完成何项任务,各阶段如何衔接等。有了时间和程序上的安排,还必须采取切实有力的措施。比如,组织领导的加强,有关部门的配合,制度的保证,人力、财力、物力的合理配置,等等。

④有关事项。计划正文假如还需写入相关的内容,如检查、评比、修改办法等,可以放入"有关事项"中加以明确。

(3)结尾。结尾的内容一般包括在执行计划时应注意的事项,有关说明,或者提出要求、希望、号召等。最后写明制订计划的单位或部门的名称及日期。如果已在标题中写明,则可省去。①

6. 计划的写作范例

(1)政府部门计划写作范例。

---

① 盛明华:《常用经济应用文写作教程》,68~80页,上海,立信会计出版社,2011。

乡村教师支持计划（2015—2020年）[①]

为深入推进全面建成小康社会、全面深化改革、全面依法治国、全面从严治党"四个全面"战略布局，认真贯彻党中央、国务院关于加强教师队伍建设的部署和要求，采取切实措施加强老少边穷岛等边远贫困地区乡村教师队伍建设，明显缩小城乡师资水平差距，让每个乡村孩子都能接受公平、有质量的教育，特制订乡村教师（包括全国乡中心区、村庄学校教师，下同）支持计划。

一、重要意义

到2020年全面建成小康社会、基本实现教育现代化，薄弱环节和短板在乡村，在中西部老少边穷岛等边远贫困地区。发展乡村教育，帮助乡村孩子学习成才，阻止贫困现象代际传递，是功在当代、利在千秋的大事。发展乡村教育，教师是关键，必须把乡村教师队伍建设摆在优先发展的战略地位。党和国家历来高度重视乡村教师队伍建设，在稳定和扩大规模、提高待遇水平、加强培养培训等方面采取了一系列政策举措，乡村教师队伍面貌发生了巨大变化，乡村教育质量得到了显著提高，广大乡村教师为中国乡村教育发展做出了历史性的贡献。但受城乡发展不平衡、交通地理条件不便、学校办学条件欠账多等因素影响，当前乡村教师队伍仍面临职业吸引力不强、补充渠道不畅、优质资源配置不足、结构不尽合理、整体素质不高等突出问题，制约了乡村教育持续健康发展。实施乡村教师支持计划，对于解决当前乡村教师队伍建设领域存在的突出问题，吸引优秀人才到乡村学校任教，稳定乡村教师队伍，带动和促进教师队伍整体水平提高，促进教育公平，推动城乡一体化建设，推进社会主义新农村建设，实现中华民族伟大复兴的中国梦具有十分重要的意义。

二、总体要求

1. 基本原则

——师德为先，以德化人。着力提升乡村教师思想政治素质和职业道德水平，引导乡村教师带头践行社会主义核心价值观，加强乡村教师对中国特色社会主义的思想认同、理论认同和情感认同。重视发挥乡村教师以德化人、言传身教的作用，教育学生热爱祖国、热爱人民、热爱中国共产党，形成正确的世界观、人生观、价值观，确保乡村教育的正确导向。

——规模适当，结构合理。合理规划乡村教师队伍规模，集中人财物资源，制定实施优惠倾斜政策，加大工作支持力度，加强乡村地区优质教师资源配置，有效解决乡村教师短缺的问题，优化乡村教师队伍结构。

——提升质量，提高待遇。立足国情，聚焦乡村教师队伍建设最关键领域、最紧迫任务，打出组合拳，多措并举，定向施策，精准发力，标本兼治，加强培养补充，提升专业素质，提高地位待遇，不断改善乡村教师的工作生活条件。

——改革机制，激发活力。坚持问题导向，深化体制机制改革，拓宽乡村教师来

[①] 中国政府网 http://www.gov.cn/zhengce/content/2015-06/08/content_9833.htm，2015-06-08。

源，鼓励有志青年投身乡村教育事业，畅通高校毕业生、城镇教师到乡村学校任教的通道，逐步形成"越往基层、越是艰苦，地位待遇越高"的激励机制，以及充满活力的乡村教师使用机制。通过实施乡村教师支持计划，带动建立相关制度，形成可持续发展的长效机制。

2. 工作目标

到2017年，力争使乡村学校优质教师来源得到多渠道扩充，乡村教师资源配置得到改善，教育教学能力水平稳步提升，各方面合理待遇依法得到较好保障，职业吸引力明显增强，逐步形成"下得去、留得住、教得好"的局面。到2020年，努力造就一支素质优良、甘于奉献、扎根乡村的教师队伍，为基本实现教育现代化提供坚强有力的师资保障。

三、主要举措

1. 全面提高乡村教师思想政治素质和师德水平

坚持不懈地用中国特色社会主义理论体系武装乡村教师的头脑，进一步建立健全乡村教师政治理论学习制度，增强思想政治工作的针对性和实效性，不断提高教师的理论素养和思想政治素质。切实加强乡村教师队伍党建工作，基层党组织要充分发挥政治核心作用，进一步关心教育乡村教师，适度加大发展党员力度。开展多种形式的师德教育，把教师职业理想、职业道德、法治教育、心理健康教育等融入职前培养、准入、职后培训和管理的全过程。落实教育、宣传、考核、监督与奖惩相结合的师德建设长效机制。

2. 拓展乡村教师补充渠道

鼓励省级人民政府建立统筹规划、统一选拔的乡村教师补充机制，为乡村学校持续输送大批优秀高校毕业生。扩大农村教师特岗计划实施规模，重点支持中西部老少边穷岛等贫困地区补充乡村教师，适时提高特岗教师工资性补助标准。鼓励地方政府和师范院校根据当地乡村教育实际需求加强本土化培养，采取多种方式定向培养"一专多能"的乡村教师。高校毕业生取得教师资格并到乡村学校任教一定期限，按有关规定享受学费补偿和国家助学贷款代偿政策。各地要采取有效措施鼓励城镇退休的特级教师、高级教师到乡村学校支教讲学，中央财政比照边远贫困地区、边疆民族地区和革命老区人才支持计划教师专项计划给予适当支持。

3. 提高乡村教师生活待遇

全面落实集中连片特困地区乡村教师生活补助政策，依据学校艰苦和边远程度实行差别化的补助标准，中央财政继续给予综合奖补。各地要依法依规落实乡村教师工资待遇政策，依法为教师缴纳住房公积金和各项社会保险费。在现行制度架构内，做好乡村教师重大疾病救助工作。加快实施边远艰苦地区乡村学校教师周转宿舍建设。各地要按规定将符合条件的乡村教师住房纳入当地住房保障范围，统筹予以解决。

4. 统一城乡教职工编制标准

乡村中小学教职工编制按照城市标准统一核定，其中村小学、教学点编制按照生师比和班师比相结合的方式核定。县级教育部门在核定的编制总额内，按照班额、生源等情况统筹分配各校教职工编制，并报同级机构编制部门和财政部门备案。通过调剂编制、加强人员配备等方式进一步向人口稀少的教学点、村小学倾斜，重点解决教师全覆盖问题，确保乡村学校开足开齐国家规定课程。严禁在有合格教师来源的情况下"有编不补"、长期使用临聘人员，严禁任何部门和单位以任何理由、任何形式占用或变相占用乡村中小学教职工编制。

5. 职称（职务）评聘向乡村学校倾斜

各地要研究完善乡村教师职称（职务）评聘条件和程序办法，实现县域内城乡学校教师岗位结构比例总体平衡，切实向乡村教师倾斜。乡村教师评聘职称（职务）时不作外语成绩（外语教师除外）、发表论文的刚性要求，坚持育人为本、德育为先，注重师德素养，注重教育教学工作业绩，注重教育教学方法，注重教育教学一线实践经历。城市中小学教师晋升高级教师职称（职务），应有在乡村学校或薄弱学校任教一年以上的经历。

6. 推动城镇优秀教师向乡村学校流动

全面推进义务教育教师队伍"县管校聘"管理体制改革，为组织城市教师到乡村学校任教提供制度保障。各地要采取定期交流、跨校竞聘、学区一体化管理、学校联盟、对口支援、乡镇中心学校教师走教等多种途径和方式，重点引导优秀校长和骨干教师向乡村学校流动。县域内重点推动县城学校教师到乡村学校交流轮岗，乡镇范围内重点推动中心学校教师到村小学、教学点交流轮岗。采取有效措施，保持乡村优秀教师相对稳定。

7. 全面提升乡村教师能力素质

到 2020 年前，对全体乡村教师和校长进行 360 学时的培训。要把乡村教师培训纳入基本公共服务体系，保障经费投入，确保乡村教师培训时间和质量。省级人民政府要统筹规划和支持全员培训，市、县级人民政府要切实履行实施主体责任。整合高等学校、县级教师发展中心和中小学校优质资源，建立乡村教师和校长专业发展支持服务体系。将师德教育作为乡村教师培训的首要内容，推动师德教育进教材、进课堂、进头脑，贯穿培训全过程。全面提升乡村教师信息技术应用能力，积极利用远程教学、数字化课程等信息技术手段，破解乡村优质教学资源不足的难题，同时建立支持学校、教师使用相关设备的激励机制并提供必要的保障经费。加强乡村学校音体美等师资紧缺学科教师和民族地区双语教师培训。按照乡村教师的实际需求改进培训方式，采取顶岗置换、网络研修、送教下乡、专家指导、校本研修等多种形式，增强培训的针对性和实效性。从 2015 年起，"国培计划"集中支持中西部地区乡村教师和校长培训。鼓励乡村教师在职学习深造，提高学历层次。

8. 建立乡村教师荣誉制度

国家对在乡村学校从教 30 年以上的教师按照有关规定颁发荣誉证书。省（区、市）、县（市、区、旗）要分别对在乡村学校从教 20 年以上、10 年以上的教师给予鼓励。各省级人民政府可按照国家有关规定对在乡村学校长期从教的教师予以表彰。鼓励和引导社会力量建立专项基金，对长期在乡村学校任教的优秀教师给予物质奖励。在评选表彰教育系统先进集体和先进个人等方面要向乡村教师倾斜。广泛宣传乡村教师坚守岗位、默默奉献的崇高精神，在全社会大力营造关心支持乡村教师和乡村教育的浓厚氛围。

四、组织实施

1. 明确责任主体

地方各级人民政府是实施乡村教师支持计划的责任主体。要加强组织领导，把实施工作列入重要议事日程，实行一把手负责制，细化任务分工，分解责任，推进各部门密切配合、形成合力，切实将计划落到实处。要将实施乡村教师支持计划情况纳入地方政府工作考核指标体系，加强考核和监督。教育行政部门要加强对乡村教师队伍建设的统筹管理、规划和指导。发展改革、财政、编制，人力资源社会保障部门要按照职责分工主动履职，切实承担责任。要着力改革体制，鼓励和引导社会力量参与支持乡村教师队伍建设。对在乡村教师队伍建设工作方面改革创新、积极推进、成绩突出的基层教育部门，有关部门要加强总结、及时推广经验做法并按照国家有关规定予以表彰。

2. 加强经费保障

中央财政通过相关政策和资金渠道，重点支持中西部乡村教师队伍的建设。地方各级人民政府要积极调整财政支出结构，加大投入力度，大力支持乡村教师队伍的建设。要把资金和投入用在乡村教师队伍建设最薄弱、最迫切需要的领域，切实用好每一笔经费，提高资金使用效益，促进教育资源均衡配置。要制定严格的经费监管制度，规范经费使用，加强经费管理，强化监督检查，坚决杜绝截留、克扣、虚报、冒领等违法违规行为的发生。

3. 开展督导检查

地方各级人民政府教育督导机构要会同有关部门，每年对乡村教师支持计划实施的情况进行专项督导，及时通报督导情况并适时公布。国家有关部门要组织开展对乡村教师支持计划实施情况的专项督导检查。对实施不到位、成效不明显的，要追究相关负责人的领导责任。

省、市、县、乡各级人民政府要制定实施办法，把准支持重点，因地制宜提出符合乡村教育实际的支持政策和有效措施，将本计划的要求进一步明确化、具体化。请各省（区、市）于2015年底前，将本省（区、市）的实施办法报教育部备案，同时向社会公布，接受社会的监督。

（2）企业计划写作范例。

××公司2017年工作计划[①]

2016年，××公司在集团总公司的正确领导下，经全体员工的积极努力，顺利完成了年初制订的各项工作指标，并超额完成了任务，实现了管理和效益的双丰收。

2017年，将定位为××公司"管理升级"年，要稳中求变，稳固基础管理，强化执行力度，力求创新发展，力争产值利税上台阶，管理水平上层次，做好××公司的市场定位，确保完成集团公司下达的各项新的经济指标。

---

① 应届毕业生网 http：//www.yjbys.com/bbs/1004248.html，2017-01-11。

2017年××公司各项工作总的指导思想是：

以科学发展观总揽全局，以更新观念为根本，以搞活机制为手段，以创新管理为基础，以安全生产为前提，以增长效益为目标；把握机遇，锐意进取，迎难而上，努力把公司建设成为一个团结向上，积极进取，奋发有为的形象工程企业。

2017年××公司总的工作目标是：

（1）钢管产量：较上年度的43630吨，提高15%，实现50000吨，争取突破60000吨。

（2）产品质量：确保在体系规定的97%以上。

（3）钢管销售：在确保产销率90%的前提下较上年的44250吨（含临时销售）增长30%，争取实现58000吨。

（4）销售收入：较上年1.849亿元增收22%，实现2.25亿元，争取突破2.3亿元。

（5）利润指标：实现利润550万元，争取突破600万元。

（6）税费：完成400万元。

（7）应收账款：至2017年年底力争保持在1000万以下。

（8）安全指标：力争全年零工伤，杜绝重大事故的发生。

为确保年度工作目标的实现，我们要重点抓好以下几个方面的工作：

1. 确保指标落实，强化绩效考核工作

公司对各部门、各科室实行目标管理、指标考核、责任落实的政策，在公司总体目标确定的前提下，将指标分解落实，层层考核和落实责任。签订责任合同，分解落实到基层，使公司员工人人头上有任务，人人身上有压力，有压力才有动力，保证各岗位人员积极投入到岗位工作上去。

2. 强化执行力度，完善企业的基础管理工作

为了进一步创造良好的经营效果，公司将进一步强化企业的基础管理工作。

（1）强化绩效考核的责任机制，将公司的各项指标分解落实到各部门、各岗位，实行目标管理、量化考核。

（2）重申岗位的工作标准，确保执行力畅通，强化公司的基础管理工作。

（3）强化全面管理，公司的各项工作都要通过年度计划的指导安排去实施。各部门都要通过各自的工作计划去管理、控制、检查和落实。

（4）加大考核工作的力度，优胜劣汰，建设一支素质高、技术过硬，纪律严明的员工队伍。业务员进行业绩考核，车间技工进行技术评比，优胜劣汰。

（5）建立员工培训的有效机制，采取"走出去，请进来"的措施，有针对性地开展员工培训工作；摒弃固有的聘请模式，主动派遣先进人员走出厂门，进行考察学习，培养自己的企业的技术人才。

3. 进一步加大经营开拓工作力度，开创经营工作新局面

（1）正视企业内外部环境的变化，积极调整思路，适应市场形势的发展，在去年打下的基础上重点投向于省内外大型招标项目。

（2）认真研究市场，以市场定策略。

（3）加强品牌意识，巩固市场地位，拉开层次差距，塑造企业形象。

（4）加大区域市场开拓辐射的力度，做好自我营销。

（5）提高应收账款的清收力度，加强经营风险的防范和控制。

（6）确保公司稳定的联营合作，和伙伴单位保持较好的共赢关系，实现强强联合，优势互补。

4. 强化生产组织工作，确保合同履约，确保经济指标全面实现

（1）提高"市场"和"用户"意识，转变墨守成规和按部就班的生产组织观念。严肃生产指挥，严密生产计划，灵活生产调度，提高应变能力，确保生产计划的实施。

（2）努力提倡科技兴企，鼓励技术改造，制定相应的激励措施。

（3）积极利用社会资源，选择既能保证质量和进度、价格又适中的合作伙伴，来加速我们的发展。

（4）节能降耗，兴旧利废，降低消耗和费用，努力提高企业经营效益。

（5）强化"6S"管理体系的运行，营造先进的企业形象，为集团公司树立形象标杆。

（6）加强对质量、安全的监控，把安全生产放在第一位。安全教育与安全检查常抓不懈，有章必依，违章必究。对事故责任实行主管领导、车间主任、班组长、事故责任人和相关责任人的联保措施，逐级签订安全责任书。

5. 做好成本管理工作，降低成本和费用，降低资本风险

（1）去年让我们看到了成本控制，节能降耗的明显效果，今年一定继续保持切实做好成本核算、增产节约和降低费用的工作。生产部门严格执行《生产管理奖惩规定》和《原辅材料消耗管理规定》；业务部门应做好应收账款的清收工作，降低财务费用。

（2）在去年减员增效取得良好效果的基础上，坚持此策略，降低公司运营成本和人工成本，改进绩效，优化人力资源结构，对员工造成一种从业压力；促使人们自我提高，努力争先，提高工作负荷与效率，优胜劣汰，提高公司人力资源的质量。

（3）继续注意盘活库存资产，减少资金占压，节约成本。

6. 做好员工培训，深挖内部潜力

（1）进一步挖掘内部潜力，加大对新员工的培训力度，使其快速发展，融入团队；增加老员工的自身压力，激发其自主积极性，杜绝其懒惰情绪的滋生。

（2）善于发现、培养优秀的技术工人，做好人员配置和劳动管理工作，提高生产效率。

（3）通过企业经营质量和效益的提升，有效留住人才。

7. 弘扬企业文化，塑造企业形象

2017年公司要通过企业文化建设工作来逐步确立和运用企业精神、企业宗旨以及员工的价值取向，以此来提升企业的形象，使员工自觉维护企业的信誉，增强凝聚力。

（1）通过灌输员工行为规范，确立公司核心价值观，增强员工对公司的认同感和归属感。

（2）做好企业文化的宣传、教育工作，做好企业活动的组织和参与工作。

（3）大力倡导在职提高，支持管理和业务工作范围的研究实践，鼓励自学成才，创建一支学习型团队。

(4) 做好后勤保障工作，为员工创造一个好的工作、生活环境。

（六）总结的写作规范

1. 总结的概念

所谓总结，就是对过去一定时期内的实践活动或某一方面的工作进行回顾、分析、评价，从中认识客观事物、把握事物的发展规律，为指导今后工作所写的一种事务文书。

总结同计划一样，是人们生活、学习、工作中不可缺少的一部分。人们只有对社会实践活动不断地进行总结，才能更好地认识世界，改造世界。诚如毛泽东所言："人类总得不断地总结经验，有所发现，有所发明，有所创造，有所前进。"

总结和计划也是一对孪生姐妹，两者密不可分。有计划就有总结，有总结也就有计划。总结是在计划落实的基础上而写，计划是在总结的基础上而订。计划是始，总结是终，同时又是下一步计划的开始，计划—总结—计划—总结……周而复始，从而推动事物不断向前发展。

2. 总结的作用

(1) 通过总结，可以更好地帮助人们把握客观规律，提高认识水平，指导今后的实践。

(2) 通过总结，可以全面地对自己的成绩与教训、长处与不足进行客观评判，为下一步工作理清思路，明确目标，制订措施提供参考和保障。

(3) 通过总结，可以进行相互沟通、取人之长、补己之短、不断改进工作。同时，也可以让上级及时了解下级工作的情况，为上级决策提供依据。

(4) 通过总结，可以随时发现好人好事、优秀成果，或者是错误问题、不良倾向，及时加以表扬推广或批评教育，扬善抑恶，不断推动社会的进步。

总之，总结是一面镜子，通过它可以照见自己的美与丑、得与失、善与恶，找出成败之因，更好地认识自己，改变和提高自己。

3. 总结的种类

总结也是一个统称。在日常工作、学习中还有"小结""体会""回顾""××经验之谈"等名称。总结的分类与计划的分类大致相同，故不再赘述。一般可根据总结的是全面的工作还是单项的工作，分成专题性总结和综合性总结两种。

(1) 专题性总结就是对在一定时期内完成的某一项工作，某一个侧面或某一个具体问题作出的分析与评价，如《××公司×××年人力资源部工作总结》。这种总结内容集中、单一，分析比较深入透彻且具体，在微观方面，给人启迪、借鉴和了解。

(2) 综合性总结亦称全面总结，它是单位、部门或个人对一定时期内所做的各项工作的全面回顾，如《××保险公司×××年工作总结》。这类总结，涉及范围广，内容全面，常用于单位或个人的年终总结中。

4. 总结的写作结构和基本内容

总结的写作结构分标题、前言、主体和结尾四部分。

(1) 标题。总结的标题大致有三种：

第一种：文件式标题。它类似于行政公文的标题，主要由单位名称、时间期限、内容范围、总结种类四部分构成。这种标题通常用于工作总结，如《××公司×××年人力资源部工作总结》。

第二种：一般文章式标题。这种标题多用于经验总结。标题的拟制比较灵活，大都无"总结"两字，而以"怎样"、"回顾"、"经验介绍"等字眼来提示总结的文体。如《我们是怎样打开市场销路的》《××有限公司的成功之道》等。

第三种：新闻式标题。这种类似新闻标题的写法分正标题和副标题。正标题概括总结的主题，副标题则为正标题的引申，多为总结的单位、内容、文种等。如《改革，迸发出青春的活力——××厂双增双节工作总结》。

（2）前言。一般是对所总结的工作作简要的概述，如工作的期限，工作的指导思想，工作的大体情况等。它是工作总结的引言，便于把下面的内容引出来，同时给人先有一个总体的印象。例如："××××年是人保财险股份制改革上市后的第二个年度。这一年，是我公司面临压力攻坚克难的一年，是面对新变化、落实新机制、执行新规定的一年。我公司在市分公司党委、总经理室的正确领导下，在全体员工的奋力拼搏下，取得了一定的经营业绩。我公司实收毛保费×××万元，同比增长×%，已赚净保费×××万元，净利润×××万元，赔付率为××%。较好地完成了上级公司下达的任务指标。"

（3）主体。主体部分是总结的核心，要对前言所述的基本情况具体展开，主要写所做的具体工作、主要成绩与经验、问题与教训等内容。

第一，主要成绩与经验。这一部分一方面要回顾做了哪些主要的工作，取得了哪些主要的成绩；另一方面要着重分析取得成绩的根本原因所在，采取的措施或方法。既要知其然，又要知其所以然，这样才能总结出事物成功的客观规律，以利于推广学习和再接再厉，发扬成绩。

第二，主要问题与教训。任何工作都不可能十全十美，有时成绩多些，有时问题多些，但只要存在问题，都是应该总结的。如哪些工作未完成，哪些做得不够，造成哪些损失，产生哪些影响等。随后寻找问题的根源，分析其中的原因，是客观的，还是主观的；是人为的，还是意外的；是管理不当，还是决策失误等。同样只有知其所以然，才能总结出教训，提高认识，改进工作，避免在今后的工作中犯同样的错误。

（4）结尾。结尾部分通常写今后的打算（亦称努力方向）。无论是总结经验还是总结教训，都有一个重新认识的问题。如有了成绩如何百尺竿头更进一步，争取做得更好；对于教训，应采取什么措施，怎样弥补，怎样防患于未然等。总结的正文在结构安排上，大体采用如下几种形式：

一是总分式。即在开头对工作的依据、指导思想、基本情况作一个总的、简要的概述。随后，就所开展的各项工作作具体的分述。每一个部分或用小标题分开，或用序号分列。总分式的写法，在综合性的总结中使用较多。

二是顺流而下式。即把工作实绩、经验介绍、存在问题和今后的打算等，按习惯顺序依次叙述。这种写法在个人的总结或专题工作总结中较多使用。

总结的结构有各种不同的说法和用法，比如，有横式结构、纵式结构、横纵式结构；有贯通式结构、小标题式结构、序数式结构等。具体运用应根据内容表达的需要而定。

5. 总结的写作要求

（1）突出重点，忌事无巨细。总结不能事无巨细，包罗万象地对所有工作进行总结。应突出点，择其要，即从主要工作、主要成绩、主要问题来写，有详有略，这样才能真正把握总结的实质。

（2）实事求是，忌浮夸虚假。总结不能好大喜功，只写成绩，不谈问题。也不能避重就轻，对问题大事化小，小事化了。而应实事求是，"不虚美，不隐恶"。用事实和数字说话。

（3）知其所以然，忌无评析。总结成绩或问题时，应找出成败之因、其中规律。把零散的、肤浅的感性认识上升为系统、深刻的理性认识，从而得出科学的结论；以便更好地发扬成绩，克服缺点，吸取经验教训；使今后的工作少走弯路，多出成果。写总结，应达到以上基本要求。[1]

6. 总结的写作范例

××市银行营业部年终工作总结

今年以来，我营业部在市行党委的正确领导下，按照市行2008年工作会议确定的认真贯彻总分行工作会议精神，以科学发展观为指导，以价值创造为主线，突出发展、管理两大主题，抓住转型、合规、执行三个关键，进一步统一思想、优化结构、真抓实干、争先创优，全面打造中心城市竞争优势，努力实现做强做大的目标。以向零售网点转型为奋斗目标，解放思想，求真务实，深化股份制改造和实施双贯标工程，加快结构调整步伐，紧紧以经济增加值为核心，抓班子带队伍，克服困难，奋力拼搏；不断解放思想，锐意改革，强化管理和服务，广开筹资门路，优化贷款投向，各项业务呈现出一定的发展势头。现将2008年主要工作开展情况汇报如下：

一、各项指标完成情况

截止12月31日，我营业部全口径存款××万元，比去年同期增加××万元。其中：企业存款余额××万元，比去年同期减少××万元；个人存款余额××万元，比去年同期增加××万元。截止12月31日，贷款余额为××万元（不含票据中心及保全部的数据），五级分类口径不良率为××%。截止12月31日，我营业部个人类贷款余额达××万元，五级分类口径不良率为××%。累计发放公司类人民币贷款××万元，回收公司类人民币贷款××万元。发放美元贷款××万，回收公司类外汇贷款××万美元。发放信用证××万美元，签发银行承兑汇票××万元，回收××万元。实现收费类收入××万元。实现报表利润××万元，实现税后净利润××万元。

二、主要工作

1. 顺利通过总行零售网点转型验收

---

[1] 盛明华：《常用经济应用文写作教程》，81~91页，上海，立信会计出版社，2011。

我营业部作为全国的五个第一批试点转型行，自4月5日实施转型工作以来，经过六个月的试运行，在10月18日总行零售网点转型项目组验收中，获得一致好评，顺利通过总行零售网点转型验收。网点转型后成效显著，在装修一新的营业大厅，客户不仅可以一站式办理传统的"存取款"业务，而且还可以购买基金、保险及办理银证转账业务。突出表现为：

（1）客户等待时间明显减少。正在营业部进行数据测量的人员惊喜地发现，自4月5日实施转型工作以来，前来办理业务的客户虽不见减少，但客户等待时间明显减少，平均每个客户办理业务的时间较转型前减少3~5分钟。

（2）差别化服务提高了客户接受服务的耐心。在营业大厅内，虽人流如织，但秩序井然，高柜区、低柜区客户分流导引客户凸显，两三个大堂经理穿行在客户中。

（3）员工的营销意识逐步加深。鼓励前台人员在办理业务时，积极向客户推荐我行的电子银行业务，同时按日下达营销任务。这意味着客户一走进营业大厅就有大堂经理迎上前去，对客户应办理的业务有初步的了解；然后，引导客户到高柜区、低柜区或自助设备区办理，现场指导客户一直到客户离开建行。对于到高柜区、低柜区的客户，大堂经理引见给柜员，由柜员深入挖掘客户潜在的金融产品需求，积极推荐合适的产品及服务。

2. 大力开展旺季营销活动

（1）强化组织领导，成立营销活动领导小组。

（2）精心制订营销方案并按旬调度营销进展情况。活动期间，共下发通报××期，个人存款日均新增××万元，完成旺季营销计划的××%，营销乐当家理财卡白金卡××张，完成旺季营销计划的××%，个人消费贷款余额新增××万元，完成旺季营销计划的××%；个人网上银行××个，电话银行××个，完成电子银行业务交易量××笔，交易额为××万元。

3. 细分市场，强化市场营销

市行明确指出：要坚持以客户为中心，进一步巩固政府类、绩优类客户，积极拓展机构及基金类客户，稳妥发展中小客户，大力发展个人类客户。根据这一市场定位，我营业部进一步细分了客户，一户一策，细化营销方案。

（1）进一步做大做强对公业务。营业部业务的主体是对公业务，是全体员工绩效工资的主要来源，对公业务只能加强，不能削弱。多年来，营业部在市行的直接领导下，发展了一大批政府类客户和机构客户，伴随着他们与营业部的业务往来，带动了营业部连年的业务增长，提升了全体员工的个人收入。因此，我营业部始终紧紧抓住这项业务。资产业务要抓集团贷款到位这根主线，兼顾煤矿贷款的整合。在完善手续、防范风险的前提下，继续大力发展贴现业务。

（2）成功营销证券公司客户交易结算资金银行独立存管业务。银行存管业务是一项综合收益较高的业务，可以带来大额的、稳定的同业存款，中间业务收入以及储蓄存款和企业存款，并为我营业部带来大批优质客户资源。仅此一项在全年就为我营业部带来中间业务收入15万元。

（3）大力发展个人银行业务。坚持大个银的工作思路，人人都当个银客户经理。

坚持上下联动，公私联动。大力培育高中端个人客户群体，积极做好代发工资、贷记卡、POS 商户、VIP 客户、本外币理财产品的营销等工作，大力发展个人银行业务。力争使个银业务成为今年我营业部赢利的重要增长点。如我营业部组织的到市教委及在大厅内组织的精确集中营销收到了明显的效果，现场推介的电子银行产品受到客户的一致好评。

4. 中间业务取得突破性进展

我们高度重视收费类业务的发展，以代理发行基金、扩大客户群体和资产负债业务为依托，及早动手，强化创新，在竞争策略和产品上实现了新突破。全年共实现中间业务收入××万元，完成全年计划的××%。

全年单位电子银行客户签约××户，发行信用卡××张，信用卡消费额××万元，电子银行渠道占比××%，新增电子银行客户××户，其中：个人网上银行客户数新增××户，个人电话银行客户数新增××户，个人手机短信客户数新增××户，手机银行客户数新增××户。实现电子银行中间业务收入××万元，电子银行交易额实现××万元。

5. 大力加强合规文化建设

为在全部营造良好的合规氛围，进一步提高全员合规风险管理能力，推动合规文化的构建，我营业部积极实施合规文化教育活动。

6. 强化风险管理，打好清收不良贷款的"攻坚战"

三、存在的问题

（1）成熟的经营管理理念及科学的发展观尚未深入人心。经营思路不太开阔、思想不太解放，分析风险、防范风险的能力还需进一步提高。

（2）业务之间发展不平衡。

（3）制约我营业部发展的个人存款指标完成的虽好，但波动幅度过大。

（4）持续发展能力不足，存款受制于几个大户，公司类资产业务的优质客户太少，贴现业务与兄弟行相比有较大差距，国际业务尚未建立稳定的客户群体。

四、明年的工作安排与打算

针对以上存在的问题，在明年，我营业部将在市行党委的领导下，从我营业部的实际出发，进一步深化各项改革，力求工作平稳快速发展。

基本工作思路是：

重点做好各项业务指标的发展工作。发挥好营业部大客户较多的优势，以公司业务为突破点，促进存款、中间业务的开展；以大客户贷款业务为龙头，拓展新形势下的综合理财业务，提升我行竞争力；以 VIP 客户、个人理财业务促进个人存款的增长；以提升、稳定服务水平为手段稳定个人存款。具体措施有：

（1）继续狠抓存款工作不放松，确保我营业部的存款工作稳步攀升。公司存款以抓新开户为重点，个人存款以保持稳定年初存款余额和发展代发工资业务为重点。

（2）提高员工的服务意识，优化服务环境，推动服务工作向纵深发展。

（3）继续强化风险防范工作，确保各项业务健康发展。

（4）突出收费类业务优先发展的地位，继续促进我营业部收费类业务的快速发展。

(5) 加强领导班子建设。

(七) 活动策划书的写作规范

1. 活动策划书的定义

策划又称企划，是人们为了实现预定的目标而事先进行的设想及创造性思维的过程，是确保社会管理活动决策和计划的实现而进行的有科学运作程序的谋划、构思和设计的过程。活动策划书就是反映策划过程及其结果的文书。活动策划书也叫作活动计划书、活动报告、活动文案、活动方案、策划案、策划书或企划书等。

活动策划书是人们为了实现一定的活动目的，对准备实施的活动事先作出筹划、谋略而写成的针对性很强的活动执行方案。

2. 活动策划书的特点

策划是一个过程，它是为实现某一个目标，在充分利用现有资源的前提下通过提出创意、设计、谋划等手段，为决策者提供最佳方案。一般情况下，策划书并不公开发表，只是在某一特定范围的团体或组织中阅读和运用。它旨在向阅读者说明此项活动，寻求合理的建议、支持和配合，为活动提供可操作性的指导，并规范活动的开展。其特点主要有以下三个方面。

(1) 目的性。任何活动都有一个明确的主题，活动策划书必须围绕这个主题来构思制订。活动策划书是使活动主题、目的变成现实的具体体现，因而活动策划书首先得具有鲜明的主题、明确的目的，否则就失去了其存在的意义。

(2) 可行性。策划书是具有创新性的实施方案，因而策划书的可行性、可操作性尤为重要。活动策划书除了需要进行周密的思考外，详细具体的活动安排也是必不可少的。活动的时间和方式的安排必须结合执行地点和执行人员的具体情况进行分析，在具体安排上尽量考虑周全，外部环境（如天气、民俗）的影响也应予以考虑。

(3) 逻辑性。策划书必须将策划思维准确、有效地表达出来，才能使策划书具有说服力，才能让阅读对象接受策划者的策划成果，进而将策划成果变为现实。因此，策划书应该注意内容的严谨与周密，体现严密的逻辑性。

3. 活动策划书的文体结构

活动策划书没有固定的文体结构，如表格式活动策划书的写作就比较灵活。这里重点介绍文字式活动策划书的文体结构，一般有标题、正文和落款三部分。

(1) 标题。标题一般结构是单位（或个人）名称+活动内容+文种，如《××学校"环保在你身边"活动策划书》《××厂50周年厂庆活动策划书》。

(2) 正文。活动策划书的正文书写没有固定格式，往往根据策划活动的特点灵活选用正文内容。一般正文内容构成有前言和主体。前言一般概括性地介绍策划的目的、背景、方法、依据、重要性等内容。主体是策划内容的详细、具体而明了的说明，包括策划目标、策划内容（具体方案的构想，如活动事项、时间地点、任务安排、经费开支和要求）、策划过程、策划预算、实施计划（时间、人员、费用、操作程序等计划表）、策划效果、预测期待效果、可供参考的策划、文献、案例等。

(3) 落款。落款主要包括策划者的名称和完成时间两方面。如在标题中已写清策划者的名称，可不再署名，只写策划书的时间。

4. 活动策划书的写作要求

（1）调研充分，即思路明确可行（社会关注度、影响力）。充分的准备工作，是活动策划书科学性的重要保证。

（2）目标要明确、主题要单一。明确具体的目标可以防止策划的盲目性、片面性。主题单一，直说利益点，活动围绕主题展开，切忌主观言论。

（3）方案具体。活动策划书的方案越清楚、具体，就越有助于指导和规范活动的开展。

（4）安排合理、周全。活动策划书对活动起着导向性的作用，是活动开展成功与否的重要保障，因而在活动时间、地点、任务等安排上必须科学合理，尽量周全。还要考虑可测因素，如天气、民俗、环境的影响等。①

5. 活动策划书的写作范例

××市世界献血者日宣传活动策划书②

2015年6月14日是第12个"世界献血者日"，主题是"每位献血者都是英雄"。为感谢献血者的无私奉献，加强无偿献血宣传工作，动员全社会共同关注、参与、支持和促进无偿献血工作的健康发展，依据卫生部《关于组织开展2015年"世界献血者日"宣传活动的通知》（卫办医政函〔2015〕498号）精神，制订2015年"世界献血者日"宣传活动方案如下：

1. 活动目标

通过"世界献血者日"宣传活动，深入宣传并贯彻落实《中华人民共和国献血法》及相关文件精神，弘扬"人道、博爱、奉献"的红十字精神，传播无偿献血的公益理念，结合卫生系统"三好一满意"活动，倡导健康文明的生活方式，真诚感谢无偿献血者的无私奉献行为，在全社会营造浓厚的无偿献血氛围，推动建立政府主导、多部门合作、全社会参与的无偿献血长效工作机制。

2. 活动主题

6月14日世界献血者日——每位献血者都是英雄

6月14日——7月14日开展"血站开放月"活动

3. 活动时间

2015年6月14日——7月14日

4. 活动内容

（1）各市卫生行政部门、红十字会要以2015年"世界献血者日"宣传活动为契机，深入宣传并贯彻落实《中华人民共和国献血法》及相关文件精神，推动建立政府主导，多部门合作、全社会参与的无偿献血长效工作机制，争取各级政府、相关部门、企事业单

---

① 蒙继承：《应用文写作实用教程》，91～92页，天津大学出版社，2011。
② 中国人才网 http：//www.cnrencai.com/cehuashu/177658.html，2015-05-20。

位、社会团体、群众组织、居民委员会和村民委员会对无偿献血工作的大力支持。

（2）各市卫生行政部门和红十字会以及各血站要围绕"每位献血者都是英雄"的宣传主题，结合当地工作实际，研究制订活动方案。要采取各种宣传形式，大力宣传无偿献血优秀人物和模范事迹，努力营造全社会尊重无偿献血者的良好氛围，提高无偿献血者的社会荣誉感，鼓励公众参与和支持无偿献血。

（3）省卫生厅、省红十字会、××市卫生局、××市红十字会、××市中心血站将于6月14日在省城举行纪念"6.14世界献血者日"暨"血站开放月"活动启动仪式。各市卫生行政部门、红十字会要联合当地血站选择广场、商业步行街等中心地区举办2015年"血站开放月"活动启动仪式。通过新闻媒体报道、印发宣传资料、走访社区、农村等形式，大力宣传无偿献血有关知识和血站开放月活动。要主动联系当地行政机关、企事业单位、学校、社会团体、群众组织做好社会公众参观血站的组织工作，鼓励和吸引社会公众参观血站和了解采供血工作，减少社会误解，增进社会信任，让更多的社会公众关心和支持无偿献血工作。要逐步完善血站开放活动的形式和内容，将血站开放打造成对社会公众开展宣传、交流和信息公开活动的平台，不断健全血站开放和信息公开工作制度。

（4）各血站要结合卫生系统开展"服务好、质量好、医德好，群众满意"活动（"三好一满意"活动）。进一步加强管理，改善采血服务设施，增强服务意识，规范服务行为，提高服务能力，优化采供血服务流程，积极创造条件，推进方便无偿献血者异地用血工作，不断提高对献血者的服务质量，稳定和扩大献血者队伍，建立可持续发展的献血员招募制度。

第三节　公文办理

公文办理包括收文办理、发文办理和整理归档。本节只对收文办理与发文办理两部分内容进行介绍，整理归档这一部分内容在"档案管理"章节中有详细介绍，在此不再赘述。

一、收文办理

收文办理的程序主要包括签收、登记、初审、承办、传阅、催办、答复等（见图3-10）。

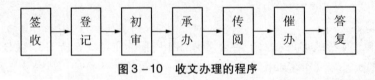

图3-10　收文办理的程序

1. 签收

签收是收文单位对接收到的公文进行确认、清点、检查、签注等一系列的活动。收文工作人员应该对收到的公文进行逐件清点，核对无误后签字或盖章确认，并且要注明签收时间。如果公文是送呈领导"亲启"的公文，则应该直接送达领导本人手中。

2. 登记

登记是指收文单位对接收到的公文进行形式、内容等主要信息的记录，以便日后查找、阅读与管理，这样的记录也能成为公文交接的凭据。收文人员应该在公文收文登记表中详细记载公文的主要信息和办理情况，主要包括序号、文件名称（文件号）、密级及紧急程度、份数、来文单位、收文日期、收文人签名等。一般性事务性来文可视情况确定是否登记。

表3-2 公文收文登记表样式

序号	文件名称（文件号）	密级紧急程度	份数	来文单位	收文单位	收文日期	收文人签名	备注

3. 初审

收文人员对收到的公文应当进行初审。初审的重点是：公文是否应当由本机关办理，是否符合行文规则，文种、格式是否符合要求，涉及其他地区或者部门职权范围内的事项是否已经协商、会签，是否符合公文起草的其他要求。经初审不符合规定的公文，应当及时退回来文单位并说明理由。

4. 承办

一般来说，承办环节实施之前还有拟办和批办。拟办一般是由有关部门或秘书、助理对公文提出初步意见，相当于请示或者建议，供领导参考。而批办是指单位的领导针对公文提出的问题，在拟办意见的基础上，行使法定或特定职权对文件作出批示或指示。承办是在拟办与批办的基础上实现的。

承办是指有关部门根据批办的意见具体办理事务，是收文办理的中心环节。公文只有经过承办才能产生切实的效用。通过承办，各方的意见才能得以落实。承办既是收文办理最后的实质性程序，又往往是发文办理程序的开始。①

阅知性公文应当根据公文内容、要求和工作需要确定范围后分送。批办性公文应当提出拟办意见报本机关负责人批示或者转有关部门办理；需要两个以上部门办理的，应当明确主办部门。紧急公文应当明确办理时限，以免耽误事情。承办部门对交办的公文应当及时办理，有明确办理时限要求的应当在规定时限内办理完毕。

5. 传阅

传阅是根据领导批示和工作需要将公文及时送传阅对象阅知或者批示。办理公文传阅应当随时掌握公文去向，遵循有序性、及时性、安全性等原则。做好传阅工作，不得漏传、误传、延误。当前办公自动化技术发展迅速，绝大多数单位在确保安全的前提下，通过办公自动化系统进行网上传阅，这也成为现代公文办理的发展趋势。

---

① 马仁杰：《秘书学教程》，195～196页，合肥：安徽大学出版社，2015年。

6. 催办

顾名思义，催办是指对公文承办部门的公文承办情况进行督促，以免延误工作。催办环节是加速公文运转、提高办公效率的重要举措。

7. 答复

答复是指将公文的办理结果及时告知来文单位。这是公文收文办理的最终环节。

二、发文办理

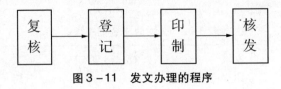

图 3-11　发文办理的程序

发文办理主要包括以下四个程序（见图 3-11）：

1. 复核

已经交机关负责人签批的公文，印发前应当对公文的审批手续、内容、文种、格式等进行复核；需作实质性修改的，应当报原签批人复审。

2. 登记

对复核后的公文，应当确定发文字号、分送范围和印制份数并详细记载。

表 3-3　公文发文登记表样式

序号	文件名称（文件号）	发文日期	发文字号	分送范围	印制份数	备注

3. 印制

公文印制必须确保质量和时效。涉密公文应当在符合保密要求的场所印制。

4. 核发

公文印制完毕，应当对公文的文字、格式和印刷质量进行检查后分发。

第四节　公文管理

公文管理是指对公文的公开发布、撤销、废止以及对本机关所有收文、发文的存放、复制、清退等工作的科学管理，是公文处理的重要内容。在公文管理工作中，必须严格按照国家公文管理和单位公文管理的有关规定，切实加强公文管理工作。公文管理包括以下几个环节：

1. 公开发布

公开发布公文，必须经发文机关批准。公文一经发布，同发文机关正式印发的公文具有同等效力。涉密公文公开发布前应当履行解密程序。公开发布的时间、形式和渠道，由发文机关确定。

2. 复制、汇编

根据工作需要，可以对非涉密文件进行复制、汇编。复制、汇编的公文视同原件管理。复制件应当加盖复制机关戳记。翻印件应当注明翻印的机关名称、日期。因工作需要确需复制、汇编涉密文件的，必须严格履行审批手续，未经批准，严禁复制、汇编。

3. 销毁

公文的销毁是指将失去保留价值的公文进行毁灭性处理。销毁的目的是为了减少无用公文的保存，提高公文管理的效率；同时，可以保存公文中的秘密。

需要销毁的公文有的是保存价值不大，有的是无须存留的重复文件，有的是草拟的公文等。

销毁公文需要遵守一定的程序。首先，要经过有关部门的重新鉴定，确定公文已经没有存在的价值；其次，将需要销毁的公文进行整理，核定造册；再次，上报领导和负责部门，申请批准；最后，将核准的公文进行销毁。

公文销毁的方式有很多。纸质文件可以选择粉碎、焚毁、重新制作成纸浆等。如果是电子文件，要采取格式化和清洗磁盘的方式。销毁涉密公文必须严格按照有关规定履行审批登记手续，确保不丢失、不漏销。个人不得私自销毁、留存涉密公文。①

4. 清退

公文的清退是指将处理完毕的公文退还给发文单位，这样可以保证公文的机密与安全，维护公文的权威性。

需要清退的公文一般为绝密文件、有重大错误的公文、未经领导审阅的公文，以及其他机关指定清退的公文等。

5. 撤销与废止

公文的撤销与废止是公文办理的重要制度。公文的撤销和废止，由发文机关、上级机关或者权力机关根据职权范围和有关法律法规决定。公文被撤销的，视为自始无效；公文被废止的，视为自废止之日起失效。②

第五节　公文写作的相关规范文件

党政机关公文处理工作条例③

第一章　总　则

第一条　为了适应中国共产党机关和国家行政机关（以下简称党政机关）工作需

---

① 国务院办公厅：党政机关公文处理工作条例 http：//www.gov.cn/zwgk/2013－02/22/content_ 2337704.htm，2013－02－22。
② 马仁杰：《秘书学教程》，195～196页，合肥，安徽大学出版社，2015。
③ 国务院办公厅：党政机关公文处理工作条例 http：//www.gov.cn/zwgk/2013－02/22/content_ 2337704.htm，2013－02－22。

要，推进党政机关公文处理工作科学化、制度化、规范化，制定本条例。

第二条　本条例适用于各级党政机关公文处理工作。

第三条　党政机关公文是党政机关实施领导、履行职能、处理公务的具有特定效力和规范体式的文书，是传达贯彻党和国家的方针政策，公布法规和规章，指导、布置和商洽工作，请示和答复问题，报告、通报和交流情况等的重要工具。

第四条　公文处理工作是指公文拟制、办理、管理等一系列相互关联、衔接有序的工作。

第五条　公文处理工作应当坚持实事求是、准确规范、精简高效、安全保密的原则。

第六条　各级党政机关应当高度重视公文处理工作，加强组织领导，强化队伍建设，设立文秘部门或者由专人负责公文处理工作。

第七条　各级党政机关办公厅（室）主管本机关的公文处理工作，并对下级机关的公文处理工作进行业务指导和督促检查。

第二章　公文种类

第八条　公文种类主要有：

（一）决议。适用于会议讨论通过的重大决策事项。

（二）决定。适用于对重要事项作出决策和部署、奖惩有关单位和人员、变更或者撤销下级机关不适当的决定事项。

（三）命令（令）。适用于公布行政法规和规章、宣布施行重大强制性措施、批准授予和晋升衔级、嘉奖有关单位和人员。

（四）公报。适用于公布重要决定或者重大事项。

（五）公告。适用于向国内外宣布重要事项或者法定事项。

（六）通告。适用于在一定范围内公布应当遵守或者周知的事项。

（七）意见。适用于对重要问题提出见解和处理办法。

（八）通知。适用于发布、传达要求下级机关执行和有关单位周知或者执行的事项，批转、转发公文。

（九）通报。适用于表彰先进、批评错误、传达重要精神和告知重要情况。

（十）报告。适用于向上级机关汇报工作、反映情况，回复上级机关的询问。

（十一）请示。适用于向上级机关请求指示、批准。

（十二）批复。适用于答复下级机关请示事项。

（十三）议案。适用于各级人民政府按照法律程序向同级人民代表大会或者人民代表大会常务委员会提请审议事项。

（十四）函。适用于不相隶属机关之间商洽工作、询问和答复问题、请求批准和答复审批事项。

（十五）纪要。适用于记载会议主要情况和议定事项。

第三章　公文格式

第九条　公文一般由份号、密级和保密期限、紧急程度、发文机关标志、发文字号、签发人、标题、主送机关、正文、附件说明、发文机关署名、成文日期、印章、附注、附件、抄送机关、印发机关和印发日期、页码等组成。

（一）份号。公文印制份数的顺序号。涉密公文应当标注份号。

（二）密级和保密期限。公文的秘密等级和保密的期限。涉密公文应当根据涉密程度分别标注"绝密""机密""秘密"和保密期限。

（三）紧急程度。公文送达和办理的时限要求。根据紧急程度，紧急公文应当分别标注"特急""加急"，电报应当分别标注"特提""特急""加急""平急"。

（四）发文机关标志。由发文机关全称或者规范化简称加"文件"二字组成，也可以使用发文机关全称或者规范化简称。联合行文时，发文机关标志可以并用联合发文机关名称，也可以单独用主办机关名称。

（五）发文字号。由发文机关代字、年份、发文顺序号组成。联合行文时，使用主办机关的发文字号。

（六）签发人。上行文应当标注签发人姓名。

（七）标题。由发文机关名称、事由和文种组成。

（八）主送机关。公文的主要受理机关，应当使用机关全称、规范化简称或者同类型机关统称。

（九）正文。公文的主体，用来表述公文的内容。

（十）附件说明。公文附件的顺序号和名称。

（十一）发文机关署名。署发文机关全称或者规范化简称。

（十二）成文日期。署会议通过或者发文机关负责人签发的日期。联合行文时，署最后签发机关负责人签发的日期。

（十三）印章。公文中有发文机关署名的，应当加盖发文机关印章，并与署名机关相符。有特定发文机关标志的普发性公文和电报可以不加盖印章。

（十四）附注。公文印发传达范围等需要说明的事项。

（十五）附件。公文正文的说明、补充或者参考资料。

（十六）抄送机关。除主送机关外需要执行或者知晓公文内容的其他机关，应当使用机关全称、规范化简称或者同类型机关统称。

（十七）印发机关和印发日期。公文的送印机关和送印日期。

（十八）页码。公文页数顺序号。

第十条　公文的版式按照《党政机关公文格式》国家标准执行。

第十一条　公文使用的汉字、数字、外文字符、计量单位和标点符号等，按照有关国家标准和规定执行。民族自治地方的公文，可以并用汉字和当地通用的少数民族文字。

第十二条　公文用纸幅面采用国际标准 A4 型。特殊形式的公文用纸幅面，根据实际需要确定。

第四章 行文规则

第十三条 行文应当确有必要,讲求实效,注重针对性和可操作性。

第十四条 行文关系根据隶属关系和职权范围确定。一般不得越级行文,特殊情况需要越级行文的,应当同时抄送被越过的机关。

第十五条 向上级机关行文,应当遵循以下规则:

(一)原则上主送一个上级机关,根据需要同时抄送相关上级机关和同级机关,不抄送下级机关。

(二)党委、政府的部门向上级主管部门请示、报告重大事项,应当经本级党委、政府同意或者授权;属于部门职权范围内的事项应当直接报送上级主管部门。

(三)下级机关的请示事项,如需以本机关名义向上级机关请示,应当提出倾向性意见后上报,不得原文转报上级机关。

(四)请示应当一文一事。不得在报告等非请示性公文中夹带请示事项。

(五)除上级机关负责人直接交办事项外,不得以本机关名义向上级机关负责人报送公文,不得以本机关负责人名义向上级机关报送公文。

(六)受双重领导的机关向一个上级机关行文,必要时抄送另一个上级机关。

第十六条 向下级机关行文,应当遵循以下规则:

(一)主送受理机关,根据需要抄送相关机关。重要行文应当同时抄送发文机关的直接上级机关。

(二)党委、政府的办公厅(室)根据本级党委、政府授权,可以向下级党委、政府行文,其他部门和单位不得向下级党委、政府发布指令性公文或者在公文中向下级党委、政府提出指令性要求。需经政府审批的具体事项,经政府同意后可以由政府职能部门行文,文中须注明已经政府同意。

(三)党委、政府的部门在各自职权范围内可以向下级党委、政府的相关部门行文。

(四)涉及多个部门职权范围内的事务,部门之间未协商一致的,不得向下行文;擅自行文的,上级机关应当责令其纠正或者撤销。

(五)上级机关向受双重领导的下级机关行文,必要时抄送该下级机关的另一个上级机关。

第十七条 同级党政机关、党政机关与其他同级机关必要时可以联合行文。属于党委、政府各自职权范围内的工作,不得联合行文。

党委、政府的部门依据职权可以相互行文。

部门内设机构除办公厅(室)外不得对外正式行文。

第五章 公文拟制

第十八条 公文拟制包括公文的起草、审核、签发等程序。

第十九条 公文起草应当做到:

(一)符合党的理论路线方针政策和国家法律法规,完整准确体现发文机关意图,并同现行有关公文相衔接。

（二）一切从实际出发，分析问题实事求是，所提政策措施和办法切实可行。

（三）内容简洁，主题突出，观点鲜明，结构严谨，表述准确，文字精练。

（四）文种正确，格式规范。

（五）深入调查研究，充分进行论证，广泛听取意见。

（六）公文涉及其他地区或者部门职权范围内的事项，起草单位必须征求相关地区或者部门意见，力求达成一致。

（七）机关负责人应当主持、指导重要公文起草工作。

第二十条　公文文稿签发前，应当由发文机关办公厅（室）进行审核。审核的重点是：

（一）行文理由是否充分，行文依据是否准确。

（二）内容是否符合党的理论路线方针政策和国家法律法规；是否完整准确体现发文机关意图；是否同现行有关公文相衔接；所提政策措施和办法是否切实可行。

（三）涉及有关地区或者部门职权范围内的事项是否经过充分协商并达成一致意见。

（四）文种是否正确，格式是否规范；人名、地名、时间、数字、段落顺序、引文等是否准确；文字、数字、计量单位和标点符号等用法是否规范。

（五）其他内容是否符合公文起草的有关要求。

需要发文机关审议的重要公文文稿，审议前由发文机关办公厅（室）进行初核。

第二十一条　经审核不宜发文的公文文稿，应当退回起草单位并说明理由；符合发文条件但内容需作进一步研究和修改的，由起草单位修改后重新报送。

第二十二条　公文应当经本机关负责人审批签发。重要公文和上行文由机关主要负责人签发。党委、政府的办公厅（室）根据党委、政府授权制发的公文，由受权机关主要负责人签发或者按照有关规定签发。签发人签发公文，应当签署意见、姓名和完整日期；圈阅或者签名的，视为同意。联合发文由所有联署机关的负责人会签。

第六章　公文办理

第二十三条　公文办理包括收文办理、发文办理和整理归档。

第二十四条　收文办理主要程序是：

（一）签收。对收到的公文应当逐件清点，核对无误后签字或者盖章，并注明签收时间。

（二）登记。对公文的主要信息和办理情况应当详细记载。

（三）初审。对收到的公文应当进行初审。初审的重点是：是否应当由本机关办理，是否符合行文规则，文种、格式是否符合要求，涉及其他地区或者部门职权范围内的事项是否已经协商、会签，是否符合公文起草的其他要求。经初审不符合规定的公文，应当及时退回来文单位并说明理由。

（四）承办。阅知性公文应当根据公文内容、要求和工作需要确定范围后分送。批办性公文应当提出拟办意见报本机关负责人批示或者转有关部门办理；需要两个以上部门办理的，应当明确主办部门。紧急公文应当明确办理时限。承办部门对交办的公文应当及时办理，有明确办理时限要求的应当在规定时限内办理完毕。

（五）传阅。根据领导批示和工作需要将公文及时送传阅对象阅知或者批示。办理公文传阅应当随时掌握公文去向，不得漏传、误传、延误。

（六）催办。及时了解掌握公文的办理进展情况，督促承办部门按期办结。紧急公文或者重要公文应当由专人负责催办。

（七）答复。公文的办理结果应当及时答复来文单位，并根据需要告知相关单位。

第二十五条　发文办理主要程序是：

（一）复核。已经发文机关负责人签批的公文，印发前应当对公文的审批手续、内容、文种、格式等进行复核；需作实质性修改的，应当报原签批人复审。

（二）登记。对复核后的公文，应当确定发文字号、分送范围和印制份数并详细记载。

（三）印制。公文印制必须确保质量和时效。涉密公文应当在符合保密要求的场所印制。

（四）核发。公文印制完毕，应当对公文的文字、格式和印刷质量进行检查后分发。

第二十六条　涉密公文应当通过机要交通、邮政机要通信、城市机要文件交换站或者收发件机关机要收发人员进行传递，通过密码电报或者符合国家保密规定的计算机信息系统进行传输。

第二十七条　需要归档的公文及有关材料，应当根据有关档案法律法规以及机关档案管理规定，及时收集齐全、整理归档。两个以上机关联合办理的公文，原件由主办机关归档，相关机关保存复制件。机关负责人兼任其他机关职务的，在履行所兼职务过程中形成的公文，由其兼职机关归档。

第七章　公文管理

第二十八条　各级党政机关应当建立健全本机关公文管理制度，确保管理严格规范，充分发挥公文效用。

第二十九条　党政机关公文由文秘部门或者专人统一管理。设立党委（党组）的县级以上单位应当建立机要保密室和机要阅文室，并按照有关保密规定配备工作人员和必要的安全保密设施设备。

第三十条　公文确定密级前，应当按照拟定的密级先行采取保密措施。确定密级后，应当按照所定密级严格管理。绝密级公文应当由专人管理。

公文的密级需要变更或者解除的，由原确定密级的机关或者其上级机关决定。

第三十一条　公文的印发传达范围应当按照发文机关的要求执行；需要变更的，应当经发文机关批准。

涉密公文公开发布前应当履行解密程序。公开发布的时间、形式和渠道，由发文机关确定。

经批准公开发布的公文，同发文机关正式印发的公文具有同等效力。

第三十二条　复制、汇编机密级、秘密级公文，应当符合有关规定并经本机关负责人批准。绝密级公文一般不得复制、汇编，确有工作需要的，应当经发文机关或者其上级机关批准。复制、汇编的公文视同原件管理。

复制件应当加盖复制机关戳记。翻印件应当注明翻印的机关名称、日期。汇编本的密级按照编入公文的最高密级标注。

第三十三条　公文的撤销和废止，由发文机关、上级机关或者权力机关根据职权范围和有关法律法规决定。公文被撤销的，视为自始无效；公文被废止的，视为自废止之日起失效。

第三十四条　涉密公文应当按照发文机关的要求和有关规定进行清退或者销毁。

第三十五条　不具备归档和保存价值的公文，经批准后可以销毁。销毁涉密公文必须严格按照有关规定履行审批登记手续，确保不丢失、不漏销。个人不得私自销毁、留存涉密公文。

第三十六条　机关合并时，全部公文应当随之合并管理；机关撤销时，需要归档的公文经整理后按照有关规定移交档案管理部门。

工作人员离岗离职时，所在机关应当督促其将暂存、借用的公文按照有关规定移交、清退。

第三十七条　新设立的机关应当向本级党委、政府的办公厅（室）提出发文立户申请。经审查符合条件的，列为发文单位，机关合并或者撤销时，相应进行调整。

第八章　附　则

第三十八条　党政机关公文含电子公文。电子公文处理工作的具体办法另行制定。

第三十九条　法规、规章方面的公文，依照有关规定处理。外事方面的公文，依照外事主管部门的有关规定处理。

第四十条　其他机关和单位的公文处理工作，可以参照本条例执行。

第四十一条　本条例由中共中央办公厅、国务院办公厅负责解释。

第四十二条　本条例自2012年7月1日起施行。1996年5月3日中共中央办公厅发布的《中国共产党机关公文处理条例》和2000年8月24日国务院发布的《国家行政机关公文处理办法》停止执行。

党政机关公文格式[①]

1. 范围

本标准规定了党政机关公文通用的纸张要求、排版和印制装订要求、公文格式各要素的编排规则，并给出了公文的式样。

本标准适用于各级党政机关制发的公文。其他机关和单位的公文可以参照执行。

[①] 中华人民共和国国家质量监督检验检疫总局，中国国家标准化管理委员会：党政机关公文格式 http：//jn-jd.mca.gov.cn/article/zyjd/zcwj/201303/20130300425648.shtml，2013-03-06。

使用少数民族文字印制的公文，其用纸、幅面尺寸及版面、印制等要求按照本标准执行，其余可以参照本标准并按照有关规定执行。

2. 规范性引用文件

下列文件对于本标准的引用是必不可少的。凡是注日期的引用文件，仅所注日期的版本适用于本标准。凡是不注日期的引用文件，其最新版本（包括所有的修改单）适用于本标准。

GB/T148 印刷、书写和绘图纸幅面尺寸

GB 3100 国际单位制及其应用

GB3101 有关量、单位和符号的一般原则

GB3102（所有部分）量和单位

GB/T15834 标点符号用法

GB/T15835 出版物上数字用法

3. 术语和定义

下列术语和定义适用于本标准。

3.1 字 word

标示公文中横向距离的长度单位。在本标准中，一字指一个汉字宽度的距离。

3.2 行 line

标示公文中纵向距离的长度单位。在本标准中，一行指一个汉字的高度加3号汉字高度的7/8的距离。

4. 公文用纸主要技术指标

公文用纸一般使用纸张定量为 $60g/m^2 \sim 80g/m^2$ 的胶版印刷纸或复印纸。纸张白度 80%～90%，横向耐折度≥15次，不透明度≥85%，pH值为7.5～9.5。

5. 公文用纸幅面尺寸及版面要求

5.1 幅面尺寸

公文用纸采用 GB/T148 中规定的 A4 型纸，其成品幅面尺寸为：210mm×297mm。

5.2 版面

5.2.1 页边与版心尺寸

公文用纸天头（上白边）为 37 mm ± 1 mm，公文用纸订口（左白边）为 28mm ± 1mm，版心尺寸为 156 mm × 225 mm。

5.2.2 字体和字号

如无特殊说明，公文格式各要素一般用3号仿宋体字。特定情况可以作适当调整。

5.2.3 行数和字数

一般每面排22行，每行排28个字，并撑满版心。特定情况可以作适当调整。

5.2.4 文字的颜色

如无特殊说明，公文中文字的颜色均为黑色。

6. 印制装订要求

6.1 制版要求

版面干净无底灰,字迹清楚无断划,尺寸标准,版心不斜,误差不超过1 mm。

6.2 印刷要求

双面印刷,页码套正,两面误差不超过2mm。黑色油墨应当达到色谱所标BL100%,红色油墨应当达到色谱所标Y80%、M80%。印品着墨实、均匀;字面不花、不白、无断划。

6.3 装订要求

公文应当左侧装订,不掉页,两页页码之间误差不超过4mm,裁切后的成品尺寸允许误差±2mm,四角成90度直角,无毛茬或缺损。

骑马订或平订的公文应当:

①订位为两钉外订眼距版面上下边缘各70mm处,允许误差±4mm。

②无坏钉、漏钉、重钉,钉脚平伏牢固。

③骑马订钉锯均订在折缝线上,平订钉锯与书脊间的距离为3mm～5mm。

包本装订公文的封皮(封面、书脊、封底)与书芯应吻合、包紧、包平、不脱落。

7. 公文格式各要素编排规则

7.1 公文格式各要素的划分

本标准将版心内的公文格式各要素划分为版头、主体、版记三部分。公文首页红色分隔线以上的部分称为版头,公文首页红色分隔线(不含)以下、公文末页首条分隔线(不含)以上的部分称为主体,公文末页首条分隔线以下、末条分隔线以上的部分称为版记。

页码位于版心外。

7.2 版头

7.2.1 份号

如需标注份号,一般用6位3号阿拉伯数字,顶格编排在版心左上角第一行。

7.2.2 密级和保密期限

如需标注密级和保密期限,一般用3号黑体字,顶格编排在版心左上角第二行;保密期限中的数字用阿拉伯数字标注。

7.2.3 紧急程度

如需标注紧急程度,一般用3号黑体字,顶格编排在版心左上角;如需同时标注份号、密级和保密期限、紧急程度,按照份号、密级和保密期限、紧急程度的顺序自上而下分行排列。

7.2.4 发文机关标志

由发文机关全称或者规范化简称加"文件"二字组成,也可以使用发文机关全称或者规范化简称。

发文机关标志居中排布，上边缘至版心上边缘为35mm，推荐使用小标宋体字，颜色为红色，以醒目、美观、庄重为原则。

联合行文时，如需同时标注联署发文机关名称，一般应当将主办机关名称排列在前；如有"文件"二字，应当置于发文机关名称右侧，以联署发文机关名称为准上下居中排布。

7.2.5 发文字号

编排在发文机关标志下空二行位置，居中排布。年份、发文顺序号用阿拉伯数字标注；年份应标全称，用六角括号"〔〕"括入；发文顺序号不加"第"字，不编虚位（即1不编为01），在阿拉伯数字后加"号"字。

上行文的发文字号居左空一字编排，与最后一个签发人姓名处在同一行。

7.2.6 签发人

由"签发人"三字加全角冒号和签发人姓名组成，居右空一字，编排在发文机关标志下空二行位置。"签发人"三字用3号仿宋体字，签发人姓名用3号楷体字。

如有多个签发人，签发人姓名按照发文机关的排列顺序从左到右、自上而下依次均匀编排，一般每行排两个姓名，回行时与上一行第一个签发人姓名对齐。

7.2.7 版头中的分隔线

发文字号之下4 mm处居中印一条与版心等宽的红色分隔线。

7.3 主体

7.3.1 标题

一般用2号小标宋体字，编排于红色分隔线下空二行位置，分一行或多行居中排布；回行时，要做到词意完整，排列对称，长短适宜，间距恰当，标题排列应当使用梯形或菱形。

7.3.2 主送机关

编排于标题下空一行位置，居左顶格，回行时仍顶格，最后一个机关名称后标全角冒号。如主送机关名称过多导致公文首页不能显示正文时，应当将主送机关名称移至版记，标注方法见7.4.2。

7.3.3 正文

公文首页必须显示正文。一般用3号仿宋体字，编排于主送机关名称下一行，每个自然段左空二字，回行顶格。文中结构层次序数依次可以用"一、""（一）""1.""（1）"标注；一般第一层用黑体字、第二层用楷体字、第三层和第四层用仿宋体字标注。

7.3.4 附件说明

如有附件，在正文下空一行左空二字编排"附件"二字，后标全角冒号和附件名称。如有多个附件，使用阿拉伯数字标注附件顺序号（如"附件：1.×××××"）；附件名称后不加标点符号。附件名称较长需回行时，应当与上一行附件名称的首字对齐。

7.3.5 发文机关署名、成文日期和印章

7.3.5.1 加盖印章的公文

成文日期一般右空四字编排，印章用红色，不得出现空白印章。

单一机关行文时，一般在成文日期之上、以成文日期为准居中编排发文机关署名，印章端正、居中下压发文机关署名和成文日期，使发文机关署名和成文日期居印章中心偏下位置，印章顶端应当上距正文（或附件说明）一行之内。

联合行文时，一般将各发文机关署名按照发文机关顺序整齐排列在相应位置，并将印章一一对应、端正、居中下压发文机关署名，最后一个印章端正、居中下压发文机关署名和成文日期，印章之间排列整齐、互不相交或相切，每排印章两端不得超出版心，首排印章顶端应当上距正文（或附件说明）一行之内。

7.3.5.2 不加盖印章的公文

单一机关行文时，在正文（或附件说明）下空一行右空二字编排发文机关署名，在发文机关署名下一行编排成文日期，首字比发文机关署名首字右移二字，如成文日期长于发文机关署名，应当使成文日期右空二字编排，并相应增加发文机关署名右空字数。

联合行文时，应当先编排主办机关署名，其余发文机关署名依次向下编排。

7.3.5.3 加盖签发人签名章的公文

单一机关制发的公文加盖签发人签名章时，在正文（或附件说明）下空二行右空四字加盖签发人签名章，签名章左空二字标注签发人职务，以签名章为准上下居中排布。在签发人签名章下空一行右空四字编排成文日期。

联合行文时，应当先编排主办机关签发人职务、签名章，其余机关签发人职务、签名章依次向下编排，与主办机关签发人职务、签名章上下对齐；每行只编排一个机关的签发人职务、签名章；签发人职务应当标注全称。

签名章一般用红色。

7.3.5.4 成文日期中的数字

用阿拉伯数字将年、月、日标全，年份应标全称，月、日不编虚位（即1不编为01）。

7.3.5.5 特殊情况说明

当公文排版后所剩空白处不能容下印章或签发人签名章、成文日期时，可以采取调整行距、字距的措施解决。

7.3.6 附注

如有附注，居左空二字加圆括号编排在成文日期下一行。

7.3.7 附件

附件应当另面编排，并在版记之前，与公文正文一起装订。"附件"二字及附件顺序号用3号黑体字顶格编排在版心左上角第一行。附件标题居中编排在版心第三行。附

件顺序号和附件标题应当与附件说明的表述一致。附件格式要求同正文。

如附件与正文不能一起装订，应当在附件左上角第一行顶格编排公文的发文字号并在其后标注"附件"二字及附件顺序号。

7.4 版记

7.4.1 版记中的分隔线

版记中的分隔线与版心等宽，首条分隔线和末条分隔线用粗线（推荐高度为0.35 mm），中间的分隔线用细线（推荐高度为0.25 mm）。首条分隔线位于版记中第一个要素之上，末条分隔线与公文最后一面的版心下边缘重合。

7.4.2 抄送机关

如有抄送机关，一般用4号仿宋体字，在印发机关和印发日期之上一行、左右各空一字编排。"抄送"二字后加全角冒号和抄送机关名称，回行时与冒号后的首字对齐，最后一个抄送机关名称后标句号。

如需把主送机关移至版记，除将"抄送"二字改为"主送"外，编排方法同抄送机关。既有主送机关又有抄送机关时，应当将主送机关置于抄送机关之上一行，之间不加分隔线。

7.4.3 印发机关和印发日期

印发机关和印发日期一般用4号仿宋体字，编排在末条分隔线之上，印发机关左空一字，印发日期右空一字，用阿拉伯数字将年、月、日标全，年份应标全称，月、日不编虚位（即1不编为01），后加"印发"二字。

版记中如有其他要素，应当将其与印发机关和印发日期用一条细分隔线隔开。

7.5 页码

一般用4号半角宋体阿拉伯数字，编排在公文版心下边缘之下，数字左右各放一条一字线；一字线上距版心下边缘7 mm。单页码居右空一字，双页码居左空一字。公文的版记页前有空白页的，空白页和版记页均不编排页码。公文的附件与正文一起装订时，页码应当连续编排。

8. 公文中的横排表格

A4纸型的表格横排时，页码位置与公文其他页码保持一致，单页码表头在订口一边，双页码表头在切口一边。

9. 公文中计量单位、标点符号和数字的用法

公文中计量单位的用法应当符合GB3100、GB3101和GB3102（所有部分），标点符号的用法应当符合GB/T15834，数字用法应当符合GB/T15835。

10. 公文的特定格式

10.1 信函格式

发文机关标志使用发文机关全称或者规范化简称，居中排布，上边缘至上页边为30mm，推荐使用红色小标宋体字。联合行文时，使用主办机关标志。

发文机关标志下 4 mm 处印一条红色双线（上粗下细），距下页边 20 mm 处印一条红色双线（上细下粗），线长均为 170 mm，居中排布。

如需标注份号、密级和保密期限、紧急程度，应当顶格居版心左边缘编排在第一条红色双线下，按照份号、密级和保密期限、紧急程度的顺序自上而下分行排列，第一个要素与该线的距离为 3 号汉字高度的 7/8。

发文字号顶格居版心右边缘编排在第一条红色双线下，与该线的距离为 3 号汉字高度的 7/8。

标题居中编排，与其上最后一个要素相距二行。

第二条红色双线上一行如有文字，与该线的距离为 3 号汉字高度的 7/8。

首页不显示页码。

版记不加印发机关和印发日期、分隔线，位于公文最后一面版心内最下方。

10.2 命令（令）格式

发文机关标志由发文机关全称加"命令"或"令"字组成，居中排布，上边缘至版心上边缘为 20 mm，推荐使用红色小标宋体字。

发文机关标志下空二行居中编排令号，令号下空二行编排正文。

签发人职务、签名章和成文日期的编排见 7.3.5.3。

10.3 纪要格式

纪要标志由"×××××纪要"组成，居中排布，上边缘至版心上边缘为 35 mm，推荐使用红色小标宋体字。

标注出席人员名单，一般用 3 号黑体字，在正文或附件说明下空一行左空二字编排"出席"二字，后标全角冒号，冒号后用 3 号仿宋体字标注出席人单位、姓名，回行时与冒号后的首字对齐。

标注请假和列席人员名单，除依次另起一行并将"出席"二字改为"请假"或"列席"外，编排方法同出席人员名单。

纪要格式可以根据实际制定。

11. 式样

A4 型公文用纸页边及版心尺寸见图 3-11；公文首页版式见图 3-12；联合行文公文首页版式 1 见图 3-13；联合行文公文首页版式 2 见图 3-14；公文末页版式 1 见图 3-15；公文末页版式 2 见图 3-16；联合行文公文末页版式 1 见图 3-17；联合行文公文末页版式 2 见图 3-18；附件说明页版式见图 3-19；带附件公文末页版式见图 3-20；信函格式首页版式见图 3-21；命令（令）格式首页版式见图 3-22。

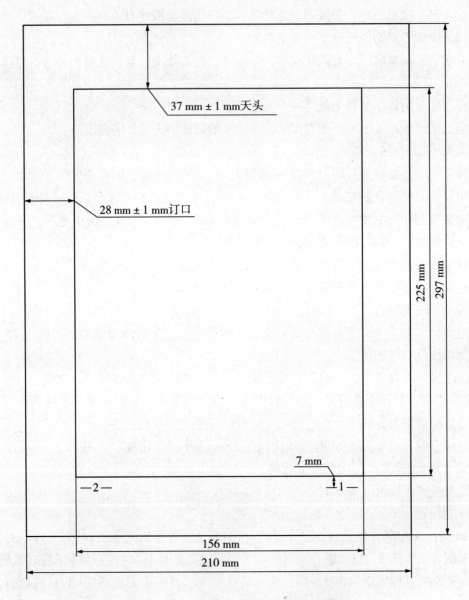

图 3-11 A4 型公文用纸页边及版心尺寸

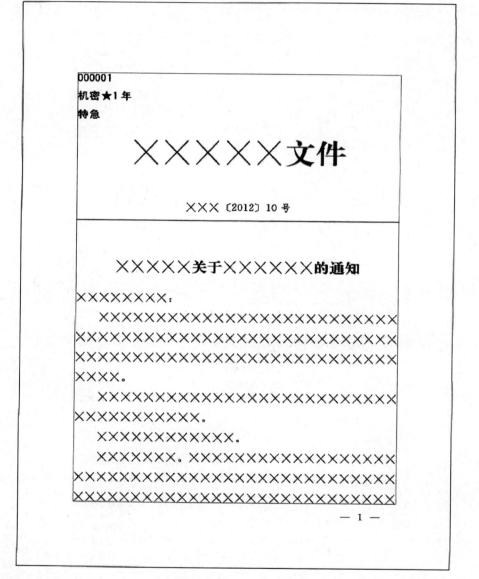

图 3-12 公文首页版式

注：版心实线框仅为示意，在印制公文时并不印出。

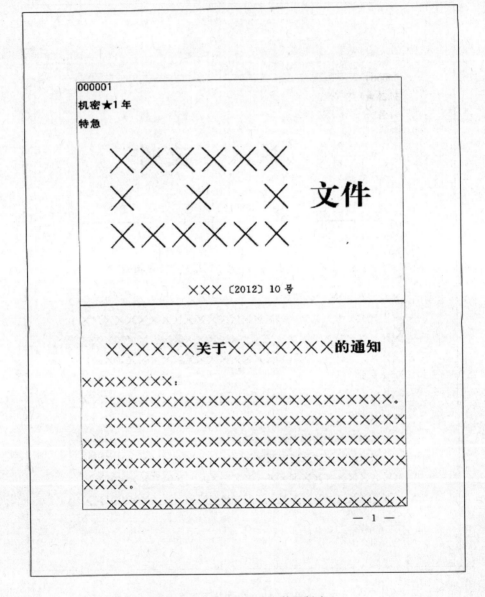

图3-13 联合行文公文首页版式1

注：版心实线框仅为示意，在印制公文时并不印出。

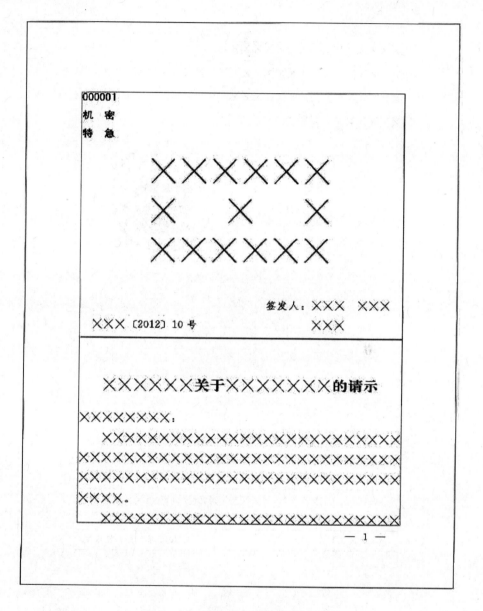

图3-14 联合行文公文首页版式2

注：版心实线框仅为示意，在印制公文时并不印出。

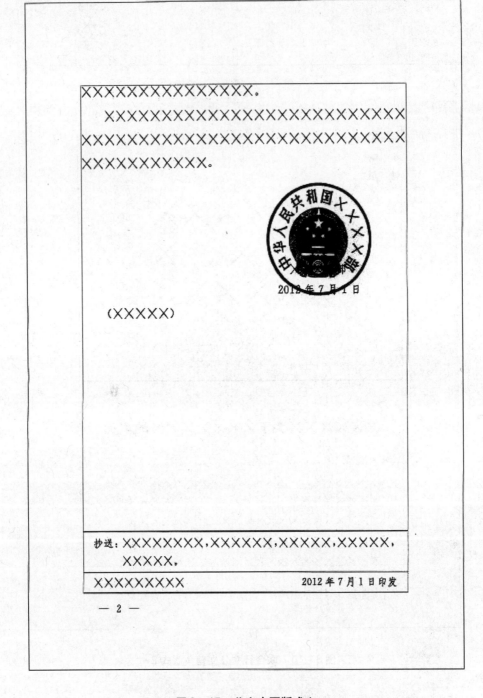

图 3-15 公文末页版式 1

注：版心实线框仅为示意，在印制公文时并不印出。

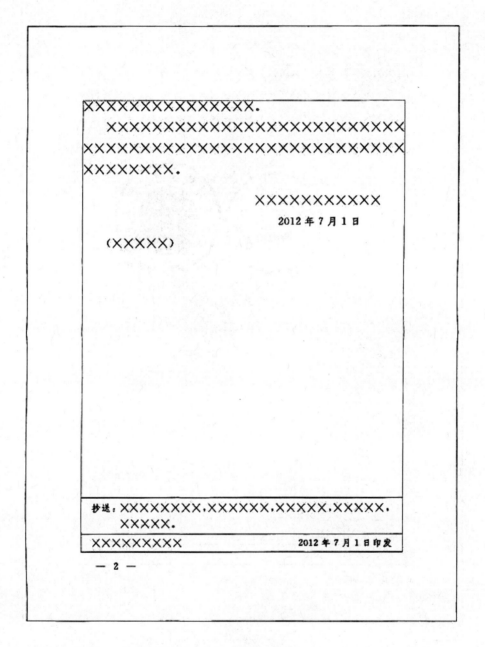

图3-16 公文末页版式2

注：版心实线框仅为示意，在印制公文时并不印出。

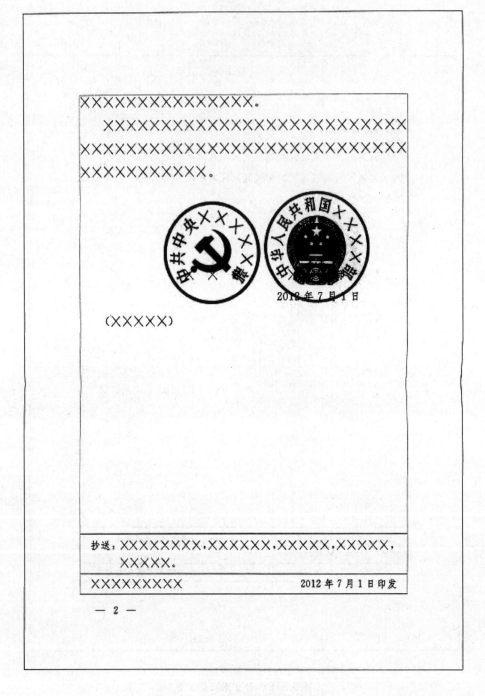

图3-17 联合行文公文末页版式1

注：版心实线框仅为示意，在印制公文时并不印出。

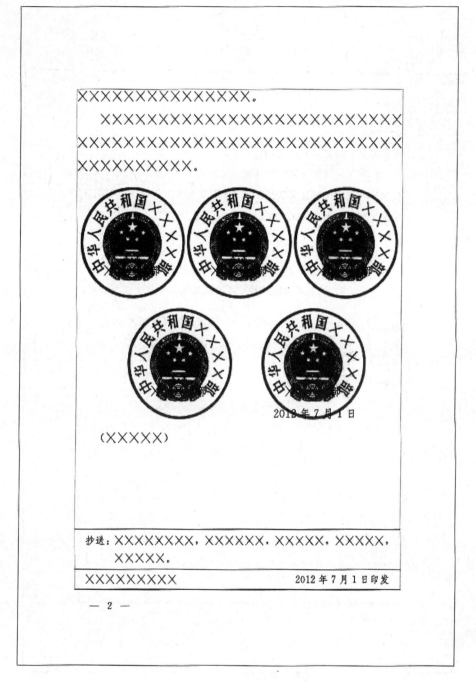

图3-18 联合行文公文末页版式2

注：版心实线框仅为示意，在印制公文时并不印出。

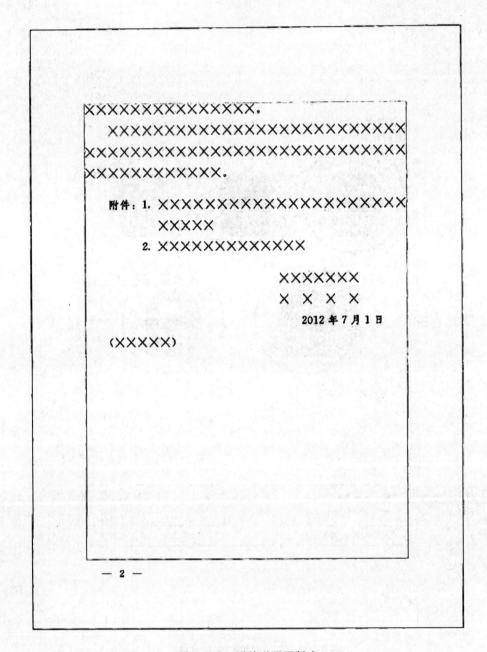

图3-19 附件说明页版式

注：版心实线框仅为示意，在印制公文时并不印出。

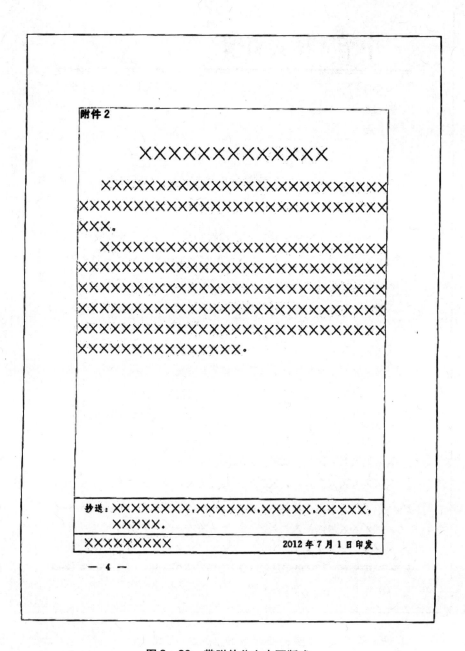

图3-20 带附件公文末页版式

注:版心实线框仅为示意,在印制公文时并不印出。

中华人民共和国×××××部

000001　　　　　　　　　　　　　　　×××〔2012〕10号
机　密
特　急

×××××关于×××××××的通知

×××××××：
　　×××××××××××××××××××××
××××××××××××××××××××××××
××××××××××××××××××××××××
××××××××××××××××××××。
　　×××××××××××××××××××××
××××××××××××××××××××××××
××××××××××××××××××××××××
×××××××××××××××××。
　　×××××××××××××××××××××
××××××××××××××××××××××××
××××××××××××××××××××××××
××××××××××××××××××××××××
××××××××××××××××××××××××
××××××××××××××××××××。

图3-21　信函格式首页版式

注：版心实线框仅为示意，在印制公文时并不印出。

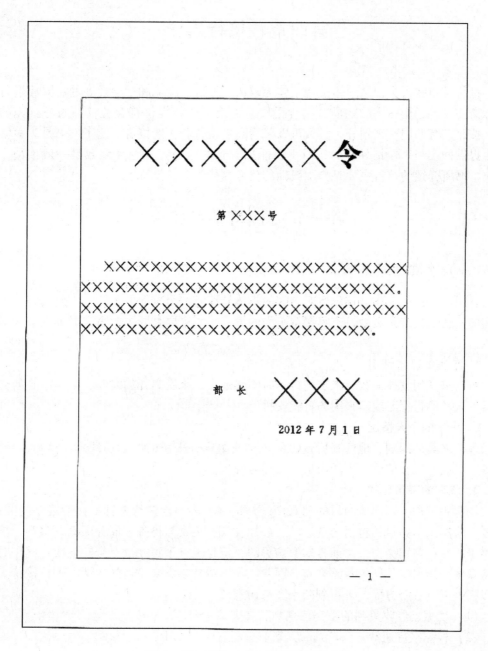

图3-22 命令（令）格式首页版式

注：版心实线框仅为示意，在印制公文时并不印出。

第四章 接待工作

接待是指在人类社会中,接待主体为政治、经济、文化和社会发展的需要而进行的人际交往,是运用一定的物质和精神手段,为接待客体提供符合礼仪的服务行为的过程。按照接待的层次来划分,大致可以分为高端接待和一般接待。鉴于本书是为大学实习生提供的实习工作指导,而实习生所能接触到的接待工作绝大多数是一般接待;因此,本书所介绍的接待主要是指一般性的公务接待和商务接待。

第一节 接待前的准备

（一）来宾信息管理

要想做好接待工作,首先要对来宾的具体情况有一个全面的了解;因此,充分收集来宾的资料是接待人员做好来宾接待工作的第一步。主要是要了解来宾以下三个方面的信息：

1. 来宾的基本情况

包括来宾的具体人数、来宾的抵达时间和地点、来宾离开的时间、来宾乘坐的交通工具、来宾的行程路线、来宾的日程安排等。

2. 来宾的个人情况

包括来宾的国别、地区、所代表的机构或组织；来宾的姓名、性别、年龄、身份、职务、民族、宗教信仰、生活习俗、兴趣爱好等。

3. 来宾的来访目的

了解和掌握来宾来访的目的和意图,是接待人员确定接待方针和接待规格的前提。通常,来宾来访的目的包括公务活动、参加会议、视察与检查、商务活动、参观、技术考察等。有些来宾会在来访前告知来访目的,但是也有来宾并没有告知,或者同一时间接待众多来访目的不同的各路来宾。因此,在不清楚来宾来访目的的情况下,接待人员可以根据以下五个方面,分析判断来宾来访意图。

（1）根据已经收集到的来宾信息判断其来访意图。

（2）根据接待通知,分析判断其来访意图。

（3）根据来宾的有效证件或信函判断其来访意图。

（4）根据来宾的自我介绍判断其来访意图。

（5）通过与来宾交谈的内容分析判断其来访意图。[1]

---

[1] 刘少丹,郭学丽：《行政人员岗位培训手册》,29~30页,北京,人民邮电出版社,2015。

（二）接待方案的拟定

具体、详尽、周密的接待方案可以使接待工作有条不紊，避免纰漏。接待人员可以通过电话、网络、面谈等方式与来宾、来宾方工作人员、单位相关工作人员进行充分沟通，并根据来宾的时间安排编制接待方案。一般来说，接待方案应包括：接待任务时间、考察内容、主要来宾、出席领导、日程安排、联系人等（如表4-1所示）。

表4-1 ××市党政考察团在××的接待方案①

任务时间	×年×月×日至×年×月×日
考察内容	城市建设、社区卫生工作
主要来宾	姓名　　　　职务
出席领导	姓名　　　　职务
日程安排	
9月12日（星期一）	
07：30	考察团乘××航班抵达广州白云国际机场，下榻××宾馆早餐
08：20	××在××宾馆迎接并陪同考察
08：30	前往考察城市建设与管理
09：00	考察城市中心广场建设情况
09：30	出发前往××城市公园
10：00	考察××城市公园
10：30	出发前往××宾馆
11：00	座谈会 主持人：××× 地点：××宾馆××厅 参加人员：××× 议程：
12：00	午餐 地点：××宾馆 陪餐：×××
13：00	午休 地点：××宾馆×号楼
14：20	×××在××宾馆迎接并陪同考察
14：30	出发前往××卫生服务中心
15：00	考察××卫生服务中心

---

① 叶黔达：《办公室工作实务规范手册》，266~267页，成都，四川人民出版社，2014。

续表 4-1

任务时间	×年×月×日至×年×月×日
15：20	前往××骨科医院
15：40	考察××骨科医院
16：00	前往××社区卫生服务站
16：05	考察××社区卫生服务站
16：25	前往××医院
16：45	考察××医院
17：00	出发前往××宾馆
18：00	××市宴请 地点：××宾馆××厅 参加：×××
20：00	×××在××宾馆上车前往送机 乘××航班离穗
联系人：××市接待办×××　联系电话：××××××
附：客人名单

（三）接待经费预算

接待人员在作接待费用预算时，要根据接待规格确定接待费用预算项目，避免不必要的开支与浪费。不同性质的接待经费列支项目有所不同，但一般来说主要包括以下八项：

表 4-2　接待经费列支项目[①]

序号	项目名称	主要内容
1	餐饮住宿费	来宾和工作人员的餐饮和住宿费用
2	劳务费	工作人员的加班费、专家的讲课和演讲费等
3	物资场地费	租借场所、办公用品、各种资料的费用等
4	参观、旅游和娱乐费用	访问期间来宾和工作人员进行参观、旅游和娱乐时产生的费用
5	交通费	访问期间的交通费用
6	纪念品费用	工作人员为来宾购买纪念品的费用
7	宣传和公关费用	活动费用（包括制作费、摄影费）、编辑费、印刷费、捐款等
8	其他费用	访问期间除了以上费用外产生的其他费用

---

① 刘少丹，郭学丽：《行政人员岗位培训手册》，33页，北京，人民邮电出版社，2015。

(四) 接待环境与物品的准备

来宾到来前,接待人员应对洽谈或接待场所的环境进行布置,以使接待室整洁、雅致,给来宾舒适、温馨的感觉。接待环境布置的工作内容如表4-3所示:

表4-3 接待环境布置的工作内容①

项目	工作内容
电源及照明设施	接待人员要仔细检查接待室和接待地点的电源是否接通、照明设施是否齐全完好、电源插座是否可以安全使用以及照明效果是否良好等,如有问题,应及时安排维修。
空调	如需使用空调,接待人员应检查空调是否完好,电源是否接通,遥控器是否可用,提前对空调进行试用并调试到最佳状态。
音响和视频设备	如在接待中需使用音响、视频设备,接待人员应提前接通电源,将音响和投影设备的高度调到最佳位置,准备好话筒、投影仪、计算机、屏幕等设备。
桌椅	接待人员应针对所接待的来宾人数,结合陪同人员的数量,计划桌椅数量,保证人人都有座位。同时要检查桌椅的质量,如有坏的桌椅应及时更换。
座签	接待中需安排座次时,接待人员应根据需要,提前将人员名字制作成座签,摆放到相应位置。座签通常应打印并用印制式座签夹固定,放置于座位正前方的桌面上。
清洁卫生	接待人员应及时打扫接待室,做到每次接待前半小时完成各项清洁工作,确保接待室干净整洁。

第二节 实施接待

(一) 接站、接机

到机场或车站接来宾前要了解来宾到达的时间、航班或车次。如果是第一次见面,接待人员最好准备来宾的照片。迎接时要准备好接站牌,接站牌写上来宾的姓名,在接站牌右下方写上接待人员所在单位的名称。接待人员最好佩戴工作牌,这样更容易获得来宾的信任。

一般来说,机场或车站离来访的目的地较远,接待人员应该事先准备好专车,这就涉及乘车礼仪问题。如果忽略了乘车礼仪问题,可能会给来宾留下不好的印象,甚至会影响来宾来访的效果。

不论是五座的小汽车还是七座的商务用车,车内的座位是有尊卑之分的,究竟应该把来宾安排在车上哪个座位才符合礼仪规范呢?

一般认为,有专职司机开车的情况下,后排座位的最右边的位置为上位,即图4-

---

① 刘少丹,郭学丽:《行政人员岗位培训手册》,36页,北京,人民邮电出版社,2015。

1中的1号位。为什么这个位置是全车最好的位置呢？因为我国大陆的行车规则是靠右行驶，1号位上下车更为方便，上下车也相对安全，更重要的是这个位置符合礼仪学中"以右为上"的原则。

那作为接待人员应该坐哪个位置呢？应该坐4号位，因为这个位置被视为随员位，是接待人员、秘书、行政人员、安保人员等人员的座位。接待人员也可以选择2、3号位，与来宾同坐在后排，目的是方便与来宾进行交谈。

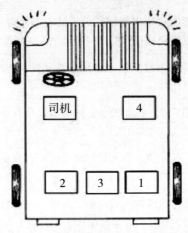

图4-1　五座小汽车的座位次序礼仪

而七座商务车的位次安排顺序与五座的小汽车大同小异，图4-2中的数字代表位置的尊卑，最好的位置是1号，最差的位置是6号。而4、5号位比后排座位要差一些，因为一般商务车的车门就设在4、5号位，这两个位置受到较多的打扰，因此并非最好的位置。

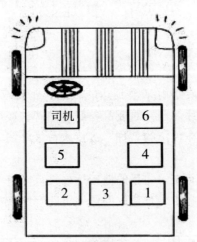

图4-2　七座小汽车的座位次序礼仪

上车后，接待人员应该适度地与来宾进行交流，不可沉默不语，否则容易造成冷场的尴尬场面。可以选择一些较为轻松且容易拓展的话题，比如，来宾家乡或本地的风土人情、天气状态，也可以针对来宾所熟知的领域或社会热点进行交流。但切忌谈论一些政治敏感的话题，或在来宾面前滔滔不绝，要预留出一定的时间让来宾在车上休息。

（二）宴请

宴请是为了表示对来宾的欢迎、答谢和祝贺，以及增进双方的了解、融洽双方感情而进行的餐饮招待。宴请时座次和桌次的安排非常重要，因为参加宴会的人员或多或少存在身份、职务等级差别。身份尊贵、职务等级较高的人希望坐在上位以彰显身份、获得相应的尊重和待遇。因此，接待人员在安排座次与桌次时要"对号入座"，切勿"张冠李戴"。

1. 座次安排

国内宴请一般使用圆桌，一张桌子里的各个座位之间有尊卑主次之分。应该把尊贵的来宾安排在最佳的座位上，以体现对来宾的尊重。在为来宾安排座位时可以遵照以下原则：

（1）居中为尊：多人同时就座用餐时，居于中央的座位在位次上要高于在其两侧的座位。

（2）右高左低：右边的位置符合礼仪学上所说的"以右为上"原则，右边位置比左边位置更佳。这里的左或右是贵宾的左边或右边。

（3）面门为上：面对门口的位置为上位。

（4）观景为佳：在一些餐厅可能在餐厅里面可以看到外面很好的景观，如海景、江景、街景，那么这个位置就是上位。

（5）临墙为好：通常以靠墙之位为上座，因为这个位置被打扰的机会最少，能很安心地用餐。

如图4-3所示，上位就是1号位，其他座位的尊卑次序为：2、3、4、5、6、7、8。8号位是最差的位置，因为它最靠近门口，受到的打扰最多，也是离1号位最远的位置，因此它是所有座位中最差的一个。

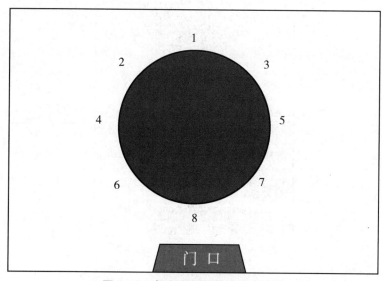

图4-3 餐桌座位次序的尊卑关系

2. 桌次安排

在一个相对独立的空间里有两张或两张以上的餐桌,应该把来宾安排在哪一张桌子就座才符合礼仪规范呢?这需要根据餐桌数量或摆放的关系来作出相应判断。

(1) 由两张餐桌所组成的小型宴请场合。

两桌横排:"以右为上"——面对门的右手边为上位,即"面门定位"(如图4-4所示)。

图4-4 两桌横排:"以右为上"

两桌竖排:"以远为上"——距离门口越远的餐桌为上位(如图4-5所示)。

图4-5 两桌竖排:"以远为上"

（2）由三桌或三桌以上的桌数所组成的宴请场合。

按照以下的原则定夺上位："面门定位""以右为上""以远为上"，还要注意"主桌定位"这项原则，即离主桌越近，位置越佳（如图4-6所示）。

图4-6 三桌以上宴请场合定夺上位的方法

第三节　来宾送别

送别所指的通常是在来宾离去之际，出于礼貌而陪着对方一同行走一段路程，或者特意前往来宾启程之处与之告别，并且目送对方离去。在接待工作中，迎来与送往，是同一过程中两个不同的侧面。假如说迎宾是接待工作的"开始曲""开场白"的话，那么则完全可以将送别比喻为接待工作的"结束曲"或"压轴戏"。要想真正做好接待工作，使之有始有终，善始善终，就必须对待送别像对待迎宾一样，给予其高度的重视。

一般而言，送别又有几种不同的具体形式。不同的送别形式，通常有着不同的礼仪规范。最为常见的送别形式有道别、话别、饯别、送行等。

（一）道别

道别，指的是与交往对象分手。在通常的情况下，与他人道别之际，往往需要打个招呼，或者讲上一两句话。在来宾离去的时候，宾主双方都要相互道别。对东道主一方的人员而言，不与来宾道别，可谓失礼之至。由此可见，道别是送别的基本形式之一。

在接待工作中，所遇到的最多的道别，往往是与登门拜访之人的道别。因为"来者都是客"，所以道别的时候务必要讲究方法，注意分寸。

从礼仪规范的方面来讲，道别主要关注三个方面的内容：

1. 道别的提出

道别的提出，此处所指的是在日常接待中，宾主双方由何人首先提出道别的问题。按照常规，道别应当由来宾率先提出来。假如主人首先与来宾道别，难免会给人以厌客、逐客的感觉。

2. 道别的用语

宾主道别时，彼此双方大都会在此时此刻采用一些专门的礼貌用语，来与对方作别，或是借以表达对于对方的惜别之意。在道别时，来宾往往会说"就此告辞""后会有期"。而此刻主人则一般会讲"一路顺风""旅途平安"。有时，宾主双方还会向对方互道"再见"，叮嘱对方"多多保重"，或者委托对方代问其同事、家人安好。

3. 道别的表现

在道别时，接待人员务必要留意自己的具体表现，使之处处合乎礼貌。具体来说，特别应当注意下列四个环节。一是应当加以挽留。若来宾提出告辞，主人大都应当对对方加以挽留。此时顺水推舟，不作任何表示，是不合乎礼仪的。二是应当起身在后。在来宾告辞时，主人应在对方站起来之后起身，而不宜抢先起身。三是应当伸手在后。在宾主双方握手作别时，一般的顺序，应为来宾首先伸手，主人随后伸手。四是应当相送一程。但凡有可能，在来宾离去时，主人都要相送一程。如果对方常来常往，通常应将其送至门口、电梯或楼梯旁、大楼底下、大院门外。如果对方系初次来访的贵宾，则还可以陪伴对方走得更远一些。主人若当时难以抽身，还可以委托他人代为相送。

（二）话别

话别，亦称临行话别。它所指的，一般是在远道而来的客人离去之前，主人专程前去探望对方，并且与对方聚谈一番，以不胜依依。在正式的接待工作中，尤其是在规格较高的接待工作之中，话别通常都是不可不做的一项重要工作。

接待方与来访者话别时，需要注意以下四个问题：

1. 话别的时间

与来宾话别的时间，一要讲究主随客便，二要注意预先相告。在这两条里，哪一条都不能被忽略。在正常情况下，来宾临行的前一天，来宾离开下榻之处前夕，都是可供选择的话别时间。在确定话别时间时，不要因此而打乱对方的安排，影响对方的休息，或者有碍对方的行程。

2. 话别的地点

与来宾话别，应选择适当的地点。最佳的话别地点，是来宾的临时下榻之处。除此之外，在接待方的会客室、贵宾室里，或是在为来宾饯行而专门举行的宴会上，亦可与来宾话别。

3. 话别的人员

参加话别的主要人员，应为宾主双方身份、职位大致相似者，对口部门的工作人员，接待人员，等等。按惯例，在贵宾离去之前，东道主一方的主要负责人或者其代表，应专程前去与对方话别。

4. 话别的内容

在一般情况下，话别的主要内容有：一是表达惜别之意，二是听取来宾的意见或建议，三是了解来宾有无需要帮忙代劳之事，四是向来宾赠送纪念性礼品。

（三）饯别

饯别，又称饯行。它所指的是，在来宾离别之前，东道主一方专门为对方举行一次宴会，以便郑重其事地为对方送别。为饯别而举行的专门宴会，通常称作饯别宴会。

在日常性的迎来送往活动中，饯行是送别的一种惯用形式。在来宾离别之前，专门为对方举行一次饯别宴会，不仅在形式上显得热烈而隆重，而且往往还会使对方产生备受重视之感，进而加深宾主之间的相互了解。但需要注意的是，对国家公务员的饯别宴会要注意费用的控制，不可违反相关法律法规。

（四）送行

送行，在此特指东道主在异地来访的重要客人离开本地之时，特地委派专人前往来宾的启程之处，与对方亲切告别，并目送对方渐渐离去。在常见的送别的各种具体形式之中，送行的规格、档次最高，而且也显得最为热烈、隆重。有些时候，在为较为重要的来宾送行时，东道主一方还会专门为此安排一定的仪式。这种仪式，通常称为送行仪式。

在接待工作之中倘若有可能涉及送行活动，一般有必要对送行的需要、送行的时间、送行的地点、送行的人员、送行的安排、送行的要求、送行的仪式等七个方面的问题予以认真的考虑。以下将分别简介一下与此相关的主要礼仪规范。

1. 送行的需要

在一般情况下，接待人员并非要为所有的来访者一一送行。大致而言，在接待工作中需要为之安排送行的对象主要有：正式来访的外国贵宾、远道而来的重要客人、关系密切的协作单位的负责人、重要合作单位的有关人员、年老体弱的来访之人、携带行李较多的人士，等等。当来宾要求主人为之送行时，一般可以满足对方的请求。接待方决定为来宾送行之后，应向对方通报。若对方真心地予以婉拒，可不必勉强。

2. 送行的时间

考虑为来宾送行的具体时间问题时，重要的是要同时兼顾下列两点：一是切勿耽误来宾的行程，二是切勿干扰来宾的计划。在一般情况下，送行的时间应具体问题具体对待，并且要事先向送行对象进行通报。在来宾返程之处为其送行的话，通常送行者应当在对方乘坐的交通工具停止检票或者开行之前的半个小时抵达。如果为来宾安排了送行仪式，则送行者抵达的时间还须酌情提前。有时，送行者还须前往来宾下榻之处，陪同来宾一同乘车抵达对方返程之处。在这种情况下，应尽量确保宾主双方在来宾乘坐的交通工具停止检票或者开行前的半小时抵达来宾的返程之处。依照惯例，在来宾返程之处为之送行者，应在来宾到达前先到达，以恭候自己的送行对象。至少，要有一刻钟左右的"提前量"。在送行之时，送行者如果迟于来宾抵达，甚至迟迟不到，令送行对象久候多时，则必然会使送行的收效大打折扣。

3. 送行的地点

为来宾正式送行的常规地点，通常应当是来宾返回时的启程之处，例如：机场、码头、火车站、长途汽车站，等等。倘若来宾返程时将直接乘坐专门的交通工具，从自己的临时下榻之处启程，则亦可以将来宾的临时下榻之处作为送行的地点，例如：宾馆、饭店、旅馆、招待所，等等。倘若需要专门举行送行仪式的话，送行的地点还往往要选择宜于举行仪式的广场、大厅等等。在时间允许的前提下，宾主双方在送行的地点往往还可以借贵宾厅、休息厅等处稍事休息，并再叙片刻。

4. 送行的人员

安排送行人员时，一是要注意其身份。应使之在具体身份上与送行对象大体相似，或合乎惯例。二是要控制其数量。要选择精兵强将，切勿滥竽充数，或是大搞毫无任何实际意义的人海战术。具体来说，为一般的来宾送行时，可由数量适当的接待人员、礼宾人员、秘书人员、办公室工作人员或者与来宾专业、部门对口的人员出面即可。只有在为重要来宾送行时，才有必要由东道主一方的主要负责人出面。

5. 送行的安排

欲使送行活动万无一失，接待方有必要对送行活动的各个具体环节进行周密的安排。除了必做的例行工作之外，在安排送行活动时特别要关注三件事情：一是要安排好交通工具。如果来宾拟乘坐飞机、客轮、火车或长途汽车返回，接待方须主动为之订购机票、船票或车票。此外，还应为来宾安排好自其临时下榻之处前往返程之处时所乘坐的车辆。二是要安排好行李交运。在方便来宾和尊重其隐私的先决条件下，接待方须事先安排专人，在来宾离去之际，为对方搬运行李，并负责将其交付托运。三是要安排好意见征答。为了表示对来宾的尊重，送行人员应在对方正式启程返回之前，郑重其事地向其征求一下对己方接待工作的意见或建议。倘若此前来宾已就东道主的接待工作提出过意见或建议，则务必要在对方临行前给予其适当的答复，并且对于对方的善意表示感谢。此外，还可以了解一下来宾有无在本地尚未处理完的事情需要自己帮忙，并且还应诚心诚意地向来宾表示："若有照顾不周之处，务请多多见谅。"

6. 送行的要求

为来宾送行之际，对送行人员在礼节上有着一系列的具体要求。假如不照此而行，则难免会失礼于来宾。对于送行人员而言，送行时主要的礼节方面的要求包括下述四点：一是要与来宾亲切交谈。在来宾临行前，如果时间允许，送行人员应与来宾进行亲切而友好的交谈。其主要内容应为：畅叙双方的友谊，展望合作的前景，请对方代为问候其同事或家人安好，预祝对方一帆风顺，等等。二是要与来宾握手作别。在来宾正式登上其返程时乘坐的交通工具之前，送行人员应当同来宾一一握手作别。在较为正规的情况下，宾主在送行时握手作别，不仅要面面俱到，一人不可或缺，而且要依照合乎惯例的先后顺序，由尊而卑依次而行。三是要向来宾挥手致意。在来宾登上交通工具之时，以及对方所乘坐的交通工具驶离之时，送行人员应当面向对方挥手致意。挥手致意的正确做法是：身体端立，面带微笑，目视对方；伸出右臂，右手掌心向外，手指指尖向上，然后将其向左右两侧轻轻地反复晃动。在挥手致意的同时，送行者还可以再一次预祝对方"一路平安"，或是与对方互道再见。四是要注意自己的退场。通常要在对方走后，自己才能离去。在送行时，送行人员务必要在来宾所乘坐的交通工具启动后，或是在对方所乘坐的交通工具离开自己的视线之后，方可离去。这样的话，一旦来宾所乘坐的交通工具因故晚点，或是对方突然发现丢失了行李，便可以及时得到送行人员的照料。此外，这样做亦可显示送行者的诚意。

7. 送行的仪式

为较为重要的来宾送行时所安排的送行仪式，大体上包括如下几项具体内容：一是送行人员提前列队恭候于送行地点。二是宾主双方相见。来宾抵达后，宾主双方人员应正式相见。具体而言，首先应当是主人与主宾相见。随后，在主人的陪同下，主宾与主方送行的其他人员一一见面。紧接着，在主宾的陪同下，主人与来宾一方的其他人员一一见面。三是主人陪同来宾与送行的群众见面。四是由少年儿童或青年妇女向来宾敬献鲜花。五是宾主双方正式道别。在主方人员的陪同下，来宾正式登上自己乘坐的交通工具，随后宾主双方再次握手作别。为普通来宾送行时，一般不安排送行仪式。[①]

第四节　接待时应注意的礼仪

迎来送往是社会交往接待活动中最基本的形式和重要环节，是表达主人情谊，体现礼貌素养的重要方面。尤其是接待，它是给来宾良好印象的最重要的工作之一。接待来

---

① 金正昆：《政务礼仪教程》，262～267 页，北京，中国人民大学出版社，2005。

宾时表现出良好的礼仪规范，可以展现个人及单位的良好形象，有利于双方增进感情、达成合作。因接待工作涉及的内容繁多，因此需要注意的礼仪也非常多，在此无法针对每个环节需要注意的礼仪规范进行一一分析，只能有的放矢，聚集重点内容与大家分享。

（一）握手礼仪

握手礼成为全世界通用的语言，是政务会见、商务会见等活动常见的一种见面礼节。在见到来宾或送别来宾时，应该行握手礼以表示对对方的尊重、欢迎和道别。

行握手礼时，两人的距离约一个手臂距离，伸出右手，四指并拢，拇指张开，与受礼者互握，上下微摇表示亲切，同时面带微笑，不要忸怩不安，以坚定、自信的眼神注视对方。

行握手礼时要避免以下情况：

（1）钓鱼式握手：钓鱼式握手是指只握住对方几根手指，像钓鱼一样，让人觉得你很勉强。

（2）棉花式握手：软绵无力地握住对方的手，会给对方自信不足的感觉。

（3）粘胶式握手：粘胶式握手是指握住对方手后不放，就像被胶水粘住了一样，这样的握手方式会让对方很不自在，特别是异性之间的握手。

（4）闪电式握手：闪电式握手是指握手时间太短，犹如闪电般迅速，握手时间太短难以达到传递情感、表示欢迎的目的。一般来说，握手的时候要持续3到5秒。

握手的时候存在"谁先伸手"的问题。握手双方身份地位的不同，谁先伸手的先后顺序也会有所不同。作为接待人员接待来宾，应该先伸手，以示欢迎。而来宾要离开时，应先等来宾伸手，接待人员才可以伸手去握手，否则就有赶客之嫌疑。

（二）名片礼仪

名片在接待会见场合中经常会使用到，它具有自我介绍、联系业务、保持联系的功能。递收名片时有一套明确的礼仪规范。

1. 递名片的礼仪

（1）不可将污损的、涂画过的名片递给对方。

（2）尽可能不用单手递名片，应该双手拿住名片递出去。更不能用手指夹住名片，呈施舍状。

（3）名片正面朝向对方。

（4）递上名片时，可以说："请多指教"、"多多关照"。

（5）一对一原则。不可像发传单一样发名片。

2. 收名片的礼仪

（1）勿用单手接名片，应双手接。

（2）接过名片后，首先要认真阅读名片内容，还要念其中重要的信息，如重要的头衔、职业等信息，以展示对对方的重视与尊重。

（3）接过名片后，应该寒暄几句，如"请您多指教""以后多联系"等。切勿接过来后一言不发。

（4）收到对方的名片后，不可以随意放置，更不可以往后裤袋一插。应该放在专用的名片夹内或自己的手提包或公文包内。

3. 赠送礼品

礼品被认为是人际交往、传递情感、表达友谊的不可或缺的要素。不必一提到礼品就与行贿、腐败联系起来，礼品更多的是传递情感、表达友谊的一个信物。送礼是政务交往、商务交往中一项重要的礼仪性活动。

选择礼品的时候应该注意以下几点：

（1）纪念性。礼品不需要特别昂贵，应该以纪念意义为主。来宾收到这份礼品若干年后还能唤起他这次来访的经历，那这份礼品就做到了纪念性这一特点了。

（2）独特性。选择本地区的名优特产或单位的优秀产品作为送给来宾的礼品，就能体现出礼品的独特性。还可以借此机会推广本地的特产或单位的产品，进一步提高其知名度。

（3）便携性。送给来宾的礼品，一定要考虑到是否便于携带。礼品体积太大、重量太重，来宾携带起来非常麻烦。因此，要选择一些容易携带，不会给来宾造成麻烦和困扰的物品作为送给来宾的礼品。如果非得送不便携带的礼品，那就把礼品直接邮寄到来宾的住所。

第五章 档案管理

第一节 档案概述

一、档案的概念和特点

1. 档案的概念

所谓档案,是指过去和现在的党政机关、企事业单位、社会团体以及个人从事政治、军事、经济、科学、技术、文化、宗教等活动,直接形成的对国家和社会有保存价值的各种文字、图表、声像等不同形式的历史记录。

很显然,档案的内涵是人类在社会实践活动中直接形成的原始记录,它的外延是具有这种属性的各种形式和载体的文件材料[①]。

2. 档案的特点

(1) 社会性。档案是在社会实践活动中直接形成的原始记录。党政机关、企业事业单位、社会团体等组织从事社会活动,必然产生许多文件。把日后需要查考利用的文件整理保存起来,就成为档案。例如公司的计划、章程、会议纪要、合同协议和会计材料等。这些档案都是伴随着人们的实践活动自然而然地产生的,是最为原始的记录。这种原始记录性是档案区别于图书报刊等文献材料的根本所在。

(2) 历史性。档案是过去已经形成的信息,而不是正在形成或尚未形成的文件。档案和文件是处于不同阶段的同一事物。二者既有密切联系,又有显著区别。其联系在于文件是档案的前身,区别则是因为文件转化为档案是有条件的。这些条件包括:

①办理完毕的文件才能作为档案保存。文件是发布政策法令、传达工作意图、联系公务与记载活动的一种工具,具有现行效用。而档案一般是完成了传达和记述的现行使命而备查考的文件,即办理完毕的文件。所谓办理完毕是相对的,不是指文件中所讲的一切事情均已办完,主要指文书办理程序完成了。通常有三种情况:一是文件所言事情只需近期办理,确已办理完毕。二是文件所言事情需长期办理或执行,只要经过文件签收、传阅、研究和部署,亦属办理完毕。三是不需要具体承办的文件,只要收发登记和传阅等文书办理程序了结,同样属办理完毕。

②对日后工作和研究活动有查考价值的文件才有必要作为档案保存。工作活动中形成的文件是大量的,对其不可能也没必要都作为档案保存起来。确定文件是否需要归档,唯一的尺度就是看其对今后的工作或研究活动有无凭证和查考价值。因此,文件是

[①] "文件材料"也可称为"文书材料",即各种文字、图表、声像等不同形式的历史记录。这两个概念在本章节中属于同义概念。

形成档案的基础,档案是文件的精华。

③按照一定规律集中保存起来的文件才是现代意义上的档案。作为档案前身的文件是逐日逐件产生的,处于相对零乱状态;而现代意义上的一般档案,则是经过科学整理、归档保存的文件。那些未经整理的零散文件,虽然其中有些也属于档案,但不属于典型的现代意义上的档案。

(3) 原始记录性。这是档案的本质属性。档案是人们在社会实践中直接形成的原始性的信息记录,对以往的社会实践具有直接的原始记录作用,这是档案区别于其他类似事物的独一无二的本质特征。

(4) 确定性。即档案内容的清晰、确定性和其载体的固化、恒定性。

二、档案的作用

档案的作用主要体现在以下三个方面:一是凭证作用,二是参考作用,三是宣传教育作用。

(一) 凭证作用

档案的形成过程及其本质属性决定了档案具有凭证作用。档案是党政机关、企事业单位、社会团体以及个人历史活动的真实记录,档案的价值就在于真实。档案是由当时记录社会组织活动的各种文字、图表、声像等形式直接转化而来的,不是随意收集,也并不是事后任意编造的;而是令人信服的历史证据,可以为日后的工作提供可靠的凭证,具有毋庸置疑的法律效用。[①]

(二) 参考作用

1. 档案是工作查考的依据

任何单位组织的今天都是由昨天发展来的,明天又是今天的继续。领导和员工为了熟悉情况、了解政策、研究案例、获取凭证,常常需要查考以往的记载,从而提高办事质量和效率。

2. 档案可为经济建设提供丰富的经验

有些档案,尤其是科学技术和生产经营档案,直接来源于经济建设部门,记载和反映了生产经营活动的情况、成果、经验和教训;因而可为经济建设提供丰富的资料,成为生产管理和技术管理的必要条件。

3. 档案是科学研究的基础和条件

大到自然科学、社会科学和思维科学的研究,小到组织的决策研究,都必须充分地占有材料。档案是记录前人成果和史实的最为原始的材料,在各种参考文献中,最具权威优势。

---

① 宋亮,周洪林:《现代文秘工作实务》,204 页,北京,中国书籍出版社,2015。

(三) 宣传教育作用

国家层面的档案常用于爱国主义、革命传统和基本国情教育。社会组织层面的档案是该社会组织奋斗的见证，用它来教育员工，发展组织文化，增强凝聚力和树立外部形象，具体生动，富有极强的说服力和感染力。档案的作用是多方面的，而就其诸多作用的性质而言，又可概括为两个基本方面：一是它的凭证作用，二是它的参考作用。二者又称为档案的基本价值。

三、档案的种类

依据不同的标准可以把档案划分为不同的类别。结合各类档案的性质和特点，可以根据以下划分标准对档案进行分类。

1. 文书档案、科学技术档案和专门档案

所谓文书档案，是反映党务、行政管理、组织运行等活动的档案。所谓科学技术档案，是反映科学技术研究、生产、基本建设等活动的档案。工业生产技术档案、农业科学技术档案、基本建设档案、设备仪器档案和科学技术研究档案等是科学技术档案的重要分类。所谓专门档案，是在某项专门业务活动中形成的档案材料，例如，人事档案、会计档案都是重要的专门档案。

2. 公务档案与私人档案

公务档案是指人们在公务活动中形成的档案，其形成主体主要是国家机关或其他社会组织；私人档案是指人们在私人生活中形成的档案，其形成主体主要为个人。

3. 历史档案与现行档案

历史档案是指形成时间较早，离现在较久远，并且主要起历史文化记载作用的档案。现行档案是指形成时间较晚，离现在的时间距离较近而且主要起现实性参考作用，即对人们的现实工作、生活依然有实际作用的档案。

四、档案管理工作的内容

档案管理工作就是用科学的原则和方法管理档案并为社会实践服务的活动。档案业务工作包括收集、整理、检索、鉴定、统计、保管、提供利用等环节。

1. 档案收集

档案的前身——文件，是由单位内各组织机构和个人分散形成的；而社会组织在利用档案时，则要求一定的集中。为了更广泛地发挥档案的作用，就需要挑选文件进行集中保存，这便是档案的收集工作。

2. 档案整理

为了便于保管和利用，就必须对收集起来的档案进行分门别类，并编制检索工具，使之有规可循，这便是档案的整理工作。

3. 档案检索

档案检索工作是指对档案信息进行加工和存储，并根据需要进行查找的工作。档案检索工作是由档案信息存储和档案查找两部分构成的。档案信息存储是档案查找的基础和前提,档案查找是档案信息存储的起因和目的。

4. 档案鉴定

随着时间的推移和社会实践的发展,档案数量日益增多,而有些旧的档案则逐渐失去了保存价值。为了减轻负担,方便管理和检索,使库存档案达到最佳优化状态,最终使有价值的档案能及时发挥作用,就需要对库存档案进行鉴别、挑选、去粗取精,这便是档案的鉴定工作。

5. 档案统计

档案数量多,成分复杂,为了科学地进行收集、整理、保管和有效地提供利用,档案管理部门和档案事业管理部门就要掌握档案和档案工作的基本情况,就要对有关状况进行数量的登记、统计和分析研究,这便是档案的统计工作。

6. 档案保管

围绕档案文件的存取自然会形成档案保管工作,同时,由于自然和社会的原因,档案总是处于渐变性的自毁过程,甚至遭到突变性的破坏。而单位和社会的现实与历史需要,则要求长久地、完好地保存有价值的档案。为了尽可能地延长档案的寿命,就需要对其采取保护措施,进行妥善管理,这便是档案的保管工作。

7. 档案提供利用

单位和社会建立档案的最终目的是利用档案。为此,档案工作人员除要做大量的基础工作外,还要通过各种方式和手段向利用者提供档案和有关资料,这种直接满足利用者需求的工作便是档案的利用工作。

通常人们所讲的档案工作,可称为狭义的档案工作。从广义上说,档案工作是指整个档案事业,它包括档案事业管理工作、档案室工作、档案馆工作、档案专业教育工作、档案科学技术研究工作、档案宣传出版工作和档案国际交往与合作工作等。新中国成立后,我国的档案工作已由解放初期单纯是单位、企业内部工作的组成部分发展成为一项具备全国规模,并依照《中华人民共和国档案法》统一管理的专门事业。

五、档案管理工作的性质和意义

1. 档案管理工作的性质

(1) 档案工作是一项管理性工作。这一方面因为档案工作是管理档案的专门工作,另一方面因为一个单位的档案工作又是其管理工作的具体环节,如对科学技术档案的管理,就是生产管理、技术管理的重要组成部分。

(2) 档案工作是一项服务性工作。通过管理和提供档案资料来为各项工作服务,是档案工作区别于其他服务性工作的特点之一。通过档案服务,一个企业管理效率的提高和技术的进步可以得到有效的推动。

(3) 档案工作是一项机要性工作。任何单位的档案工作都有一定的保密要求,为了维护国家的利益和单位的法定权益,许多档案在一定时间和范围内需要保密。当然,档案的机密性是随着时间的推移而发生变化的,不是一成不变的。

2. 档案管理工作的意义

档案工作,在社会的历史发展过程中,在社会的政治、经济、科学、文化活动中,占有一定的重要位置。对整个社会来说,档案工作是维护国家与社会发展历史真实面貌的重要事业,是国家建设事业必不可少的环节。对一个单位来说,档案工作是重要的基础性工作。

六、档案管理工作的基本原则

《中华人民共和国档案法》第五条从法律高度对我国档案工作任务的基本原则作了规定:统一领导、分级集中地管理国家全部档案,维护档案的完整与安全,便于社会各方面的利用。

(1) 统一领导、分级管理是我国档案工作的组织原则,主要体现在:第一,国家全部档案由各级、各类档案机构分别集中保存。第二,全国档案工作,在各级党委和人民政府领导下,由各级档案事业管理机构统一分层次、分专业负责指导和监督。第三,实行党、政档案工作的统一管理。

(2) 维护档案的完整与安全是档案管理的基本要求。维护档案完整,一方面从数量上,要保证档案的齐全,使那些应该集中和保存的档案不能残缺短少。另一方面从质量上,也就是系统性方面,要维护档案的有机联系,不能人为地将其割裂分散,或者凌乱堆砌。维护档案安全,一方面从物质上保证档案不遭受人为的和自然的损坏,尽量延长其寿命。另一方面,保证档案政治上的安全,即保证档案不丢失、不被盗、不泄密。

(3) 便于社会各方面的利用,是整个档案工作的出发点和最终目的。一切档案机构和人员的设置,一切档案工作制度的建立,一切档案业务工作的开展,都要服从、服务于这个总目标。

第二节 档案收集

档案的收集工作,包括档案室的档案收集工作和档案馆的档案收集工作。这里介绍的是档案室的档案收集工作,具体是指将分散在单位内部有保存价值的文件、材料向单位档案室移交、集中的工作。

档案室的档案收集工作一般是通过文件归档工作完成的。各部门在工作活动中形成的具有保存价值的文件,由单位的文书部门或业务部门整理立卷,定期移交给档案室集中保存,这项工作称为"归档"。

一、归档制度

1. 归档范围

做好归档工作必须明确归档文书的范围。2006年,国家档案局出台的《机关文件材料归档范围和文书档案保管期限规定》(第8号令)规定了文件材料归档的范围。机关文件材料归档的范围主要包括以下几个方面:

(1) 反映本机关主要职能活动和基本历史面貌的,对本机关工作、国家建设和历史研究具有利用价值的文件材料。

(2) 机关工作活动中形成的在维护国家、集体和公民权益等方面具有凭证价值的文件材料。

（3）本机关需要贯彻执行的上级机关、同级机关的文件材料，下级机关报送的重要文件材料。

（4）其他对本机关工作具有查考价值的文件材料。

《机关文件材料归档范围和文书档案保管期限规定》也对机关文件材料不归档范围作出了规定，《中华人民共和国档案法》明确指出规定不得归档的材料，禁止擅自归档。机关文件材料不归档的范围有：

（1）上级机关的文件材料中，普发性不需本机关办理的文件材料，任免、奖惩非本机关工作人员的文件材料，供工作参考的抄件等。

（2）本机关文件材料中的重份文件，无查考利用价值的事务性、临时性文件，一般性文件的历次修改稿、各次校对稿，无特殊保存价值的信封，不需办理的一般性人民来信、电话记录，机关内部互相抄送的文件材料，本机关负责人兼任外单位职务形成的与本机关无关的文件材料，有关工作参考的文件材料。

（3）同级机关的文件材料中，不需贯彻执行的文件材料，不需办理的抄送文件材料。

（4）下级机关的文件材料中，供参阅的简报、情况反映，抄报或越级抄报的文件材料。

企业的文书归档范围与机关文书归档范围类似。国家档案局根据《中华人民共和国档案法》《中华人民共和国档案法实施办法》，结合企业的性质和特点，在2013年制定了《企业文件材料归档范围和档案保管期限规定》，该规定明确指出企业文件材料归档范围是：

（1）反映本企业在研发、生产、服务、经营、管理等各项活动和基本历史面貌的，对本企业各项活动、国家建设、社会发展和历史研究具有利用价值的文件材料。

（2）本企业在各项活动中形成的对维护国家、企业和职工权益具有凭证价值的文件材料。

（3）本企业需要贯彻执行的有关机关和上级单位的文件材料，非隶属关系单位发来的需要执行或查考的文件材料；社会中介机构出具的与本企业有关的文件材料；所属和控股企业报送的重要文件材料。

（4）有关法律法规规定应归档保存的文件材料和其他对本企业各项活动具有查考价值的文件材料。

企业下列文件材料可不归档[①]：

（1）有关机关和上级主管单位制发的普发性不需本企业办理的文件材料，任免、奖惩非本企业工作人员的文件材料，供工作参考的抄件等。

（2）本企业文件材料中的重份文件，无查考利用价值的事务性、临时性文件，未

---

① 在归档范围问题上，机关与企业的规定具有强制性和非强制性规定的区别。如《企业文件材料归档范围和档案保管期限规定》中使用了"可不归档"的表述，而《机关文件材料归档范围和文书档案保管期限规定》中使用"不归档"的表述；前者属于强制性的规定，后者则属于建设性的规定。

经会议讨论、未经领导审阅和签发的文件，一般性文件的历次修改稿、各次校对稿，无特殊保存价值的信封，不需办理的一般性来信、来电记录，企业内部互相抄送的文件材料，本企业负责人兼任外单位职务形成的与本企业无关的文件材料，有关工作参考的文件材料。

（3）非隶属关系单位发来的不需贯彻执行和无参考价值的文件材料。

（4）所属和控股企业报送的供参阅的一般性简报、情况反映，其他社会组织抄送不需本企业办理的文件材料。

（5）其他不需归档的文件材料。

2. 归档时间

所谓归档时间是指文书部门将需要归档的文件向档案室移交的时间。根据《机关档案工作业务建设规范》规定，一般来说，办理完毕的文件应该由文书部门或业务部门立卷后，在次年的6月底之前向档案部门移交。对于某些专业方面的专门文件、特殊载体的文件，或者办公地点比较分散的单位所形成的文件，其归档时间的确定可以灵活掌握。

《企业文件材料归档范围和档案保管期限规定》等相关法律法规并没有对企业文件材料归档时间作出明确的规定，企业在实际操作中可根据企业自身情况另行规定。

3. 归档手续

单位文书部门或业务部门将立好的案卷向档案部门移交时，交接双方要履行签字手续，以作凭证。签字前，档案部门要根据移交目录认真地对案卷进行清点。清点核对后，目录和案卷无差错即可履行签字手续，由交接双方在案卷目录上签名盖章，经签名盖章的案卷目录由双方各保存一份备查。

4. 归档案卷的质量要求

（1）归档文件要收集齐全，遵循文件的形成规律，按照文件之间的历史联系、文件的特征和价值分类立卷，全面、真实地反映本单位的历史面貌。

（2）案卷封面的各个项目应填写清楚，要根据《档案保管期限表》注明每个案卷的保管期限。需要永久和长期保存的案卷，卷内文件应按一定次序排列好，并逐页编号，填写卷内文件目录和卷末备考表。

（3）案卷要按照一定的次序进行系统排列。案卷目录按规定格式编制一式三份，其中一份经档案部门核对签收后退回移交单位。

二、档案装订

1. 整理归档文件

归档文件以"件"为整理单位。一般以每份文件为一件，但是有着紧密关系的两份或多份文件也可以作为一件，如请示与批复、来函与复函等。此外，可以作为一件的情况还有：文件正本与定稿为一件，正文与附件为一件，原件与复制件为一件，转发文与被转发文为一件，报表、名册、图册等一册（本）为一件，来文与复文可为一件。

2. 修整归档文件

（1）修裱破损文件。修裱是指使用黏合剂和选定的纸张对破损文件进行"修补"

或"托裱",以恢复文件的原有面貌,增加强度,延长寿命。其中,修补主要针对一些有孔洞、残缺或折叠处已被磨损的文件,包括补缺和托补;托裱则是指在文件的一面或两面托上一张纸以加固文件。

(2) 复制字迹模糊或易褪色的文件。对字迹模糊或易褪色的文件,一般采用复印的方式进行复制。如传真件字迹耐久性差,须复制后才能归档。但复印件本身也存在耐久性差的问题,如易粘连等,需要采取一定措施加以防范。为减少复印件粘连的概率,复印时墨粉浓度不宜太大,颜色不宜太深,并且最好采用单面复印。

(3) 超大纸张折叠。在实际工作中,某些特殊形式的文件,如报表、图样等,纸张幅面大于A4型和16开型,而档案盒尺寸是按照A4纸张的大小设计的,这就需要对超大纸张加以折叠。折叠的操作要求比较简单,但要注意尽量减少折叠次数,同时折痕处应尽量位于文件、图表字迹之外。文件页数较多时,宜单张折叠,以方便归档后的查阅利用。

3. 装订归档文件

(1) 线装式。从档案保护的角度来看,线装无疑是最好的选择。但除了较厚的文件,"三孔一线"的装订方法已不再适用于文件级管理。现有的常见做法是使用缝纫机在文件左上角或左侧轧边,但这种方式存在针角过密、易造成纸页从装订处折断的问题,设备成本也相对较高。如在文件左上角或左侧穿针打结,操作比较烦琐。如果装订器材能够有所改进,线装仍然是最好的装订方式。

(2) 变形材料。使用变形材料装订,方法简单,但对材质必须有较高的要求。金属制品,如不锈钢夹、燕尾夹等,必须采用质地优良的不锈钢制品,而且必须同时考虑所在地区的气候条件以及库房保管条件,谨慎使用;塑料制品则必须有足够强度,以免年久断裂。要注意,使用金属装订材料的归档文件材料,不能使用微波设备进行消毒,否则可能引起火灾。

(3) 粘接式。一般采用糨糊及胶水粘贴的办法,成本较低。但这种方式存在可逆性差、复印及扫描时不能拆除的缺点,材料的可靠性也有待进一步认证。还有热熔胶封装的办法,但由于成本较高而不易推广。

另外,穿孔式和铆接式方法由于对档案破坏较大,因此不宜用于归档文件的装订。

第三节 档案整理

档案整理工作的一般途径和程序有区分全宗、分类、立卷、排列案卷、编目等。这些也可称为档案整理工作的内容。

(一) 区分全宗

档案整理工作一般是从区分文件所属全宗开始的,只有把属于一个全宗的文件集中在一起,才能根据全宗的具体情况进行下一步的系统整理工作。如果不先区分全宗,将不同全宗的文件混在一起,就不可能或者不能正确地作进一步的整理。全宗是由一个国家机构、社会组织或个人形成的全部档案所组成的有机整体。如一个公司所形成的全部档案可包括：党群、行政、财务和产品、基建、设备、科研等方面的各种门类的档案。一个科学家、文学家、艺术家、教育家、企业家、金融家、社会活动家以及其他知名人士，在其一生活动中所形成的著作手稿、讲话稿、日记、文电、信函和音像材料等均属个人全宗的内容。

（二）分类

对一个立档单位所形成的档案按统一标准分成若干层次和类别，使档案实体形成有序的结构。

1. 常用档案分类法

一般档案，按其来源、时间、内容和形式的异同，分成若干层次和类别，构成有机体系的工作。最常用的档案分类方法有下述三种：

（1）年度分类法。就是根据形成和处理文件的年度将全宗内档案分成若干类别。

（2）组织机构分类法。就是根据文书处理阶段形成和处理文件的承办单位进行分类，即按照立档单位的内部组织机构将全宗内档案分成若干类别。

（3）问题分类法。就是按照文件内容所反映的问题（或称"事由"）将全宗内档案分成若干类别。

（4）复式结构分类法。在实际的档案分类过程中，单纯采用一种分类方法的情况是较少的，多为几种方法的结合运用。这种结合也称复式结构分类法。在工作实践中，一般可以组合成以下八种分类法：

（1）年度—组织机构—保管期限分类法。即先将立档单位内的档案按年度分开，然后在每个年度内再按内部组织机构进行分类，再在组织机构下面按保管期限分类。此种方法适用于立档单位规模较大，年立卷量较多，且内部组织机构虽有变化但不复杂的全宗。例如某城市建设集团全宗档案按年度—组织机构—保管期限分类法分类如下：

1997年　经理办公室　永久、长期、短期
1998年　经理办公室　永久、长期、短期

（2）年度—问题—保管期限分类法。即先将立档单位的档案按年度分开，然后在每个年度内按问题进行分类，再将保管期限放在年度内。在实际工作中，有些单位组织机构变化复杂，或者文件很难区分所属机构。有些单位内部未设分支机构或者虽然内部也设一些机构，但机构职责不明确；加之各机构形成档案的数量差别很大，有的机构（如总经理办公室）形成档案较多，而有些机构（如工会）形成档案很少，难以按年度—组织机构—保管期限分类。在这些情况下，就可以采取此种方法。例如某生产性企业全宗档案按年度—问题—保管期限分类法分类如下：

1997年　行政事务类　短期
1998年　行政事务类　短期

（3）年度—保管期限—机构分类法。如：

1996年　短期　办公室

（4）保管期限—年度—机构分类法。如：

永久　1997年　办公室

（5）机构—年度—保管期限分类法。如：

办公室　1998年　永久

（6）机构—保管期限—年度分类法。如：

办公室　永久　1996年

（7）保管期限—年度—问题分类法。如：

永久　1996年　业务类

（8）问题—年度—保管期限分类法。如：

行政类　1997年　永久

2. 档案分类的注意事项

（1）分类时如何正确判定档案文件所属年度。

一个立档单位的档案，无论是采用年度—组织机构分类法，还是年度—问题分类法，都要首先涉及正确判断文件材料所属年度问题，这是档案分类中一个很重要的问题。对于下面几种情况的文件，应该准确地判定其所属年度：

①文件上有两个以上日期但又不是同一个年度的文件。对此类文件要根据文件的特点，确定最能说明该文件特点的日期作为分类的根据。如法律、法令和条例等法规性文件，以批准日期为根据（公布生效的文件，以公布日期为根据）；指示、命令等领导性文件以签署日期为根据；会议记录以开会日期为根据；计划、总结、预算、决算、统计报表以内容针对时间为根据。

②文件上没有准确日期的文件。对此类文件应运用多种方法去判定和考证文件的准确日期或接近日期。其方法是：分析文件的内容，研究文件的制成材料、格式、字体和各种标记，或者通过与已有准确日期的同类文件进行比较、对照来判定该文件的日期。

③跨年度的文件。此类文件有两种情况：一是一份文件内容跨了两个以上年度。如前一年的工作总结和后一年的工作计划，内容针对两个年度。对此，应以主要内容为根据，判定其所属年度；内容不分主次的，应归入形成文件的年度。五年计划、三年总结、十年规划等文件，属于计划的，归入计划开始的一年；属于总结的，归入总结针对的最后一年。二是一组有密切联系的文件，形成于两年以至于两年以上，如一次会议，前一年年底开会后一年年初结束，这种会议形成的文件，应归入会议开幕年。专门案件形成的跨年度文件放在结案年立卷。

（2）分类时如何正确判定档案文件所属机构。

按组织机构分类时，对涉及几个机构的文件，在一个立档单位内应有一个统一的规定，以便将文件合理而有规律性地分入相应的类别，以便查找起来有规可循。如经本单位党委、党组讨论而以单位行政名义发出的文件，一般应归入行政某机构类；业务机构起草而以单位行政名义发出的文件，一般归入单位的中心机构，也可以归入业务机构；几个机构联合办理的，一般归入主办部门，也可以归入批示"退存"的部门或最后承办部门。

（3）采用问题分类法应注意的问题：

①按文件内容中最基本的问题设置类别，如实反映立档单位的主要面貌。通常要参照单位的职权范围和基本工作职能，根据文件的实际状况而设类，不可随意设类和设

虚类。

②类目体系力求简明，合乎逻辑。类目设置应按全宗大小、立档单位工作任务的繁简和文件的多少来决定。层次不宜过多，类别概念的外延不应与全宗名称的外延等同。同一级各类之间应是平等的并列关系，不能互相包容，彼此交叉。为解决全面性、综合性文件的归类，通常应设总类或综合类。

③要按文件的主要内容有规律地归类。在实际分类过程中，如遇到既可归入甲类又可归入乙类的或归属不明确的文件，应认真研究并认定文件内容的主要问题，归入相应类别。

（三）立卷

案卷是具有密切联系的若干文件的组合体，是档案的基本保管单位。所谓立卷，就是将单份文件组合成案卷的工作。文件立卷有利于维护文件的安全，方便文件的管理，有利于保持文件之间的有机联系，便于查找利用。案卷的组合方法，一般是根据文件不同的特征，将具有某方面共同特点和联系密切的文件综合在一起组成一个案卷。根据文件不同方面的特点，适应不同检索途径和日常管理的需要，人们通常按问题、作者、文种、时间、地区、通讯者六种特征立卷。

1. 按问题特征立卷

按问题特征立卷，即将反映同一问题的文件一同组卷，将反映不同问题的文件分别组卷。例如，××公司将"关于员工薪金、福利问题"的文件材料组合成同一案卷，便是采用此种立卷方法。按问题特征立卷，可以保持文件在内容方面的具体联系，反映出一个问题处理的全貌，便于利用者按问题进行查找和利用。所以，此种立卷方法是运用得最为广泛的方法。

2. 按作者特征立卷

按作者特征立卷，即将属于同一作者的文件一同立卷，不同作者的文件分别立卷。此种立卷方法便于从作者角度查阅利用档案。同时，由于作者的职能和地位不同，按作者特征立卷又能适当区分文件的重要程度和保存价值。因此，该方法也是采用较多的一种立卷方法。

3. 按文种特征立卷

按文种特征立卷，即将种类名称相同的文件一同立卷，将不同种类名称的文件分别立卷。例如，××公司"1998年董事会会议纪要"，就可以按文种特征立卷。文件的种类反映了文件的效能和作用，也能较好地区分文件的重要程度和保存价值。因此，此种立卷方法同样是不可缺少的立卷方法。

4. 按时间特征立卷

按时间特征立卷，即将属于同一个时期或时间阶段的文件一同立卷，将不同时期或时间阶段的文件分别立卷。

5. 按地区特征立卷

按地区特征立卷，即将内容涉及同一地区的文件一同立卷，将内容涉及不同地区的文件分别立卷。此种方法多用于下属单位的某些行文、调查材料或下属单位的来文。

6. 按通讯者特征立卷

按通讯者特征立卷，即将本单位与某单位就某个问题或几个问题的来往文件一同组成案卷。例如，"××公司与××公司就产销问题的来往文书"。需要指出的是，按通讯者特征立卷与按作者特征立卷不同，按通讯者特征立成的案卷，卷内应是两个单位就特定问题相互往复的文件，不应包括这两个单位各自的其他行文。

上述六个特征从不同方面反映了文件的内容和有关联系。但在实际立卷工作中，人们又不能只从文件某一方面的特征去考虑如何组卷，而应该灵活地采取多种立卷方法，做到几种特征的综合运用。例如，题为"北京市××厂1999年厂务会议记录"的案卷，就运用了作者、时间和文种等多个特征。

（四）排列案卷

案卷的系统排列只能在立卷之后才可能进行。立成的案卷，为案卷排列提供了实际对象，而排列又确定了案卷的位置。

（五）编目

案卷目录的编制在案卷排列之后进行。案卷排列为编制案卷目录提供了具体内容，而案卷目录又最后固定了案卷的排列顺序。

第四节 档案保管工作

（一）档案保管工作的主要内容

1. 凭借柜具或库房对档案实施的日常管理

主要包括档案库房的使用与安排，档案及其柜具的有序化摆放和与档案检索、提供、利用等环节密切相关的档案移出、收进等。

2. 对一切可能损毁档案的社会的、自然的因素采取必要的措施

（1）防止档案的损坏。要研究和掌握档案损坏的原因和规律，通过经常性的具体工作，采取专门的技术措施和方法，最大限度地消除各种可能损坏档案的不利因素的影响，把档案的自然损坏降低和控制在最小的范围内。

（2）延长档案的寿命。档案保管工作不应只是一味地防止档案的自然损坏，还要从根本上采取更积极的措施，最大限度地延长档案的寿命。如在文件制作阶段，选用耐久的载体和书写材料；在档案保管阶段，对文件进行复制、修补和采取其他处理措施等。

（3）维护档案的安全。一方面要从物质上保证档案不损坏，最大限度地延长其寿命；另一方面，不因档案保管不当造成档案丢失或内容的泄露而使档案的所有者乃至国家蒙受政治或权益上的损害。

（二）确定保管期限

根据有关规定，我国现行的档案保管期限规定为永久、长期和短期三种。所谓永久

保管,就是将档案无限期地永远保存下去;长期保管,一般指保存16~50年左右;短期保管,一般指保存15年(含15年)以下。保管期限的计算,通常是从文件产生和形成后的第二年算起。

(1)凡是反映本单位主要职能活动和基本历史面貌的,在本单位工作和国家经济建设、文化建设、政治建设、科学研究中需要长远利用的档案,应列为永久保管。它主要包括两部分:一部分是本单位工作中制成的重要文件,如指示、命令、决议、决定、各种会议的重要文件、工作计划和总结、重要的请示或报告以及有关机构演变、人事任免的文件材料等;另一部分是上级单位颁发的属于本单位的主管业务并需要贯彻执行的重要文件,如指示、命令、批复等,还有下级单位报送的有关方针政策的和重要问题的请示、报告、总结等文件材料。

(2)凡是反映本单位一般工作活动,在相当长时间内本单位需要查考的档案,应列为长期保管。主要包括两部分:一部分是本单位工作中制成的,在相当长时间内需要查考的文件材料;另一部分是上级单位颁发的和下级单位报送的比较重要的文件材料。

(3)凡是在较短时间内本单位需要查考的各种文件材料,均应列为短期保管。它主要包括本单位一般事务性的文件材料,上级单位和同级单位颁发的非本单位主管业务但要贯彻执行的文件材料,下级单位报送的一般工作总结、报告和统计表等文件材料。

第五节 档案检索工作

(一)概念和意义

档案检索工作是指存储和查找档案或档案信息的过程。档案检索工作是由档案信息存储和档案查找两部分构成的。档案信息存储是档案查找的基础和前提,档案查找是档案信息存储的起因和目的。

档案检索工作的意义主要在于它是档案提供利用工作的先决条件。一个单位的档案文件达到成千上万卷并不是稀罕事。面对大量的档案,档案提供利用工作并不只是依靠简单的取和放完成的,而是先要通过检索这一关。档案能否及时、准确地提供给利用者,充分发挥其作用,在很大程度上取决于检索工作。检索工作是衡量档案工作水平的一个很重要的尺度,有经验的档案工作者总是不惜时间和精力,认真编制各种检索工具。

在企事业单位的档案部门,所存档案形成时间不长,利用者又基本为内部员工,在利用档案时,能够提供一定的查找线索。因此,这里的检索工具,并不必像档案馆那样详尽完备。只要有案卷目录、全宗文件目录、人名目录和全宗指南等常用档案检索工具就能够满足需要。

(二)常用档案检索工具的编制和使用

1. 案卷目录

案卷目录是以案卷为单位,按照档案整理顺序组织起来的档案检索工具,它是档案部门最基本的、使用较为频繁的一种检索工具（见表5－1）。

表5－1 案卷目录

案卷号		题名	年度	页数	期限
档案室编	档案馆编				

案卷目录在档案管理中有广泛的用途。但是，由于它的查检对象是一组有密切联系的文件组合体，人们对于单份文件的查准率受文件立卷质量制约较大。

2. **全引文件目录**

全引文件目录又称案卷文件目录，是将全宗内文书档案或其一部分卷内文件目录按一定的排列方法（分年度或分保管期限）汇编在一起而形成的检索工具。它是案卷目录与卷内文件目录"合二为一"的产物。其形式有两种：一种是先列出案卷号、题名、年度、页数、期限，随之就在下面标出此卷内文件目录（见表5－2）。

表5－2 全引文件目录

案卷号			起止日期	卷内张数	柜号
案卷标题					
顺序号	文件作者	文件字号	文件标题	文件日期	所在张号	备注

此种方法的缺陷是不能使用已有的卷内文件目录，需要重新填写卷内文件目录。另一种是指明案卷号（在卷内文件目录的右上角），下面再列出这个案卷内的卷内文件目录（见表5－3）。

表5－3 卷内文件目录

案卷号：

案卷标题						
文件号	责任部门	文件	题名	日期	页号	备注

此种方法简便易行，将已使用的卷内文件目录（标有案卷号），复制一套，按照一定的规律装订成册即可。但此种方法未列出案卷标题，检索有一定局限。

全引文件目录的优点是：揭示档案的内容和成分比较具体，无论查找案卷或单份文件都很方便，编制也比较简单，但不便按专题查找档案。

3. **人名索引**

人名索引是揭示档案中所涉及的人物并指明其档案出处的检索工具。人名索引一般由人名和档案号两部分组成。利用者借助人名索引，可以查到记载某一人物的材料。

人名索引从体例上可分为综合性人名索引和专题性人名索引。综合性人名索引是将档案中所涉及的人名都编成索引；专题性人名索引是根据所列专题范围（如任免、奖惩等），对涉及该专题的人名编制索引。人名索引，一般按姓氏笔画、汉语拼音字母顺序或四角号码等方法排列。

4. 全宗指南

全宗指南是以文章叙述形式介绍和揭示档案室所保存的某一个全宗档案内容和成分及其利用价值的一种书本式检索工具。其体例包括以下内容：

（1）立档单位和全宗的历史概况。此部分简要地叙述了立档单位成立时间、人数、机构设置情况、主要领导的配备、立档单位的性质、任务及主要职能活动情况，隶属关系以及全宗历史的沿革等。

（2）全宗内档案内容和成分的介绍。这是全宗指南的主体部分。首先，介绍全宗内档案的构成及数量；其次，以档案内容或以组织机构为主线分别介绍档案情况，突出有价值的内容；最后，介绍全宗内档案的整理（分类、编目）及保管情况。

（3）全宗指南的辅助材料。此部分内容主要包括：关于利用全宗内档案材料的说明（利用方式、服务手段、利用效果），有关立档单位的历史和全宗历史的参考资料情况（自编参考资料的种类、数量），等等。

第六节　信息化档案管理

随着信息技术的发展，现代化办公系统被广泛地运用，通过信息化技术进行文档的管理现已成为文档管理工作的重要组成部分。它不仅能提高文档管理的效率，还大大降低了管理成本。虽然信息化档案管理具有非常多的好处，但是也不能忽视其潜在的安全风险。由于电子文件材料易于复制，传播渠道隐蔽，使得电子文件被私用、被窃取的风险增大；有时候也可能因档案管理人员工作疏忽大意导致重要文件泄露或遗失，导致单位的重大损失，甚至危及国家和社会的安全。因此，运用信息技术来进行档案管理工作要特别关注风险的控制。

信息化档案管理方式与传统档案管理方式在工作原则、程序上大同小异，因此，在此不再赘述。

中华人民共和国档案法[①]

第一章　总　则

第一条　为了加强对档案的管理和收集、整理工作，有效地保护和利用档案，为社会主义现代化建设服务，制定本法。

[①] 中华人民共和国国家档案局：中华人民共和国档案法 http://www.saac.gov.cn/xxgk/2010-02/08/content_1704.htm, 2010-02-08。

第二条 本法所称的档案，是指过去和现在的国家机构、社会组织以及个人从事政治、军事、经济、科学、技术、文化、宗教等活动直接形成的对国家和社会有保存价值的各种文字、图表、声像等不同形式的历史记录。

第三条 一切国家机关、武装力量、政党、社会团体、企业事业单位和公民都有保护档案的义务。

第四条 各级人民政府应当加强对档案工作的领导，把档案事业的建设列入国民经济和社会发展计划。

第五条 档案工作实行统一领导、分级管理的原则，维护档案完整与安全，便于社会各方面的利用。

第二章 档案机构及其职责

第六条 国家档案行政管理部门主管全国档案事业，对全国的档案事业实行统筹规划，组织协调，统一制度，监督和指导。

县级以上地方各级人民政府的档案行政管理部门主管本行政区域内的档案事业，并对本行政区域内机关、团体、企业事业单位和其他组织的档案工作实行监督和指导。

乡、民族乡、镇人民政府应当指定人员负责保管本机关的档案，并对所属单位的档案工作实行监督和指导。

第七条 机关、团体、企业事业单位和其他组织的档案机构或者档案工作人员，负责保管本单位的档案，并对所属机构的档案工作实行监督和指导。

第八条 中央和县级以上地方各级各类档案馆，是集中管理档案的文化事业机构，负责接收、收集、整理、保管和提供利用各分管范围内的档案。

第九条 档案工作人员应当忠于职守，遵守纪律，具备专业知识。

在档案的收集、整理、保护和提供利用等方面成绩显著的单位或者个人，由各级人民政府给予奖励。

第三章 档案的管理

第十条 对国家规定的应当立卷归档的材料，必须按照规定，定期向本单位档案机构或者档案工作人员移交，集中管理，任何个人不得据为己有。

国家规定不得归档的材料，禁止擅自归档。

第十一条 机关、团体、企业事业单位和其他组织必须按照国家规定，定期向档案馆移交档案。

第十二条 博物馆、图书馆、纪念馆等单位保存的文物、图书资料同时是档案的，可以按照法律和行政法规的规定，由上述单位自行管理。

档案馆与上述单位应当在档案的利用方面互相协作。

第十三条 各级各类档案馆，机关、团体、企业事业单位和其他组织的档案机构，应当建立科学的管理制度，便于对档案的利用；配置必要的设施，确保档案的安全；采用先进技术，实现档案管理的现代化。

第十四条 保密档案的管理和利用，密级的变更和解密，必须按照国家有关保密的法律和行政法规的规定办理。

第十五条 鉴定档案保存价值的原则、保管期限的标准以及销毁档案的程序和办法，由国家档案行政管理部门制定。禁止擅自销毁档案。

第十六条 集体所有的和个人所有的对国家和社会具有保存价值的或者应当保密的档案，档案所有者应当妥善保管。对于保管条件恶劣或者其他原因被认为可能导致档案严重损毁和不安全的，国家档案行政管理部门有权采取代为保管等确保档案完整和安全的措施；必要时，可以收购或者征购。

前款所列档案，档案所有者可以向国家档案馆寄存或者出卖；向国家档案馆以外的任何单位或者个人出卖的，应当按照有关规定由县级以上人民政府档案行政管理部门批准。严禁倒卖牟利，严禁卖给或者赠送给外国人。

向国家捐赠档案的，档案馆应当予以奖励。

第十七条 禁止出卖属于国家所有的档案。

国有企业事业单位资产转让时，转让有关档案的具体办法由国家档案行政管理部门制定。

档案复制件的交换、转让和出卖，按照国家规定办理。

第十八条 属于国家所有的档案和本法第十六条规定的档案以及这些档案的复制件，禁止私自携运出境。

第四章 档案的利用和公布

第十九条 国家档案馆保管的档案，一般应当自形成之日起满三十年向社会开放。经济、科学、技术、文化等类档案向社会开放的期限，可以少于三十年；涉及国家安全或者重大利益以及其他到期不宜开放的档案向社会开放的期限，可以多于三十年，具体期限由国家档案行政管理部门制订，报国务院批准施行。

档案馆应当定期公布开放档案的目录，并为档案的利用创造条件，简化手续，提供方便。

中华人民共和国公民和组织持有合法证明，可以利用已经开放的档案。

第二十条 机关、团体、企业事业单位和其他组织以及公民根据经济建设、国防建设、教学科研和其他各项工作的需要，可以按照有关规定，利用档案馆未开放的档案以及有关机关、团体、企业事业单位和其他组织保存的档案。

利用未开放档案的办法，由国家档案行政管理部门和有关主管部门规定。

第二十一条 向档案馆移交、捐赠、寄存档案的单位和个人，对其档案享有优先利用权，并可对其档案中不宜向社会开放的部分提出限制利用的意见，档案馆应当维护他们的合法权益。

第二十二条 属于国家所有的档案，由国家授权的档案馆或者有关机关公布；未经档案馆或者有关机关同意，任何组织和个人无权公布。

集体所有的和个人所有的档案，档案的所有者有权公布，但必须遵守国家有关规定，不得损害国家安全和利益，不得侵犯他人的合法权益。

第二十三条 各级各类档案馆应当配备研究人员，加强对档案的研究整理，有计划地组织编辑出版档案材料,在不同范围内发行。

第五章 法律责任

第二十四条 有下列行为之一的,由县级以上人民政府档案行政管理部门、有关主管部门对直接负责的主管人员或者其他直接责任人员依法给予行政处分;构成犯罪的,依法追究刑事责任:

(一)损毁、丢失属于国家所有的档案的。
(二)擅自提供、抄录、公布、销毁属于国家所有的档案的。
(三)涂改、伪造档案的。
(四)违反本法第十六条、第十七条规定,擅自出卖或者转让档案的。
(五)倒卖档案牟利或者将档案卖给、赠送给外国人的。
(六)违反本法第十条、第十一条规定,不按规定归档或者不按期移交档案的。
(七)明知所保存的档案面临危险而不采取措施,造成档案损失的。
(八)档案工作人员玩忽职守,造成档案损失的。

在利用档案馆的档案中,有前款第一项、第二项、第三项违法行为的,由县级以上人民政府档案行政管理部门给予警告,可以并处罚款;造成损失的,责令赔偿损失。

企业事业组织或者个人有第一款第四项、第五项违法行为的,由县级以上人民政府档案行政管理部门给予警告,可以并处罚款;有违法所得的,没收违法所得;并可以依照本法第十六条的规定征购所出卖或者赠送的档案。

第二十五条 携运禁止出境的档案或者其复制件出境的,由海关予以没收,可以并处罚款;并将没收的档案或者其复制件移交档案行政管理部门;构成犯罪的,依法追究刑事责任。

第六章 附 则

第二十六条 本法实施办法,由国家档案行政管理部门制定,报国务院批准后施行。

第二十七条 本法自1988年1月1日起施行。

中华人民共和国档案法实施办法[①]

第一章 总 则

第一条 根据《中华人民共和国档案法》(以下简称《档案法》)的规定,制定本办法。

第二条 《档案法》第二条所称对国家和社会有保存价值的档案,属于国家所有的,由国家档案局会同国家有关部门确定具体范围;属于集体所有、个人所有以及其他

[①] 中华人民共和国国家档案局:中华人民共和国档案法实施办法 http://www.saac.gov.cn/xxgk/2010-02/05/content_1541.htm, 2010-02-05。

不属于国家所有的，由省、自治区、直辖市人民政府档案行政管理部门征得国家档案局同意后确定具体范围。

第三条　各级国家档案馆馆藏的永久保管的档案分一、二、三级管理，分级的具体标准和管理办法由国家档案局制定。

第四条　国务院各部门经国家档案局同意，省、自治区、直辖市人民政府各部门经本级人民政府档案行政管理部门同意，可以制定本系统专业档案的具体管理制度和办法。

第五条　县级以上各级人民政府应当加强对档案工作的领导，把档案事业建设列入本级国民经济和社会发展计划，建立、健全档案机构，确定必要的人员编制，统筹安排发展档案事业所需经费。

机关、团体、企业事业单位和其他组织应当加强对本单位档案工作的领导，保障档案工作依法开展。

第六条　有下列事迹之一的，由人民政府、档案行政管理部门或者本单位给予奖励：

（一）对档案的收集、整理、提供利用做出显著成绩的。

（二）对档案的保护和现代化管理做出显著成绩的。

（三）对档案学研究做出重要贡献的。

（四）将重要的或者珍贵的档案捐赠给国家的。

（五）同违反档案法律、法规的行为作斗争，表现突出的。

第二章　档案机构及其职责

第七条　国家档案局依照《档案法》第六条第一款的规定，履行下列职责：

（一）根据有关法律、行政法规和国家有关方针政策，研究、制定档案工作规章制度和具体方针政策。

（二）组织协调全国档案事业的发展，制定发展档案事业的综合规划和专项计划，并组织实施。

（三）对有关法律、法规和国家有关方针政策的实施情况进行监督检查，依法查处档案违法行为。

（四）对中央和国家机关各部门、国务院直属企业事业单位以及依照国家有关规定不属于登记范围的全国性社会团体的档案工作，中央级国家档案馆的工作，以及省、自治区、直辖市人民政府档案行政管理部门的工作，实施监督、指导。

（五）组织、指导档案理论与科学技术研究、档案宣传与档案教育、档案工作人员培训。

（六）组织、开展档案工作的国际交流活动。

第八条　县级以上地方各级人民政府档案行政管理部门依照《档案法》第六条第二款的规定，履行下列职责：

（一）贯彻执行有关法律、法规和国家有关方针政策。

（二）制定本行政区域内的档案事业发展计划和档案工作规章制度，并组织实施。

（三）监督、指导本行政区域内的档案工作，依法查处档案违法行为。

（四）组织、指导本行政区域内的档案理论与科学技术研究、档案宣传与档案教育、档案工作人员培训。

第九条　机关、团体、企业事业单位和其他组织的档案机构依照《档案法》第七条的规定，履行下列职责：

（一）贯彻执行有关法律、法规和国家有关方针政策，建立、健全本单位的档案工作规章制度。

（二）指导本单位文件、资料的形成、积累和归档工作。

（三）统一管理本单位的档案，并按照规定向有关档案馆移交档案。

（四）检查、监督、指导所属机构的档案工作。

第十条　中央和地方各级国家档案馆，是集中保存、管理档案的文化事业机构，依照《档案法》第八条的规定，承担下列工作任务：

（一）收集和接收本馆保管范围内对国家和社会有保存价值的档案。

（二）对所保存的档案严格按照规定整理和保管。

（三）采取各种形式开发档案信息资源，为社会利用档案资源提供服务。

按照国家有关规定，经批准成立的其他各类档案馆，根据需要，可以承担前款规定的工作任务。

第十一条　全国档案馆的设置原则和布局方案，由国家档案局制定，报国务院批准后实施。

第三章　档案的管理

第十二条　按照国家档案局关于文件材料归档的规定，应当立卷归档的材料由单位的文书或者业务机构收集齐全，并进行整理、立卷，定期交本单位档案机构或者档案工作人员集中管理，任何人都不得据为己有或者拒绝归档。

第十三条　机关、团体、企业事业单位和其他组织，应当按照国家档案局关于档案移交的规定，定期向有关的国家档案馆移交档案。

属于中央级和省级、设区的市级国家档案馆接收范围的档案，立档单位应当自档案形成之日起满20年即向有关的国家档案馆移交；属于县级国家档案馆接收范围的档案，立档单位应当自档案形成之日起满10年即向有关的县级国家档案馆移交。

经同级档案行政管理部门检查和同意，专业性较强或者需要保密的档案，可以延长向有关档案馆移交的期限；已撤销单位的档案或者由于保管条件恶劣可能导致不安全或者严重损毁的档案，可以提前向有关档案馆移交。

第十四条　既是文物、图书资料又是档案的，档案馆可以与博物馆、图书馆、纪念馆等单位相互交换重复件、复制件或者目录，联合举办展览，共同编辑出版有关史料或者进行史料研究。

第十五条　各级国家档案馆应当对所保管的档案采取下列管理措施：

（一）建立科学的管理制度，逐步实现保管的规范化、标准化。

（二）配置适宜安全保存档案的专门库房，配备防盗、防火、防渍、防有害生物的必要设施。

（三）根据档案的不同等级，采取有效措施，加以保护和管理。

（四）根据需要和可能，配备适应档案现代化管理需要的技术设备。

机关、团体、企业事业单位和其他组织的档案保管，根据需要，参照前款规定办理。

第十六条　《档案法》第十四条所称保密档案密级的变更和解密，依照《中华人民共和国保守国家秘密法》及其实施办法的规定办理。

第十七条　属于集体所有、个人所有以及其他不属于国家所有的对国家和社会具有保存价值的或者应当保密的档案，档案所有者可以向各级国家档案馆寄存、捐赠或者出卖。向各级国家档案馆以外的任何单位或者个人出卖、转让或者赠送的，必须报经县级以上人民政府档案行政管理部门批准；严禁向外国人和外国组织出卖或者赠送。

第十八条　属于国家所有的档案，任何组织和个人都不得出卖。

国有企业事业单位因资产转让需要转让有关档案的，按照国家有关规定办理。

各级各类档案馆以及机关、团体、企业事业单位和其他组织为了收集和交换中国散失在国外的档案、进行国际文化交流，以及适应经济建设、科学研究和科技成果推广等的需要，经国家档案局或省、自治区、直辖市人民政府档案行政管理部门依据职权审查批准，可以向国内外单位或者个人赠送、交换、出卖档案的复制件。

第十九条　各级国家档案馆馆藏的一级档案严禁出境。

各级国家档案馆馆藏的二级档案需要出境的，必须经国家档案局审查批准。

各级国家档案馆馆藏的三级档案、各级国家档案馆馆藏的一、二、三级档案以外的属于国家所有的档案和属于集体所有、个人所有以及其他不属于国家所有的对国家和社会具有保存价值的或者应当保密的档案及其复制件，各级国家档案馆以及机关、团体、企业事业单位、其他组织和个人需要携带、运输或者邮寄出境的，必须经省、自治区、直辖市人民政府档案行政管理部门审核批准。海关凭批准文件查验放行。

第四章　档案的利用和公布

第二十条　各级国家档案馆保管的档案应当按照《档案法》的有关规定，分期分批地向社会开放。并同时公布开放档案的目录。档案开放的起始时间：

（一）中华人民共和国成立以前的档案（包括清代和清代以前的档案，民国时期的档案和革命历史档案），自本办法实施之日起向社会开放。

（二）中华人民共和国成立以来形成的档案，一般应当自形成之日起满30年向社会开放。

（三）经济、科学、技术、文化等类档案，可以随时向社会开放。

前款所列档案中涉及国防、外交、公安、国家安全等国家重大利益的档案，以及其他虽自形成之日起已满30年但档案馆认为到期仍不宜开放的档案，经上一级档案行政管理部门批准，可以延期向社会开放。

第二十一条　各级各类档案馆提供社会利用的档案，应当逐步实现以缩微品代替原件。档案缩微品和其他复制形式的档案载有档案收藏单位法定代表人的签名或者印章标记的，具有与档案原件同等的效力。

第二十二条　《档案法》所称档案的利用，是指对档案的阅览、复制和摘录。

中华人民共和国公民和组织，持有介绍信或者工作证、身份证等合法证明，可以利用已开放的档案。

外国人或者外国组织利用中国已开放的档案，须经中国有关主管部门介绍以及保存该档案的档案馆同意。

机关、团体、企业事业单位和其他组织以及中国公民利用档案馆保存的未开放的档案，须经保存该档案的档案馆同意，必要时还须经有关的档案行政管理部门审查同意。

机关、团体、企业事业单位和其他组织的档案机构保存的尚未向档案馆移交的档案，其他机关、团体、企业事业单位和组织以及中国公民如需要利用的，须经档案保存单位同意。

各级各类档案馆应当为社会利用档案创造便利条件。提供社会利用的档案，可以按照规定收取费用。收费标准由国家档案局会同国务院价格管理部门制定。

第二十三条　《档案法》第二十二条所称档案的公布，是指通过下列形式首次向社会公开档案的全部或者部分原文，或者档案记载的特定内容：

（一）通过报纸、刊物、图书、声像、电子等出版物发表。

（二）通过电台、电视台播放。

（三）通过公众计算机信息网络传播。

（四）在公开场合宣读、播放。

（五）出版发行档案史料、资料的全文或者摘录汇编。

（六）公开出售、散发或者张贴档案复制件。

（七）展览、公开陈列档案或者其复制件。

第二十四条　公布属于国家所有的档案，按照下列规定办理：

（一）保存在档案馆的，由档案馆公布；必要时，应当征得档案形成单位同意或者报经档案形成单位的上级主管机关同意后公布。

（二）保存在各单位档案机构的，由各该单位公布；必要时，应当报经其上级主管机关同意后公布。

（三）利用属于国家所有的档案的单位和个人，未经档案馆同意或者前两项所列主管机关的授权或者批准，均无权公布档案。

属于集体所有、个人所有以及其他不属于国家所有的对国家和社会具有保存价值的档案，其所有者向社会公布时，应当遵守国家有关保密的规定，不得损害国家的、社会的、集体的和其他公民的利益。

第二十五条　各级国家档案馆对寄存档案的公布和利用，应当征得档案所有者的同意。

第二十六条　利用、公布档案，不得违反国家有关知识产权保护的法律规定。

第五章　罚　则

第二十七条　有下列行为之一的，由县级以上人民政府档案行政管理部门责令限期改正；情节严重的，对直接负责的主管人员或者其他直接责任人员依法给予行政处分：

（一）将公务活动中形成的应当归档的文件、资料据为己有，拒绝交档案机构、档案工作人员归档的。

（二）拒不按照国家规定向国家档案馆移交档案的。

（三）违反国家规定擅自扩大或者缩小档案接收范围的。

（四）不按照国家规定开放档案的。

（五）明知所保存的档案面临危险而不采取措施，造成档案损失的。

（六）档案工作人员、对档案工作负有领导责任的人员玩忽职守，造成档案损失的。

第二十八条　《档案法》第二十四条第二款、第三款规定的罚款数额，根据有关档案的价值和数量，对单位为 1 万元以上 10 万元以下，对个人为 500 元以上 5000 元以下。

第二十九条　违反《档案法》和本办法，造成档案损失的，由县级以上人民政府档案行政管理部门、有关主管部门根据损失档案的价值，责令赔偿损失。

第六章　附　则

第三十条　中国人民解放军的档案工作，根据《档案法》和本办法确定的原则管理。

第三十一条　本办法自发布之日起施行。

第六章 会务工作

会议的组织工作是公共管理类专业实习生较为常接触的一项工作。作为实习生可能是会议组织工作的负责人，也可能是作为助理的角色辅助其他同事开展组织工作。无论是哪一种角色，作为实习生应该熟悉会务工作的流程，掌握会议组织与服务的工作方法、技巧，并通过不断实践，积累经验，掌握规律，提高自身会务工作水平。

第一节 会议与会务概述

（一）会议与会务的内涵

"会议"一词在《现代汉语词典》上的解释是：有组织有领导地商议事情的集会。可见，会议是具有一定目标，并且是有组织、有计划的商议活动。在现代，会议已经成为党政机关、企事业单位、社会团体等组织实行集体领导的基本方法之一，已成为各单位日常工作的一种重要方式。在宣传、贯彻、执行党和国家的路线、方针、政策，统一思想，提高认识，进行决策，布置工作，调查研究，交流经验，统筹协调，纠正失误，解决问题等方面都有重要的作用。

当然，这并不意味着会议是解决问题的唯一途径，会议并不是目的，只是一种手段；也不意味着会议越多越好，开的时间越长越好，相反，那种流于形式的会议不如不开。正确的态度应该是：会议不可不开，也不可滥开；既要解决问题，又不能沉溺于"会海"；既要提高会议效率，也要讲求社会效益。2013年，中央政治局召开会议审议并通过关于改进工作作风、密切联系群众的八项规定。规定中明确指出："要精简会议活动，切实改进会风，提高会议实效；开短会、讲短话，力戒空话、套话"。从中央层面来规范会议纪律、改进会议作风来看，足以证明提高会议效率、讲求会议实效的重要性。

会务是会议事务的简称，会务工作即是会议的组织、筹备与服务性工作。它是在限定的时间内人员集中、矛盾集中、政务集中、事务集中的独特的系统工程。召开会议，大多由单位某一个专职部门如秘书部或行政部参与筹备和组织。

会务工作的任务是：会前要认真负责地做好准备工作；会中要严密正确地组织好各项活动，热情周到地搞好服务；会后要妥善地处理一切有关事宜。

（二）会议的构成要素

会议的要素即会议的组成要素，包括会议名称、会议时间、会议地点、会议人员、会议议题、会议方式、会议议程、会议结果等。

1. 会议名称

会议名称是会议的名片，是根据会议主题确定的。会议名称应当揭示会议主题，简单明了。拟定会议名称的方法有两种：一是揭示会议的性质，比如新春茶话会、总经理办公会等；二是揭示会议的主要内容，比如"中共十八大以来党治国理政的理论与实践学术研讨会"等。

2. 会议时间

会议时间是根据会议目的和客观条件所选择的适当时间和会期。会议时间具有两层意思：一是指确定会议在什么时间召开；二是指确定会议召开时间的长短，即会期。确定会议在什么时间召开需要考虑诸多因素，比如会议最适合的季节、参加会议的人员能否有时间出席、会议准备工作是否准备就绪等。会期的长短则取决于会议内容的实际需要以及会议经费的充足与否。

3. 会议地点

会议地点是根据会议的性质、会议的规模、会议的成本等因素确定的。选择会议地点前会务工作人员要做大量的调研工作，并根据会议内容的需要，对交通、会场环境、设备等进行考察。比如召开新产品发布会，就适合选择市区商务型酒店；召开现场会，就适合在有先进性和代表性的地区和单位召开等。

4. 会议人员

（1）会议主持者。

会议主持者是指主要策划、组织会议的人员，包括主办者、承办者、支持单位、赞助单位和协办单位。

（2）会议参与者。

会议参与者指会议的参会人员。参会人员有正式代表、列席人员、旁听人员等。确定参会人员必须考虑两方面的问题：一是会议出席人员的合法性。凡是法定性会议及有关组织章程中涉及的规定性会议，对于会议出席人员的资格和出席人员的法定人数一般都有明确的规定。二是考虑出席人员的必要性问题。以与会议议题关系密切程度确定与会人员，严格控制会议出席人数。

（3）会议辅助人员。

会议辅助人员的职责是负责会议的文字工作和其他事务性工作。他们虽然不是会议的正式人员，但是他们是会务工作的执行主体，会议的效果如何取决于他们的执行力。

5. 会议议题

会议的议题是根据会议主题确定的需要讨论、解决的问题和与其相关的问题。会议议题必须紧扣主题，观点明确，措施具体，具有可操作性。

6. 会议方式

会议的方式是指会议召开的形式特征，一般由会议的内容来确定。常见的会议形式有会场会议、现场会议、电话会议、电视会议、网络会议等。

7. 会议议程

会议议程是会议讨论、解决的议题的程序。议程安排要科学，一般事务性议题、涉及面广泛的议题放在前部，而将机密的、重要的、专项的议题放在后部；酝酿、讨论的议题放在前部，决策性议题放在后部。

8. 会议结果

会议结果是会议所有议题完成的成果。如决策性会议所作出的决定、协调性会议的最终解决方案等。会议结果有些需要以会议文书的形式体现出来，比如：会议纪要、会议决议、总经理办公会议纪要等，要求下属组织认真贯彻落实。

（三）会议种类

依据不同的标准，可以把会议分为不同的类型，以下介绍五种分类方法。

1. 按照会议规模（即参加人数多少）划分，主要有四种

（1）小型会议。人数少则三五人，多则几十人，一般不会超过100人。

（2）中型会议。人数为100人至1000人。

（3）大型会议。人数为1000人至数千人。

（4）特大型会议。人数为数千人至万人以上，例如节日集会、庆祝大会等。

2. 按照会议性质和内容划分，主要有五种

（1）规定性会议。即法定的必须按期召开的各种代表大会。

（2）日常性会议。即领导机关、领导同志贯彻民主集中制原则，实行集体领导，研究和处理日常工作的会议。

（3）专业性会议。即为研究某项工作，讨论和解决某个问题而召开的工作会议和专业会议。

（4）纪念性会议。即为纪念重大历史事件或重要人物、重要节日而召开的会议。

（5）座谈性会议。包括各种各样的座谈会、茶话会、恳谈会等。

3. 按照时间划分，可划分为定期性会议和不定期会议

（1）定期性会议。也叫例会，到预定时间如无特殊情况必须召开。

（2）不定期会议。指视情况灵活掌握，根据需要随时召开的会议。

4. 按照会议阶段划分，可划分为预备会议和正式会议

正式会议是具有正式地位、提供全面的会议和报告服务的会议。预备会议是为正式会议作准备的会议。预备会议在职权和效力上同正式会议有所区别。

5. 按照开会手段划分，可划分为传统会议和新型会议

（1）传统会议。即按传统的形式举办的会议。

（2）新型会议。即指运用了新传播媒介和手段举办会议，新传播媒介和手段主要有电视、卫星、电话、互联网等。新型会议是未来会议的趋势，不仅可以提高会议效率，而且可以大大降低举办会议的成本。

第二节 会前准备

会前进行认真细致的准备，是会议取得成功的前提和基础。会务人员要以高度负责的态度，做好会前准备工作，为成功召开会议打好基础。

会前准备的工作流程是：确定会议主题与议题→确定会议名称→确定会议规模与规

格→明确会议组织机构→明确会议所需设备和工具→确定会议时间与会期→确定与会者名单→选择会议地点→安排会议议程和日程→制发会议通知→安排食住行→准备会议文件材料→制作会议证件→制订会议经费预算方案→布置会场→会场检查。

会前准备的要素主要包括以下方面：

（一）会议安排

开会一般是为了沟通信息、部署工作，有了"问题"或"事情"才开会。开会要有明确的目的和清晰的主题，亦即有了议题才开会。只有个别情况是确定开会之后，才提炼或确定议题的。

（二）确定名称

任何会议，都应当根据会议内容确定会议名称。会议名称应当根据会议的议题或主题来确定。会议名称要体现和强调会议的内容、性质、范围和任务等，同时还要便于会议通知、会场布置、会议记录和会议的宣传报道等。

会议的名称一般包含以下几个内容：会议的主办机构的名称、会议的主题、会议的内容、会议的类型、会议的时间或范围。例如，"××集团经贸洽谈会""××学校×××年教师节表彰大会"。

总的来说，会议名称要用精练的语言高度概括会议的主题和内容，使人一目了然。确定会议的名称一般用全称，会议的正式文件、会议的记录一律写会议全称，会议简报和会议的宣传报道可以用规范化、习惯性的会议简称。

（三）会议的议程

会议议程是对会议议题的顺序安排。一般而言，会议议程由会议主办单位的领导机构来确定。法定性会议的议题和议程必须提交会议的主席团或预备会议表决通过，其他重要会议则按议事规则中的具体规定办理。会议议程主要包括以下内容：

1. 标题

由会议名称加上"议程"二字组成。例如"××集团表彰大会议程"。

2. 题注

法定性会议议程应当在标题下方说明该议程通过的日期、会议名称。题注的内容要用括号括起来，如"（××××年××月××日第一届教职工代表大会第三次预备会议通过）"。一般性会议用括号注明会议的会期，如"（××××年3月26日—3月29日）"。

3. 正文

正文需要简明扼要地说明会议的每项议题和活动的顺序，为使内容清晰地表达，可使用条项式，逐项排列。

会议议程范例：

××公司××新产品鉴定会议程

一、鉴定组织单位主持会议

（1）会议主持人宣布鉴定开始。

（2）介绍与会专家、领导、来宾。

（3）宣布并通过鉴定委员会成员名单，确定鉴定委员会主任、副主任。

二、鉴定委员会主任主持鉴定会

（1）宣布技术鉴定开始，宣读鉴定大纲。

（2）承担单位宣读试制工作总结、技术工作总结、成本及经济社会效益分析报告、质量检测报告、用户使用意见报告。

（3）专家质疑及审查资料，主持人员回答质疑。

（4）鉴定委员会讨论并形成鉴定意见（原则上项目承担单位应回避，需要时可留一人答疑）。

（5）专家组通过鉴定意见。鉴定委员会主任、副主任和成员分别在鉴定意见原稿和鉴定委员会成员名单上签字。

三、鉴定组织单位主持会议

（1）鉴定委员会主任宣读鉴定意见。

（2）被鉴定单位领导表态。

（3）请到会有关领导讲话。

（4）主持单位总结并宣布会议结束。

××公司××××
××××年×月×日

（四）会议的日程

会议的日程是指会议议程在时间上的具体安排。会议的日程不仅要把每项议程安排在一定的时间内，还要安排会议中的其他辅助活动，如聚餐、娱乐、参观、考察、合影等。会议日程的安排要贯彻精简、高效、科学、合理的原则，要做到张弛有度、劳逸结合，以提高会议的质量。

为方便阅读，会议日程一般使用表格式。会议日程安排包括日期、上下午或具体时间、会议内容、会议地点、参加人、主持人或负责人等几项内容（如表6-1）。

表6-1 会议日程表样式

日期	时间	内容安排	地点	参加者	负责人	备注
	上午					
	下午					
	晚上					

（五）会议预算

会议预算是指对会议显性成本的预算。会议预算根据会议的议程和日程安排以及会议规模编制。一般包括：场地租用费、文具与资料费、培训费、聘请专家劳务费、茶水费、交通费、设备租金、食宿费等（如表6-2）。编制会议预算一要本着勤俭节约的原则，尽可能压缩会议的开支；二要有适当弹性，要在经费上留有一定余地，以应付会议中突发的而又必需的开支。

表6-2 会议费用预算表样式

会议名称：					
会议时间：			会议地点：		
参加会议代表：		人（核销费用时必须附有参会人员的到会签名清单）			
公司工作人员：		人（核销费用时必须附有公司工作人员清单）			
会议费用预算表					
资金来源预算					
来源分类	资金来源项目		金额	单位	备注
资金来源	需单位账户转账代付			元	
	需个人现金借款用于支付			元	
	其他方式来源用于支付			元	
	合计：			元	
资金支出项分类预算					

续表 6-2

支出分类	支出项目	预算金额	单位	实际金额	备注
组织费用	办公费		元		
	宣传及专用物资费用		元		
	设备租赁费		元		
	印刷、复印、打印费		元		
	场地租赁费		元		
	会场布置费		元		
	会场筹备所涉其他费用		元		
接待费	住宿费		元		住宿标准为：元/人/天
	餐饮费		元		餐饮标准为：元/人/餐
	参观活动费		元		
	接待用车辆租赁费		元		
	接待所需的其他费用		元		
劳务费	临时雇用人员劳务费		元		
	其他劳务支出费用		元		
设备购置费	办公设备购置费		元		
其他费用			元		
合计：		元			
领导审批意见：					
会议总负责人（姓名/电话）：		制表人：		时间：　　年　　月　　日	

（六）会场的选择

会场是一场会议的载体，选择合适的会场能极大地促进会议的成功举办。选择会场应当根据会议的规模、内容、规格和类型等因素来确定。会务工作人员选择会场时，要从以下五个方面进行考虑：

1. 会场大小要适中

会场的大小必须根据与会人员的数量来确定，会场大小应与参加会议的人数相当，会场过大或过小都会影响会议的气氛和效果。会务工作人员要考虑好每场会议需要安排多少人，有多少场会议要同时进行，需要多少间会议室。一般而言，会场至少应该为与会人员提供能作记录的充足的桌位，同时还要考虑与会人员是否需要进行交流，如果需要则应提供相应的空间。

2. 会场的交通要方便

选择会场，要充分考虑会议主办单位和与会者是否便于前往，太远或交通不便，都会给会议的召开带来诸多不便。选择交通便利的会场，有利于提高会议的效率，减少会务人员的工作量，节省人力、物力和开支。

3. 会场环境要适宜

会场的环境包括气候天气、空气质量、噪声大小、环境绿化等因素。在条件允许的情况下，应当尽量选择气候适宜、空气洁净、幽静安谧的会场，尽可能地为与会人员提供一个良好的环境，以便与会人员集中精力，保证会议取得满意的效果。

4. 会场设施要齐备

会场内设施要齐全，主要是指召开会议所需要的一般设施，如照明设备、音响设备、通信设备、放映设备、电子白板、计算机、打印设备、空调设备、桌椅用具、卫生设施以及必要的安全设备等。举办较高级别的会议还应考虑是否有足够的停车位，是否有足够的电梯，是否有备用设备等。

5. 会场规格要适当

会场规格主要体现在会场的装潢水平、设施档次和服务条件等方面，对会议的开支有着直接的影响。要切实从会议本身需要出发来确定会场的规格，不片面追求会场的规格，切忌小题大做、避免铺张浪费。

（七）与会人员提名

同安排议题一样，决定参加会议的人员的权力在领导，会务工作人员应根据会议议题提出合适的人员名单供领导选择。选择恰当的与会者是决定会议能否达到预期目的的重要因素之一。选择与会者时，必须注意以下四个问题：

（1）参加会议的单位。即明确哪些单位必须参加会议。可参加也可不参加会议的单位不应当列入参加范围。

（2）参会对象的职务或级别。即明确担任什么职务和级别的人员必须参加会议。有的会议必须是正职干部才能出席，有的会议只需要主管人员参加，有的会议则规定必须是一定级别以上的干部参加。

（3）参会对象的身份。即明确每一个对象是按照正式成员、列席成员、旁听成员、特邀成员这四种身份的哪一种来参加会议。对象的身份不同，参加会议的提法也不一样：正式成员称为"出席"；列席成员称为"列席"；旁听成员称为"旁听"；特邀成员则根据具体情况，可以称为"出席"，亦可称为"列席"。

（4）参会对象的代表性。与会者是否具有代表性，是会议能否真正发扬民主、集思广益的关键因素。因此，代表会、专题研讨会、听证会等，应充分考虑参加对象的代表性。确定与会人员是会务准备工作中的一项比较困难而重要的工作，会务工作人员应根据领导的指示和会议的要求，反复考虑、认真核查，并请领导最后认可。

（八）发会议通知

会议内容、时间、地点和与会人员一经确定，就要发会议通知。

会议通知一般可用两种形式，一种是书面通知，一种是口头通知。书面通知正式庄重，具有备忘和凭据的作用。参加人数较多或比较正式的会议，应用书面通知；口头通知常用于内部小型的事务性或例行性会议。

会议通知的内容应包括：召开会议的单位或部门、会议时间、会议地点、主要议题、参会人员范围、需做的开会准备、报到地点与时间、联系人与联系方式、交通状况等事宜。

会议通知的拟写格式一般包括以下几部分：

1. 标题

会议通知的标题有两种写法：

第一种：主办机关名称＋会议名称＋通知。这种写法一般用于重要的会议。如"××市政府办公厅关于召开××会议的通知""关于举办全国×××学术会议的通知"。

第二种：只写"会议通知"或"通知"。这种写法一般用于事务性或例行性会议。

2. 通知对象

通知的对象是单位，写单位名称时可以写特称，如"×××公司"；也可以写统称，如"各直属部门"。通知对象如果是个人，一般直接写与会者姓名。

3. 正文

会议通知的正文一般包括以下内容：

（1）会议的目的、名称和主题。有时可以列出会议的具体议题或讨论的提纲，报告会应当写明报告人姓名、身份和报告内容。

（2）会议的时间。包括开始时间、报告时间、结束时间。

（3）会议的地点。应具体写明会场所在的地名、路名、门牌号码、楼号、房间号、会场名称，必要时画出交通简图，标明地理方位及抵达的公交线路，以方便与会者。

（4）参加对象。如果通知对象是单位，应当在正文中说明参加会议的人员的具体职务、级别以及参加会议的方式（出席、列席等）。有的会议为了掌握规模，通知中还规定每个单位参加会议的人数。

（5）其他事项。如参加会议的费用、报名的方式和截止日期、有关论文撰写和提交的要求、入场凭证（入场券、本通知）、联络信息（如主办单位的地址、邮编、电话和传真号码、网址、联系人姓名）等。

4. 落款

通知落款应写明主办单位的全称，并注明发出通知的日期。有的会议通知还需要附上回执或报名表，一般制成表格，请出席对象填写姓名、性别、年龄、职务或职称、预订回程票的具体要求等项目，以便掌握会议的出席情况，安排接待等事项工作。

会议通知的范例：

关于召开××公司×××××会议的通知

××公司各部门：

为××××××（目的），经研究，定于×月××日（星期×）召开××公司××

×××会议。现将有关事项通知如下：

1. 会议时间

×月×日（星期×）×午×：××—×：××。

2. 会议地点

××会议室（×楼×××）。

3. 参加对象

××.×××，×××××。

4. 会议内容

（1）×××××。

（2）×××××。

（3）×××××。

5. 相关要求

（1）请相关人员作好汇报准备，发言时间控制在××分钟以内。

（2）请各单位、各部门于×月××日×午×点之前将参加会议人员名单报至××公司办公室×××，联系电话××××。

（3）请参会人员提前安排好工作，准时参会，提前×分钟进入××会议室。

××××××

××××年×月××日

（九）与会者的编组

规模较大而且需要安排讨论、审议等活动的会议，应当将与会者分成若干小组。编组有利于提高会议活动的机动性，并使每个与会者都获得发言的机会。

常用的编组方法有：

（1）按与会者所在的单位编组。如机关或企事业单位召开大会，可以按下属的部门或单位分组。

（2）按与会者所在的行业或系统编组。如全市性大会可以分成农业、公交、教育卫生等小组。

（3）按与会者所在的地区编组。如国际性会议可以按大洲分组，全国性会议可以按行政区划分组。

（4）按议题编组。即把会议成员按议题分成若干小组，以便对议题进行深入的讨论和研究。学术性会议常常使用这种分组方法。

（十）布置会场

布置会场是会前准备的一项重要内容，要根据会议的性质、规模、会议类型和议程等方面因素来安排。

1. 会场的整体布局

会场的布局要根据会议的性质、规模和实际需要来定。不同的会场布局，体现不同的气氛、意义和效果，适用于不同的会议目的。会场布局一般有以下几种：

(1) 礼堂式。

礼堂式会场布局（如图6-1所示）的主要特征是主席台和代表席采取上下面对面的形式，突出主席台的地位，整个会场的气氛显得比较严肃和庄重。礼堂式布局一般用于较大的会场，面向主席台的代表席摆放一排排的桌椅，中间留有两条以上、位置较宽的通道。这种布局场面开阔，适合召开大中型的报告会、总结表彰大会和代表大会等。这种会场一般专用于会议，座位固定，因而无法作调整，灵活性不强。

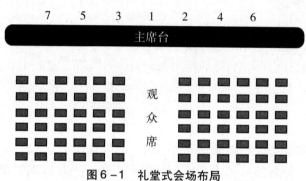

图6-1 礼堂式会场布局

(2) 全围式。

全围式会场布局（如图6-2所示）的主要特征是：不设专门的主席台，会议的领导和主持人同其他与会者围坐在一起。优点是容易形成融洽与合作的气氛，体现平等和相互尊重，有助于与会者相互熟悉和不拘形式地发言；使与会者畅所欲言，充分交流、探讨问题，同时也便于会议主持人及时准确地把握与会者的心理状态和思想动态。全围式布局适用于召开小型会议。

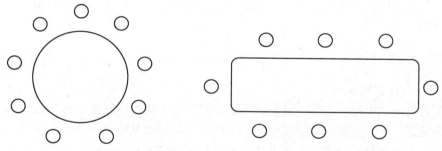

图6-2 全围式会场布局

2. 主席台的布置

主席台是会场的中心，会议与会者瞩目的焦点，因此是整个会场布置工作的重点，必须慎重从事，不可有丝毫差错。主席台的布置应与整个会场的布置协调一致，主要考虑两个方面：

(1) 主席台座位。

主席台的座位一般采用横排式，分为通栏形和分栏形两种，横排的长短和排数根据人数多少而定。主席台每排座位之间、横向座位之间要适当留有距离，以方便领导人入席与退席。

(2) 讲台。

会场设置专门的讲台,有助于突出报告人的地位,显示报告的重要性,也有助于体现会议的庄严和隆重。因此,重要的代表大会和报告会,一般需要设置专门的讲台。讲台一般设在中央,或设在主席台的右侧(以主席台的朝向为准)。设在中央的,位置应低于主席台,以免报告人挡住主席台上就座者的视线。

3. 会场气氛的营造

(1) 会标。

将会议的全称以醒目的标语悬挂于主席台前幕的上端或天幕上,即为会标。正式、隆重的会议都应当悬挂会标。会标的作用在于:一是体现会议的庄重性;二是提示会议的主题和性质,激发与会者的参与感。会标应当简单明了,格调应当与会议的主题保持一致。

(2) 会徽。

会徽即体现或象征会议精神的图案性标志,一般悬挂于主席台的天幕中央,形成会场的视觉中心,具有较强的感染力。会徽一般有三种:一是以本组织的徽志作为会徽,如党徽、国徽、团徽、警徽;另一种是以会议主办机构的徽志作为会徽;三是向社会公开征集,选择最能体现或象征会议精神的图案作为会徽。

(3) 标语。

会场内外适当的标语可以烘托会议的主题,营造会议的氛围,振奋与会者的精神。会议标语的制作应当做到围绕会议主题,简洁上口,具有鼓动性和号召力。

(4) 旗帜、花卉等点缀。

重要的会议应当在主席台会场内外插一些旗帜,以增加会议的庄重气氛。布置适当的花卉,点缀会场,能给人富有生机的感觉,能愉悦人的身心,振奋人的精神,减轻长时间开会的疲劳。

(十一) 安排座次

1. 主席台座次的安排

主席台的座次安排,实际上就是参加会议的领导人的次序安排。这既是一项技术性的工作,又是一个严肃的政治问题,会务工作人员必须极其认真地对待。

首先要请有关领导确定主席台上就座人员的准确名单和身份排列顺序,然后严格按名单安排座次。安排座位时要区分两种场合,第一种是我国官方内部会议,这种会议的座位排列顺序是按照"居中为上,左高右低"的原则。即身份最高的领导人(有时是声望最高的来宾)就座于主席台前排中央,其他领导人则按先左后右(以就座的领导左右为准),一左一右的顺序排列,如此类推。如主席台上就座的人数为偶数,则第一位领导人坐在第二位领导人的右侧,第三位领导人坐在第一位领导人的右侧(如图6-3所示)。

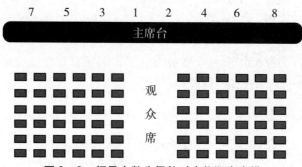

图6-3 领导人数为偶数时座位顺序安排

非官方内部会议，如商务会议、国际会议等，与官方内部会议的左右排序正好相反，是按照"居中为上，右高左低"的原则。这一点一定要多加留意，以免造成混乱。

2. 代表席座次

（1）横排法。

这种排列方法是以参加会议人员的姓氏笔画或单位名称笔画为序，从左至右横向排列。选择这种方法应注意，先排出会议的正式代表，后排出列席代表。

（2）竖排法。

这种排列方法是按照各代表团或各单位成员的既定次序或姓氏笔画从前至后纵向依次排列。选择这种方法应注意，将正式代表或成员排在前，职务高者排在前，列席成员、职务低者排在后。

（3）左右排列法。

这种排列方法是以参加会议人员的姓氏笔画或单位名称笔画为序，以会场主席台中心为基点，向左右两边交错扩展排列座次。选择这种方法时应注意人数。如果一个代表团或一个单位的成员人数为单数，排在第一位的成员应居中；如果一个代表团或一个单位的成员人数是双数，那么排在第一、第二位的成员应居中，以保持两边人数的均衡。主席台和领导同志接见、照相时采用这种排列方法比较合适。

（十二）会议文件准备

会议文件是指适应会议活动需要、体现会议主要精神的文字材料，用于传达会议主旨、目的和任务，反映和记录会议情况。

会议文件的突出特点是：种类多、时间急、要求高、规范严、处理繁。

会议文件可以简单分为会议的主旨文件和其他会议文件。

1. 会议主旨文件

会议主旨文件是会议提供讨论通过的主题文件，用于阐述会议的宗旨、目的、任务和要求。主要有：会议的主题报告、讲话稿；需要审议通过的决议、决定、方案、章程等；领导人的开幕词、闭幕词等。

会议主旨文件大多在会议前准备好，按照参会人员名单装入文件袋。印制的份数应稍多一些，以备万一。重要文件和保密文件必须编号、登记，发放时还要登记。还有一些会议审议的文件，比如工作方案、规划、章程等，须在会前数日分送与会人员审阅，以便其有充足的时间准备，提出意见。

2. 其他会议文件

除主旨文件外，会务工作人员要准备的会议文书还有会议交流的材料、重要的发言稿、会议参考资料、选举的背景材料等。

（十三）会议筹备方案

会议筹备方案也称作会议预案，即会议的计划。会议筹备方案的内容包括：会议召开的缘由依据、会议名称、会议时间和会期、会议地点与条件、会议规模、参会人员与人数、会议议程与日程安排、经费预算及经费来源、会务工作组织与分工、会议的前期准备事项、后勤服务、保卫与保密工作等。

会务工作人员拟写会议筹备方案，首先要落实好方案中的各项内容，拟写要符合方案的写作规范，拟写完成之后要经领导审阅批准后方可依照执行。会议筹备方案的一般格式是：

1. 标题的写法

完整规范的会议筹备方案标题由会议召开单位、会议名称和文种组成。会议召开的单位一般可以省略，如"××市管理学会技术训练研讨会筹备方案"。

2. 正文的内容

（1）会议主旨与会议名称。

（2）会议召开的时间与会期。

（3）会议召开的地点。

（4）出席范围和会议规模。

（5）会议筹备组的组成与分工。会议筹备组一般可以直接分成会务组或会务工作人员处。还可以根据会议的规模，将会务组或会务工作人员处细分成接待组、宣传组、组织组、财务组、保卫组等。

（6）会议的议程安排。

（7）会议的日程安排。

（8）会议材料准备。

（9）会场布置方案。

（10）会议住宿和餐饮安排。

（11）会议经费预算。会议经费主要包括：文件资料费、通信费、场地租用费、设备和用品费、公关宣传费、食宿补贴费、交通费、专家劳务费等。

（12）其他活动的组织安排。

3. 落款

会议筹备方案的落款有两部分内容，一是方案制订单位名称。会议筹备方案一般多由会议承办方拟订，经与主办方协商一致最终确定，落款时可以直接标注承办方，也可以承办方与主办方一同标注。二是时间。会议筹备方案落款时间一般采用汉字小写，标注在右起空四格的位置。

第三节　会中服务

会议能否取得圆满成功，会前准备是基础，会中服务是关键。

会中服务的工作流程是：报到及接待工作→组织签到→做好会议记录→做好会议值班保卫工作→会议信息工作→编写会议简报或快报→做好会议保密工作→做好后勤保障工作。

（一）组织签到和登记

会务工作人员到宾馆或会场出入口处组织与会人员签到和登记。目的在于了解与会人员到会情况，以便会间有针对性地做好服务工作。对于有选举、表决内容的法定性会议，签到尤为重要，它关系到是否达到法定人数、选举及表决结果是否有效等问题。签到有簿式、卡式、表格式三种。

（二）会议记录

会议记录是会议实况的记载和反映。一份完整、简洁、条理清楚的会议记录，可以提供会议活动的原始信息，为形成会议的正式文件打好基础，为总结会议和传达会议精神提供依据。因此，做好会议记录，是会务工作人员会间工作的一项重要任务。

1. 会议记录的格式

（1）会议概况。

会议的概况包括会议名称、届次、时间、地点、主持人、出席人、列席人、缺席人、记录人、记录审核人等，有的会议记录要标注与会人职务，注明缺席人员缺席的原因。这些项目，都应在会议正式召开前详细、清楚地填写好，经常性的例会可以将相关内容制成表格，以提高记录的效率。

（2）会议内容。

会议内容是会议记录的主体，包括会议议题、讲话发言、形成的决议等。这部分记录按会议议程和各项活动的先后次序记录，发言人姓名要写全，会议的决议表述要准确；有表决内容的要写明表决的方式（如口头表决、鼓掌表决、无记名书面表决、网络投票等）和同意、反对、弃权的票数。

（3）其他情况。

如与会者的掌声、笑声，与会者迟到、早退、中途退场以示不满的情况等等。

2. 会议记录的方法

会议记录有三种常见的记录方法：

（1）详细记录。

即要求有言必录，并严格按以上格式的三个方面记录。详细记录用于重要会议，要求会务工作人员熟练掌握速记能力。有时可以由几个会务工作人员同时记录，会后共同核对整理。也可以借助速录仪进行记录。如领导者同意，还可以使用录音的办法，然后根据录音整理。

（2）摘要记录。

即除了会议概况必须详细记录之外，只需要记录会议的议题、议程、发言人姓名、发言的要点、决议情况，会议中的一般情况不必记录。一般性的会议可以使用摘要记录。这种记录方法的关键是要善于抓住发言者的要点。

（3）简易记录。

即除了记录会议概况外，只要求记录会议的议题、议程和会议的结果，不必记发言的内容和经过。简易记录仅限于事务性会议。

会议记录的具体写法请参考第三章第二节《常用公文写作规范》中的"会议记录"内容。

（三）会议期间的后勤服务

1. 会议设备的操作与维护

对于会议使用的音响、照明、通信、录音、录像、通风等设备，应有专人管理，出现问题要有人及时维修，避免会场上出现尴尬场面。话筒要选择合适的位置摆放，如果讲话人较多，应多摆放几组话筒，以免话筒来回挪动。在盛夏或寒冬开会，空调、通风等设备要特别注意，使会场保持适宜的温度和流动的空气。

2. 生活服务

妥善安排与会人员住宿、就餐。作息时间、就餐时间及地点，应在与会人员签到时通知；如会议期间情况有变动，要及时做出安排并通知与会人员；不论大会、小会，会场都要做好热、凉饮用水供应。

3. 车辆服务

做好停车场的调度，适当配备会务用车。

4. 娱乐服务

如果会期较长，可以根据会议日程适当安排娱乐活动。娱乐活动的内容要健康，要为大多数人所喜爱。要考虑费用和交通等问题。

5. 医疗卫生服务

大中型会议人员集中，活动频繁，要注意安排好卫生保健工作。一是要配备必要的专职医护人员，二是要重视饮食环境卫生。

（四）会议集体摄影

与会者集体摄影是许多会议组织工作的必需内容。摄影的目的是留下有价值的资料。会议集体摄影，应根据会议性质及领导的意图，确定摄影的规模，并列入会议日程之中；应事先安排好人员位置，前排就座的领导人，应一一写上名字，其他人员提前按顺序进入摄影位置；摄影现场应设一总指挥，严格按照预定方案统一指挥，以保证摄影秩序有条不紊地进行。

安排集体摄影时还应注意：因为与会人员及相关领导的集中是比较困难的，必须保证摄影一次成功，所以要选择高水准的摄影师和摄影器材；此外，背景的选择，要能体现会议的主题和特点；在相片后期制作中，还要加上会议名称和日期。

（五）会议交通保障

交通保障的主要工作包括：派车管理、用车检查和驾驶员的管理。

会议住址距离会场较远或外出参观时，必须有车辆接送与会代表，车辆数量要充足，以保证出行时间，按时到达和离开。要备有预备用车，以防不测。零星用车，须建立用车制度，规定用车范围和任务，履行批准手续。

服务于会议的车辆，应事前做好安全检查，保证车辆机械性能良好；驾驶员应具备一定的安全驾驶经历和职业操守，做好交通保障。要做好乘车时的管理工作，中大型会议要事先做出乘车安排，并事先将安排发放到每个与会者手中。保障乘车组织有序。

（六）会议的保密工作

对于重要会议，会务工作人员必须对会议进程的各个方面及相关步骤进行必要的保密安排，并会同保卫、保密部门共同制订有关保密措施。

第四节　会后工作

议程的主要内容进行完毕标志着会议议程结束，但会务工作并没有结束。会务工作由会间服务阶段转入了会后工作阶段，工作任务依然很繁重，还需要认真地去完成。

会后落实的工作流程是：安排与会人员离会→撰写会议纪要→会议的宣传报道→会议文书的立卷归档→催办与反馈工作→会议总结。

（一）清理会场和文件

会议结束后，会务工作人员应及时清点整理，物归原位，该退还的退还，该带走的带走；按照物品使用清单，逐一检查，以免丢失。

大中型会议，会议文件很多，会议结束后，会务工作人员要按照文件领取表的登记，点清剩余文件份数，做到登记与发放相符。对于内部文件、机密文件以及其他应收回的文件要及时清退收回，然后逐号核对，经过清点、装袋、封袋、捆扎、装车等手续，运回办公室。

（二）安排与会人员返程

会务工作人员应根据会议的性质、规模、会期和外地与会人数多少及与会人员的事前预约等实际情况及早安排好外地与会人员的回程事宜；要掌握与会人员对离会时间的安排和交通工具的要求，尽可能地提供服务。一般情况下，要按先远后近的原则安排返程机票、车票的预订事宜，要了解各种交通工具的班次、时间等情况，尽早与有关部门取得联系。会务工作人员应编制与会人员离会时间表，安排好送行车辆，派人将外地与会人员送到机场、车站、港口；如有必要，还应安排有关领导为与会人员送行。

（三）会议经费决算

会议经费决算是对会议经费预算执行情况的总结。根据财务工作的规定，要求会议经费决算资料真实、数字准确、内容完整、编制及时。即会议经费决算中汇总的内容都是因会议实实在在发生过的，每一笔花销都是准确的，没有遗漏项目，并能在会后及时呈报会议经费决算报告。

（四）会议纪要的草拟

有些会议结束后，要求以会议纪要的形式将会议精神传达出去。会议纪要是记载和传达会议情况及其一定事项的书面材料，是在会议记录和会议相关文件的基础上进一步分析、概括、提炼而成，是概括会议精神和会议成果的文件。会议纪要对上可以汇报工作，对下可以指导工作，对平级可以互通信息。会议纪要是经负责人签发的会议正式文件，要求简明扼要，观点鲜明，确切地说明事项，不必发表议论和交代情况。

会议纪要的具体写法请参考《公文处理》章节中的"会议纪要"内容。

（五）会议文件的归档

会议结束后，要及时做好会议文件的立卷归档工作。

小型会议的文件，大部分会前已经收集好，会后只需将会议纪录或会议纪要归入卷内，并按会议讨论议题顺序进行整理即可。卷内文件的排列顺序一般为：会议通知、会议议题、会议日程、会议记录、会议纪要及有关文件。有的文件可能经多次修改，几易其稿，立卷时要将原稿放在最上面，然后依次排列第一稿、第二稿等。

大型会议完整的会议案卷应包括以下一些内容：会议正式文件，如决定、决议、计划、报告等；会议参阅文件；会议安排的发言稿；会议上的讲话记录；其他有关材料。[1]

---

[1] 杨锋：《秘书实务》，83~96 页，北京，中国人民大学出版社，2011。

第七章 前台工作

本章谈到的"前台工作"不仅指在单位中接待客户的来访、电话转接等事务性工作,也指党政机关、事业单位等公共部门的政务服务场所的窗口服务工作,即直接面向社会,接待和服务群众的工作,如广州市政务服务中心的窗口服务工作。公共管理类专业的实习生可能会从事党政机关、企事业单位、社会团体等单位的前台工作。一般来说,前台岗位属于单位的基层工作岗位,但是它却是单位的一张名片,是单位的形象代表,前来单位拜访的客人或办事的群众首先接触的很可能就是前台工作人员。在某种程度上,前台员工的素质和形象很能反映该单位的整体员工的素质和单位形象。作为从事前台工作的实习生应该深入了解前台工作的内容和职责,根据前台工作的规范来约束自己和提升自己,使自己成为单位的一张亮丽的名片。

第一节 前台的工作规范

(一) 大方热情

对于企业来说,不管来访者是第一次来访还是常来常往,只要来访者一进门,前台人员就要站起身表示欢迎:"您好!"然后听取来访者的自我介绍。如果对方不是初次来访,你就要尽可能地回忆起他的姓名:"您就是××公司的马龙先生吧?"这样一开始就让来访者从心里感到亲切,被你的热情所感染。

来访者进门后,如果你正在打字,不能一边打字,一边只用目光扫视来访者。即使是正在打电话,也要暂时捂住话筒问候对方。有些前台人员可能会对这种热情有些微词:对于那些常来常往的来访者又何必那么多客套呢?只要有心,意思到了就行,太热情反而会让人感到见外。前台人员必须牢记"礼多人不怪"这一古训!如果你热情周到,即使来访者在心里对你们单位有不满,他也会自我控制。相反,哪怕你只有半点不周,来访者也有可能产生另外的想法。

来访者来访一般都要提前预约。来访者按约前来,你就要迎上前去:"我正在等您,这边请。"把他带到已预备好的接待室。但是,在前台人员值班的时候,也经常会接待一些不速之客。"对不起,请问您预约了吗?"有些前台人员喜欢这样问来访者。这么问来访者很容易让来访者反感。来访者没有预约不请自来,那是他们没有礼貌,但你不能用"你预约了没有?"这种冷漠的方式回敬他。来访者既然上门了,前台人员就得无条件地热情接待,不能因为他们没有预约而怠慢他们。

长期以来,受传统官僚思想的影响,一些前来办事的民众往往遭遇"脸难看、话难听、事难办"的情况,这就严重损害了公共部门的形象。因此,对于党政机关、事业单位等公共部门的政务服务大厅窗口工作更需要工作人员表现得大方热情。中央或各地的党政机关、事业单位等公共部门都制定了相应的服务指南和服务规范，旨在建立引导和规范窗口服务工作人员的行为。如"坐姿端正、自然大方；服务时，热情相迎，礼貌待人"。

（二）提高接待效率

对于企业来说，如果是接待有预约的来访者，事情就比较简单，把他带到事先安排好的会议室，及时通知预约的部门或预约的人就行了。如果来访者没有事先预约，就要详细地问明来访者有什么事，要找谁，马上与有关部门联系。

现在经常有这种现象，前台人员在没有弄清来访者到底找谁之前，就把他带到市场部；到市场部后，市场部的人说来访者的事是销售部负责；当他们来到销售部时，人家又说这方面的工作已移交给客服部……这种来回往返，让来访者感到十分难堪，这实际上是对他的不尊重。因此，在这种没有把握的情况下，最好是请来访者稍等一会，先用电话与有关部门联系一下，这样就可以少碰许多软钉子，来访者也会感受到你的热情。

对于公共部门的政务服务窗口来说，因为可能办事的群众较多，可以采取事先预约（如网上预约）或当场预约（如在自助预约取号机上进行取号预约）的方式进行预约。无论采取哪一种方式，都要做到高效有序，否则会让久等的群众产生不满的情绪。接待群众不得相互推诿，要一次性清楚地告知办事程序或所需材料，能够当场办结的当场办结。

（三）需要"挡驾"的场合

一般来说，单位领导工作较为繁忙，如果不加鉴别地选择接待每一个来访人员，那么领导可能无法集中精神来做决策或处理重大问题。因此，前台人员需要对一些来访者进行"过滤"。除开个别极为特殊的情况，领导在办公室时就应该向领导请示，不能仅仅根据自己个人的判断，就将来访人员回绝掉。如果因各种原因拒绝对方时，也应该注意礼节，因为前台人员代表着单位，他的言行直接影响着单位良好形象的树立。

某些来访者喜欢问领导或同事的手机号码，希望通过电话直接与领导沟通。遇到这种情况，要按单位的规定答复。一般来说，工作电话或工作手机号码是可以告诉来访者，而领导或同事的私人手机号码或家庭固话号码则不要轻易告诉其他人。除非领导与前台人员先约好，哪些来访人员可以知道他的私人手机号码或家庭固话号码，前台人员才可以把号码提供给来访人员。如果是要拒绝对方，那么前台人员就可以这样回答："非常抱歉，不知您是否可以留下您的电话号码，回头我请他回电话给您？"

（四）接听电话时接待来访者

当前台人员在接听电话时遇到来访人员，前台人员应马上向来访者点头致意，并放下话筒向来访者表示歉意："对不起，请您稍等"。如果接待来访者时你的电话铃声响了，这时，你应该对来访者说"对不起，失陪一下"，然后去接电话。如果是单位内部电话，你就说过一会再打过去，尽快结束通话，回来继续接待来访者。在打完电话后应该向来访者道歉说"让您久等了"。

（五）有空无闲

前台值班的主要任务是接待好刚进门的来访者，一般来说这项工作比较忙，但有时也没有来访者，这时前台人员就比较空闲了。前台人员必须牢记，空闲时间不等于是自己可以自由支配的时间。

有些年轻的前台人员在值班时，看到没有来访者，就上网聊天、刷朋友圈，这样就在不知不觉中进入了忘我境界……不知什么时候，抬头一看，来访者已站在自己的跟前。你慌忙站起来，嘴里说着"欢迎，欢迎"，显得狼狈和失礼。前台人员一定要牢记自己的责任，不能给公司的形象抹黑。没有来访者时，可以整理名片、来客登记本，或者把因接待来访者而中断的工作继续下去。总之，前台人员要做到有空无闲，提高时间的使用效率。

××公司前台接待文员岗位职责工作规范

一、如何接待一般来访

对于一般来访者的接待，有以下工作内容：

1. 接待

凡是来访都要热情接待，主动问好让座，问清来访者的单位、姓名和事由。

2. 登记

对来访者的个人基本情况，反映问题的主要内容，来访次数进行详细登记，同时记清来访的时间、来访人数、问题的性质。

3. 接洽

这是接待来访工作的主要内容。

（1）集中精力倾听来访人的陈述。

（2）尽可能详细地作好记录。

（3）为弄清问题进行必要的询问。

（4）明确告知来访人要对反映情况的真实性负责。

（5）向来访人确认所反映问题的主要内容，征求来访人对记录的意见。

（6）向来访人索要书面材料，以作详细了解。

二、前台文员的岗位职责

（1）负责前台各部分的清洁工作。

（2）热情迎接来客，做到主动、热情、大方、平等礼貌地对待每一位来客。

（3）若是事先约好的客人，要确认一下，要问："您是××先生吧？"并将其领入接待室。

（4）如果同时还有别的客人访问其他负责人时要代为接待、引见。

（5）见到没有约好而来访的客人时，要问清客人姓名、公司及来访意图等，再询问上级是否接见，如果同意接见，则将其领入接待室。

（6）负责报刊、信件、邮件的收发与保管。

（7）负责下班后前台电源的关闭和正门关闭。

三、接待文员的岗位职责

（1）负责接待室（办公室）的清洁工作。

（2）按规定要求检查接待室（办公室）的各类设施，发现异常及时报修。

（3）掌握当日的接待任务及抵离时间。

（4）根据规范服务质量要求，切实做好接待服务工作，确保各项工作高效无差错。

（5）对于来访者，无论是何人，首先应微笑礼貌地表示欢迎，热情招呼来访者坐下，给来访者端上热茶。

（6）委婉而迅速地了解清楚来访者的身份、来访目的和具体要求，以便决定接待的规格、程序和方式。

（7）在领导接见重要客人时，根据服务规范要求，做好各项服务工作。

（8）加强责任心，在领导接见过程中，不得离岗，要勤观察，掌握接见状况，及时配合和服务。

（9）严格执行安全和保密制度，不得随便让他人进入接待室。

（10）负责复印各种文件资料。

（11）负责下班后关闭门窗和电源。

（12）负责收发各种传真。

××市行政服务中心工作人员服务规范[①]

为塑造中心工作人员文明、规范、廉洁、高效的服务形象，促进机关行政效能建设，营造良好的投资软环境，根据有关法律法规以及礼仪要求，结合实际，特制定本文明服务规范。

一、服务语言

1. 工作中，提倡讲普通话，语言交流做到文明、简洁、清晰。

2. 接待服务对象时，要用"您好""请""对不起""谢谢""再见"十字文明用语。

3. 坚持"三声"服务，即来有迎声、问有答声、去有送声。办理有关审批手续、证照时，要使用"请稍候，我马上给您办手续""对不起，让您久等了，请问您要办什么业务""对不起，您还缺少××材料，我现在把补办件的清单给您""对不起，根据××规定，您的××不能办理，请原谅""我这里办好后，下一个是××窗口""对不起，您的某项内容填错了，应该这样填写，请重新填写一份好吗""对不起，如果我工作中有失误，请您指正""欢迎您多提宝贵意见"等文明用语。

4. 禁止使用伤害感情，激化矛盾，损害形象的语言。如"我不管，问别人去""别啰唆，快点讲""我还没上班，等会再说""我要下班了，你快点""我刚才已经说过，你怎么还问""你这人真笨""你的记性真差""我就是这样的，你能把我怎么样""你去投诉好了""不知道"等。

[①] 海门市行政服务中心 http://xzfw.haimen.gov.cn/default.php?mod=article&do=detail&tid=245616, 2015-09-22。

5. 服务对象找错窗口（科室）时，要说"请到某窗口（科室）办理"，同时抬手示意。

6. 不得发表违背党和国家的有关路线、方针、政策的言论，不得违反政治纪律；不得制造和散布谣言和小道消息，损害中心形象；不准诬告陷害、恶意中伤他人；不得搬弄是非，影响团结。

二、服务态度

1. 接待服务对象要主动热情，用起立、正视、微笑等方式打招呼。做到"三个一样"，即：群众与领导一个样、生人与熟人一个样、外地人与本地人一个样。

2. 打接电话时，要做到：

（1）打接电话要态度和蔼，用语文明。打电话时应先说"您好"，再说"这里是行政服务中心某窗口（科室）"。

（2）打电话要语言准确、口齿清晰、语音适中，尽量使用普通话。

（3）如有传呼电话，不得在大厅窗口内高声叫喊，而要当面轻声传叫。

（4）打电话一般不超过三分钟，接电话不能主动挂机。

3. 服务对象来咨询有关问题时，要主动热情、耐心周到、百问不厌、百查不烦、解释全面，不准冷落、刁难、歧视。

4. 服务对象提出意见、建议和批评时，要持欢迎态度，耐心倾听，不争辩，做到有则改之，无则加勉。

5. 服务对象出现误解、出言不逊时，要做好政策的宣传和解释工作，不要与其争吵，也不要与其争辩；及时向窗口负责人汇报，予以解决，重大问题要及时向中心报告。

三、服务仪表

1. 按中心的着装规定统一着工作服，有制服的部门人员一律着制服上岗。所有人员上岗时一律佩戴工号卡。

2. 工作时，要仪表端庄，着装整洁、素雅、大方。男士不得留长须、长发、怪发，女士不得浓妆艳抹。

3. 做到规范服务、文明服务。工作时坐姿端正，精力集中，不在窗口吃东西、打瞌睡、抽烟、串岗聊天、打骂嬉闹，不在窗口工作区会客、带小孩。

4. 领导或参观人员前来检查指导工作，应主动、热情地打招呼。

四、服务设施

1. 各窗口应备齐涉及相关事项的法律、法规、政策等文件资料，以便做好宣传与解答。

2. 各窗口的工作服务柜台应备齐办事告知单和填写申请表格的格式样本。

3. 各服务柜台应备好笔、纸、老花眼镜等便民物品。

4. 办公用品按中心统一要求，有序摆放，不得在办公桌面堆放与办公无关的个人物品，做到服务窗口整洁、有序、统一。

5. 窗口自备的复印机须放置在办公室，只用于复印内部资料，不对外提供服务。

五、服务质量

1. 以书面形式一次性告知服务对象其申办事项所需的全部资料。
2. 出具的批文、单据等要表述完整、字迹清楚，准确无误。
3. 按照有关规定和要求，对办理的事项进行即办或承诺办结，尽可能做到早办结、快办结，缩短承诺时限。
4. 对不符合要求或不应办理的事项，要正面耐心细致地说明缘由，讲明道理，并办理退回件手续。
5. 坚持"先外后内""先急后缓"原则，日常工作安排要服从于窗口的事项办理工作。
6. 不以任何形式泄漏或披露未经批准的审批信息（按规定政务公开的信息除外），不私自复制、出售、交换申请人提供的审批资料，不得向他人透露申请人的个人资料信息和隐私，不私自带领非本窗口人员使用审批工作电脑。
7. 坚持原则性与灵活性相结合，做到急事急办、特事特办，努力提高办事效率。

第二节　接待来访者的要领

（一）引领来访者

在将来访者领到会议室或接待室去的时候，前台人员应在距来访者两三步的前面带路。你要走在走廊的边上，请来访者走在走廊的中央。走路时要常回头，确认来访者是否跟上。在拐弯处或上楼梯的地方，要回头看一下来访者并说"这边请"，同时手心向上来给来访者指示方向。如果是外国来访者，要用英语"This way, please"等招呼来访者。

如果要乘坐电梯，在上电梯之前，要告诉来访者"是某某层"。如果电梯上有专门服务的工作人员，那就要让来访者先上电梯。如果没有，那你就自己先进电梯，在里边按住"开门"按钮招呼来访者进电梯。电梯到时，就按住"开门"按钮让来访者先出电梯。

进入接待室等房间时，你应该向来访者介绍"是这里"，然后敲门进去。若受访者已经先进入接待室，敲门时必须说"我带客人进来了"。如果门是向外开，那你就要打开门后请来访者先进去；如果门是向里开的，那你在打开门后自己先进去，按住门把手敞开门让来访者进来，请来访者在上座坐下。

（二）请来访者入座

一般来说，从门口看去，最里面的座位是上座；离门口最近的座位是下座。与单人椅相比沙发是上座。安排座次的基本原则是让来访者坐上座，让地位高的人坐上座。如果接待室摆放的是圆桌的话，那从门口看去最靠里的是上座，上座右手第一个座位是次上座，上座左手的第一个座位是第三位上座，右手的第二个座位是第四位……以此类推，离上座最远的是下座。

（三）给来访者沏茶

给来访者沏茶时应当注意以下几点：

（1）进接待室之前一定要先敲门，但并不一定要等到里面说"进来"才进去。给来访者送茶一般要在主宾双方寒暄和交换了名片之后送进去。

（2）茶杯一定要干净，沏茶之前要确认茶杯上是否有裂口或污渍。茶叶质量要好一点，最好有清香，茶水保持七分满。

（3）送茶先从来访者开始（即使来访者的地位比自己的上司低），按先来访者后本单位的送茶原则。端茶时有人发言也不要紧，但你不能在端茶过程中影响主宾双方的交谈。

（4）不要把茶杯放在烟灰缸旁边。

（5）在给来访者添茶的时候，要先把冷茶撤下来再把热茶端上去。

前台人员在送完茶或办完其他事退出接待室时，要轻轻地把门带上，出门后不要在过道上弄出声响，因为在会谈时，人们对室内外的响声都非常敏感。另外还有一点，那就是在前台人员关接待室的门时，一定要用目光询问一下所有的来访者，看他们是否还有什么事要自己代办。

（四）寒暄

来访者到了之后，上司可能因为打电话或别的什么事情，需要让来访者等一会儿。为了缓解来访者紧张或不耐烦的情绪，前台人员除了给来访者沏茶，拿些杂志报纸等给他们看之外，方便的话可以陪来访者闲聊几句，让对方的心情放松。闲聊时可以聊这些话题，比如天气、气候、兴趣、休闲、新闻报道、工作、职场、出生地、母校、衣服、流行、餐饮、食物、居住地、建筑物等，应尽量避免谈论如政治、宗教、信仰等会造成双方对立或让对方不舒服的话题。

（五）介绍的方法

如果上司与来访者是初次见面，前台人员应负责给双方介绍。

1. 介绍的顺序

（1）先将本单位的人员介绍给来访者，要从本单位的、与自己亲近的、职位低的、年纪小的开始介绍。

（2）先将职务低的介绍给职务高的。

（3）一般来说，先将男士介绍给女士，但在聚会等特殊场合，有时也需要先介绍女士。当需要介绍的人比较多时，需从职位高的人开始依序介绍。人数多可能会很难记住每一个人，你可以事先将必须要介绍的人区分开来，这样会容易记一些。

（4）在互相介绍的时候，口齿要清楚，而且说到姓名时，速度要比平时说话的速度慢一些，以便让那些还没有作好准备的人也能听清。特别是在作自我介绍时，切忌突然这样说："李明。"而应该这样说："我是李明。"以便让对方听清楚你的名字。

2. 介绍的方式

前台人员一般应该用这样的开场白："请允许我为您介绍。"介绍本单位的人员时，原则上用"职位+姓名"的形式："这位是我们公司营销总监张明。"

介绍来访者时，原则上以"姓名+职位"的形式："这位是××公司胡强总经理。"在作介绍时，一定要注意姓名和职位的位置。职位附在姓名后面是一种尊称，表示一种敬意；如果职位放在姓名前，仅仅只起一个介绍职位的作用，并无敬意。

（六）送客

来访者回去的时候，前台人员不一定要专门放下手中的工作去送他。如果来访者路过你的面前，你站起来向他点点头表示一下就行了。如果来访者年纪大了或腿脚不方便的话，那你就一定要上前去扶一扶或送送他。会谈什么时候结束，前台人员应该掌握好时间，待来访者一出接待室，就要马上进去收拾，看看来访者是否遗漏了什么东西。如果有，就赶快给来访者送去。所谓掌握好时间，并不是要前台人员在接待室门口等着，给来访者看到自己要进门整理收拾的样子，这样容易让来访者以为你是在撵他快走。

对于一些重要的来访者如果要送的话，原则上是送来访者到电梯为止。不过根据和来访者的关系以及来访者重要度的不同，程度也会有所不同。无论是送到哪里，基本上要目送到看不见来访者为止。如果一直看得到来访者的身影，至少也必须等来访者走出超过三步远的距离才离开。

具体请参考本书第四章第三节"来宾送别"的内容。

第三节　意外情况处理

（一）领导突然不在

来访者按照约好的时间来访，可是领导因为别的急事要办突然出去了。这时，前台人员应向来访者说明情况，请求谅解，并征求他的意见："请再等一会儿好吗？"或者根据具体情况，把他介绍给有关部门："让市场部的张经理跟您谈谈，您看如何？"总之，不管来访者是愿意等到领导回来再谈，还是愿意跟有关人员谈，都要按照领导事先留下的指示办。

（二）接待不速之客

如果是出门办事，事先就应该与对方约好，这是现代社交中的一般规矩。但是，前台人员对于那些不速之客，绝不能因为没有预约而怠慢他们。首先要把来客领到接待室，弄清来客的姓名、所在的公司、有什么事情，然后立即让有关部门出面接待。如果来客点名要与某某会谈，就应当立即与当事人联系。但是，在联系好之前，不应给来访者肯定的答复，因为当事人有可能不在，也有可能不愿见这位来访者。如果是不愿意见，你就要这样答复来访者："实在对不起，某某现在不在……"这样不至于给来访者留下一个没有诚意的印象。

（三）来访者问领导在不在

如果是素不相识的来访者，当他一进门，你就要这样跟他打招呼："您好，请问您是……"诱导对方作自我介绍和来访的目的。有时来访者不愿说出自己的姓名，只是问领导在不在。遇到这种情况，你不能告诉他领导在或不在，而是要继续问他："请问您是……""逼"他作自我介绍。在这种情况下，来访者肯定会作简单的自我介绍。由于事情机密，他并不一定会介绍自己来访的目的，这时你应让对方先在接待室等候，并热情地对他说："请您稍等一会儿，领导刚刚散会，我帮您去找一找。"以找领导为由去向领导汇报，最后请领导决定是否见这个来访者。如果领导愿意见，就将来访者带到领导的办公室；如果领导不愿见，就说没找到领导，下次再约时间。当然，如果领导不愿见的话，你回到接待室时，一定要先说"让您久等了"，向来访者致歉。

有些素不相识的来访者一进门就问领导在不在并跟你要领导的手机号码。前台人员应跟领导约定好，哪些来访者可以知道，哪些来访者不宜知道。当你遇到那类不宜知道领导手机号码的来访者时，你就可以这样回答对方的要求："非常抱歉，不知您是否方便告诉我是什么事情，让我帮您转达？"

（四）时间已到

按照原定的时间，孙总应该见程先生了，可他与张先生还没有谈完。这时，前台人员最好写一张便条，把程先生的事简单地说一下，进去递给孙总。在便条上最后一定要加一句："还让程先生等多久？"这样，孙总在与张先生会谈的同时，可以对你的请示作简短的指示。

当领导在与来访者会谈时，如果来了紧急电话，也可以用同样的办法来处理。如果这时在便条上写上"怎样答复对方"这样开放性的问题，反而让领导为难，所以只要写上"过多久给对方回电话"这么一句就行了。像上面这种情况，在程先生与张先生两位来访者交替的时候，前台人员一定要注意不能让任何一位来访者产生误解。既不能让程先生有一种被怠慢了的感觉，也不能给张先生一种被撵走的感觉。因此，前台人员在这时候一定不能给来访者们一种厚此薄彼的印象。在给孙总递便条之前，就要对程先生表示歉意："让您等那么久，实在不好意思"，也要对打扰张先生的谈话表示歉意。这样，前台人员在送张先生出来的时候，程先生就不会介意，而张先生也没有被撵走的感觉。如果这一点处理得不好的话，对公司的形象就会有一定的影响。

第四节　接待投诉的来访者

前台人员经常会要接待一些不请自来并且态度不是那么友好的来访者，他们上门的目的大部分是为了投诉，比如对公司产品（服务）不满意或认为销售人员态度恶劣、对机关单位服务质量不满意等。虽然现在一般的单位都已设立专门的机构负责处理来访者投诉，但部门之间相互推诿，不负责任的现象也经常出现；所以，投诉的人进门后一般都会要求见单位领导人。在这种情况下，一般都是先由前台人员出面接待。

在接待投诉时，前台人员说话必须注意策略。如果你简单地这样拒绝对方："对不起，××领导现在不在，至于什么时候回来我不太清楚。"那么，对方反而有可能会更加纠缠不休："他什么时候回来，我就等到什么时候……"因此，不管遇到什么情况，前台人员都要沉着冷静，有一种遇事不慌，应付自如的本事。如果你的热情和周到能让这些不速之客感到心悦诚服的话，那么，你才真正起到一个前台人员的作用。对于那些特别容易冲动的来访者，原则是问题解决得越快越好。如果对方要面见领导，那就尽量让领导出面。如果在这个时候还推诿给有关责任部门，事情只能变得更坏。如果你确认对方是无理取闹，甚至是要无赖，那就要及时向领导汇报，请求采取相应的措施。

在接待上门投诉的来访者时，处理的原则如下：

（1）为来访者创造一个良好的接待环境。在前台那种人来人往且非常嘈杂的地方与对方交涉，不仅影响单位形象，而且对方的情绪也不易得到控制，所以应尽快把来访者带到接待室。

（2）尽量满足来访者的情感需求。来访者都有被赞赏、同情、尊重等各方面的情感需求，前台人员应尽量去理解并满足来访者的这些需求。来访者上门多是受了委屈，如果你对来访者说："今天天气很热，您先喝点水，歇一会儿，慢慢说。"那么来访者听了心里的怨气也就消了一大半。当然，要完全满足来访者所有需求也不容易，这就要求前台人员有敏锐的洞察力，能够了解来访者的需求并加以满足。

（3）针对来访者的投诉，解释并介绍本单位的产品和服务。这就需要前台人员对本单位业务有充分的了解，能满足来访者的专业需求。来访者能够上门，说明他对单位还是信任的，并希望受到专家的指点或认可，这就要求前台人员不断地充实自己的专业知识。因为只有你拥有专业知识，才有可能为来访者提供满意的解决方案，才可能去满足来访者的需求。[①]

---

① 谭一平：《外企秘书实务》，113～121页，北京，中国人民大学出版社，2011。

第八章 调研工作

调研工作是实习生辅助领导获取第一手信息材料，为领导实施管理决策的基本工作方法。众多实习生在实习过程中会接触到调研这类工作。因此，实习生必须了解调研工作内涵、调研程序、调研工作方式与方法，并且要学会撰写调研报告，这样才能做好参谋助手的各项工作，保证领导能够做出正确的决策和指导工作。

第一节 调研工作概述

（一）调研工作的含义

调研就是调查研究，它是党政机关、企事业单位、社会团体等组织了解情况、辅助决策的基本工作方法，也是办公室重要的业务活动之一。

调查研究包括调查和研究两个方面。所谓"调查"，是指通过各种途径，采取多种方法，有针对性地了解事物的客观真实情况。所谓"研究"，是指对调查材料进行科学分析，去伪存真，获取对客观事物本质和规律的认识。调查是为了掌握事实，没有调查就谈不上研究；研究是为了从事实中发现事物的本质和规律，并找出解决问题的办法。调查是研究的前提和基础，研究是调查的发展和深化。[1]

（二）调研的分类

从不同的角度，根据调查研究的内容对调研工作进行以下分类：

1. 基本情况调研

这是指对某区域、某单位或部门的基本情况进行全面的、综合性的调研。这种调研是最基础的调研，涉及面广，内容多，具有普遍性。其目的是在掌握调研对象的全面情况的基础上，制订出有利于全局发展的总体方案，为领导决策提供参考。

2. 专题工作调研

这是针对当前迫切需要了解和解决的某一问题而进行的调研。它相对于基本情况调研而言，要求调研有一定的深度，有针对性，通过对点、面情况的分析，提出解决问题的方法。

3. 典型性调研

这是在对一定范围内的事物总体进行初步分析的基础上，有意识地对有典型性、代表性的单位、个人或事件进行调研，并由个性事物探求共性事物的发展变化规律，用以指导全局。由于调研的对象数量少，可以集中力量进行深入系统的调研，从而得到深刻

---

[1] 马仁杰：《秘书学教程》，309页，合肥，安徽大学出版社，2015。

的认识，但关键是要选准典型。

4. 政策性调研

这是为有关政策的制定而进行的调研，一般可分为宏观全局发展战略政策调研和微观局部发展政策调研。前者主要是由宏观决策机关或部门针对未来中长期发展战略而进行的，旨在为一个较大范围的地区或系统制定宏观战略规划、作出重大决策提供参考依据；调查范围广，涉及的单位和人员多，投入的人力、物力也多，结论的可靠性也大；通常在组织上有统一的领导协调各方面分工合作，共同完成调研任务；作为实习生，参与这样的调研机会不多。后者主要是着眼于眼前的、小范围的、相对独立的、单一的问题，旨在掌握局部情况，找出存在的问题，提出解决问题的具体办法。微观调研可以为宏观调研提供具体的参考资料。实习生参与的政策性调研较多集中于微观领域，因此，实习生应更加注重微观调研技术的学习。

5. 市场调研

这是了解经济发展趋势、经济活动状况、投资前景、市场信息，以及特定企业一定时期的经济情况及生产、销售、技术水平等情况，为领导对经济活动的指导提供参考信息。

第二节 调研程序

调研工作是一项系统的工作，包括准备阶段、调查阶段、研究阶段和总结及撰写调研报告阶段四个阶段。

第一阶段：准备阶段

这是调研工作的起点，要作好调查目的的准备、调查对象的准备、相关知识的准备、组织的准备以及调查所需用品的准备等。

（1）明确目的。调研是目的性很强的工作，因此在调研开始之前就要明确调研的动机、意图和任务，这样才能做到有的放矢。调研的内容一般是当前工作的重点、难点、热点，要抓住有特色、有代表性或预示着事物发展趋势的问题。明确了目的和任务，有利于制订具体的调研计划。

（2）熟悉材料。首先要了解调查对象的基本情况，即对所要去的地点、单位和要接触了解的人员进行初步的了解，以便在调查时能采取适合的方式、方法，取得满意的调查效果。其次是要学习和掌握相关的知识，如与调查内容有关的法律、法规、政策、规定，与调查内容有关的自然科学和社会科学的知识，有关的研究成果、学术观点等。最后是查阅有关的史册、志书、报刊资料、各种报表或总结性材料等。充分的材料准备，是在调研时采取正确的立场、观点和方法的保证，使目的性和方向性更强，比较容易产生由此及彼的联想。

（3）明确分工。要组成一个组织严密、配合默契、精干高效的调研团队。如果是由几个单位或部门联合参与调研，应该确定牵头单位或部门和负责人，并根据人员的特点、素质、水平等进行明确分工，避免互相推诿、效率低下。

(4) 制订计划。制订详细的调研计划是为了增强调研工作的主动性，减少盲目性。调研计划应包括调研目的、要求、对象、范围、时间、方式、方法、步骤、经费、注意事项等内容。为了使调研人员按照统一的线索和要求展开调查，避免在收集材料过程中出现杂乱无章的情况，还要求拟订调研提纲，列出总论题、分论题和调研细目，以及各项材料的来源和获取方法等。

第二阶段：调查阶段

这是调研工作的关键环节，其任务是按照调研计划和调研提纲，运用各种调查方法和手段，深入调查，了解情况，以尽可能多地获得所需要的材料，为下一步的研究工作打下良好的基础。要获得真实、系统的第一手资料，首先必须扎扎实实地深入基层，放下架子，到群众中去，与群众打成一片，讲究方式、方法；使群众有话愿讲，有话敢讲，这样就容易了解到真实的情况。

其次，要根据需要随时调整工作计划。虽然事先制订了调研计划和提纲，但难免有与实际工作进程不符之处，因此要根据实际情况灵活、适当地调整调研计划和提纲，以适应调研工作的需要。

此外，在调查阶段要边调查边研究。在了解情况的各个阶段都可以对所得到的材料进行初步的整理分析，以便于及时调整思路，纠正偏差，使调研工作沿着正确的轨道向纵深发展。

第三阶段：研究阶段

这是体现调研成果的阶段。调查阶段的工作，要通过研究阶段才能成为成果，这一阶段的工作有三项：

（1）整理材料。要对所收集到的情况，进行"去伪存真，去粗取精"的工作，也就是对材料予以鉴别、筛选、核实、整理，使之条理化、系统化。

（2）分析研究。要运用多种思维方法，对经过整理的材料再进行"由此及彼，由表及里"的思维加工，对材料进行分类、比较、分析、综合、提炼；揭示事物的本质，发现事物的联系，预示事物的趋势，从而提出有充分依据的、正确的、切实可行的意见和建议。

第四阶段：总结及撰写调研报告阶段

要将调查研究的情况、内容、结论、意见和建议等以文字的形式反映出来，这是调查研究的最终成果体现。调研报告的具体写法将在本章第四节"调查报告"另述。

上述调研过程与内容可归纳为图 8-1。

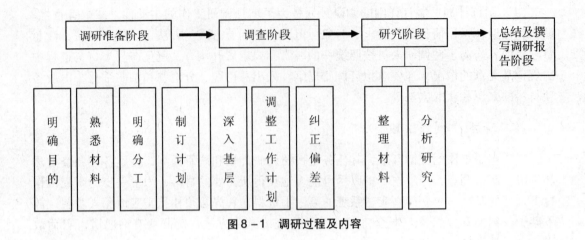

图8-1 调研过程及内容

第三节 调研工作的方式与方法

(一) 调查的方式与方法

科学地选用调查方式和方法是得出真实结论、作出科学决策的前提。调查的方式和方法是多样化的，在实际工作中，要注意综合运用。

1. 常见的调查方式

(1) 全面调查，即普查，是指在一定范围内，对所有调查对象进行全面的调查。它的优点是可以获得全面、系统、完整的资料，准确率高，误差小；缺点是工作量大，花费较多的人力、物力和时间，进行的难度较大，而且不能漏掉任何一个对象，否则会影响调查结果。

(2) 典型调查，即在总体对象中，选择有普遍性、代表性的典型对象进行调查，获得资料，从而推断出一般规律的调查。运用此法，关键在于准确地选择典型。如果选出的典型不具普遍性和代表性，而具有特殊性，那就会导致将特殊规律当作普遍规律，得出不真实、不全面的结论。在选择典型时，要尽量克服调查者的主观倾向。

(3) 抽样调查，即从调查对象的总体中，随机抽取一部分对象作为样本进行调查，通过对样本的调查统计结果来推断总体情况。这种方式介于全面调查和典型调查之间，它比全面调查更简易，比典型调查更客观，在普查的对象太多无法进行时，它常被用来代替普查，可以省时省力。由于抽查一般是按随机原则抽取样本，排除了调查者主观因素的干扰，因而调查结果比较客观。它的结论是运用数学计算方法计算出来的，便于对调查总体作定量分析，对总体的推断较准确。但它不能取代典型调查，因为它不太适宜作定性调查。进行抽样调查，必须有足够数量的样本，才能保证结论的精确度。

(4) 重点调查，是指对事物的总体数量中占主体优势的对象进行调查，从而掌握事物的总体状况。这种方式的优点是选择重点对象，不必全面调查，可以省时省力，但缺点是得出的结果只是代表大体情况。重点调查法与典型调查法的不同之处在于前者重在定量调查，其对象的数量具有主体性；后者重在定性调查，其对象的属性具有代表性。

2. 常见的调查方法

（1）实地调查法，就是调查者通过到现场进行实地考察来收集材料的方法。用实地调查法，调查者身临其境，对调查对象和事件耳闻目睹，能获得直接的、生动的、具体的第一手材料，如对事故、灾情的调查宜用这种方法。但是，因为这种方法主要是靠调查者对事物的观察和分析，易受到诸多主观或客观因素的影响和干扰，所以对调查者的观察能力和分析能力有较高的要求。

（2）访谈调查法，就是通过对被调查人的访谈来收集材料的方法，通常有个别访谈和开座谈会两种形式。

个别访谈，就是调查者对特定的被调查者个人进行访谈。这种方法比较灵活、容易操作，适用于被调查者人数较少且调查内容不宜公开的调查。但由于被调查者容易受当时的心理、情感等因素的影响，调查者获得的信息往往带有明显的主观色彩，要注意加以鉴别。运用这种方法，要选择客观公正、有责任感、有明辨是非的能力的知情者作为访谈对象。在谈话过程中，要尊重被调查者，要掌握提问和交谈的技巧，让对方以轻松自然的心态说真话、道实情；切忌以居高临下的姿态来发问，使对方有被"审问"的感觉。

在客观条件允许，而且访谈的内容无保密性，又需要博采众议来收集材料时，可以采用开座谈会的形式。这种方法相对来说可以节省时间、人力、物力，而且在公开场合发言可以减少情绪化和主观化，有利于大家相互讨论，相互补充，相互印证，集思广益；也容易发现新的问题，使调查不断深入，获得的材料比较全面、客观，得出的结论比较可靠、有代表性。运用这种方法，首先要确定好参会的人选和人数，要选择善于表达并敢于当众说话、有一定的代表性的知情者参加座谈会。人数要适中，太多了不易控制会议，且时间上难以保证每个人都能畅所欲言；太少了又失去"会议"的意义。其次，要事先让与会者明确调查目的和内容，使之在思想上有所准备，利于提高会议效率。对与会者要持尊重、信任的态度，要注意引导其发言，但不要当场表态和评价其发言。对个别有思想顾虑而未能尽言者，会后可个别交谈。最后，要注意掌握会议的节奏和火候，在冷场时要善于引导启发，在偏离主题时要善于抓住中心，在众说纷纭时要善于把握实质，且要善于发现新问题，敏锐地抓住容易疏漏的细节。

（3）问卷调查法，就是通过向调查对象发放问卷并对答卷进行分析来收集材料的方法。这种方法可以节省时间、人力和经费，对调查对象的覆盖面广，不受时间和空间的限制；因是无记名答卷，调查对象可以抛开顾虑作出真实回答，避免调查者的主观偏见，能减少人为误差，收集的信息较客观、真实；事先制作的统一的问卷，可以按调查者的思路来设计，也便于进行定量处理和分析，从而获得较理想的材料。但这种方法不够灵活，提问的数量、范围都有限，调查对象的思路受到一定的局限，问卷的回收率难以保证，答题质量受到调查对象的思想觉悟和文化水平等因素的影响，所获得的材料不如实地调查法、访谈法所获得的材料那样生动、丰富。

进行问卷调查能否取得满意的效果关键在于问卷的设计。常见的问卷类型有：①封闭式问卷，也叫固定式问卷，即题目类型是选择题或是非判断题。调查对象只需在限定的范围内选择答案或作出判断，虽便于回答、统计、分析，但不利于自由发挥，无法调查特殊情况。②开放式问卷，也叫自由式问卷，这种形式的提问没有固定的答案。调查对象可以自由发挥，各抒己见；但对这些问题的答案的统计、整理会增加一些难度，一般在需要了解调查对象对某个问题的具体观点、意见和愿望时采用这种方式。

在实际应用中，通常一份问卷由封闭式题型和开放式题型构成，这样可避免这两种题型单独使用时的缺陷。

问卷的结构包括以下内容：①填写说明，包括对调查的目的、意见、内容、方法的说明，请求支持、合作的希望，对答卷的要求、注意事项及有关情况的说明等。②问题和答案，是问卷的主体，包括固定式问题和自由式问题及其答案。③相关信息，包括调查对象的姓名（也可不署名）、性别、职业、联系方式等，问卷发放和回收日期、回收方式等。

（4）文献调查法，就是通过查阅有关文献资料来收集信息资料的方法。用这种方法能在短时间内收集到大量的资料，可以了解到有关工作或事件的背景及其来龙去脉，为整个调研工作提供先导帮助或起到辅助作用。但用这种方法获得的资料是书面的、间接的，只能作为参考。文献资料包括统计资料、志书年鉴、报纸杂志、档案资料、综合材料等。

（二）分析研究方法

1. 综合归纳法

归纳法是一种由一系列具体的事实概括出一般原理的逻辑推理方法，也就是从特殊到一般的过程。综合归纳法就是把研究对象的各个方面加以综合考虑，得到具有普遍性和一般规律性的结论，从而在整体上把握事物的本质和规律。运用这种方法，要注意不能把事物的各个部分、各种因素等简单相加，而要从纷繁复杂的事物中发现其共性。

2. 比较法

比较法包括对比法和类比法两种。对比法就是比较两种或两种以上的同类事物，从而辨别出其异同的方法。运用这种方法，要尽可能把所涉及的各种情况都摆出来，反复权衡，纵横比较，这样才能得出全面、客观、公正的结论。类比法是比较两种相似但不同类的事物，根据其在某些特征上的相似，得出它们在其他特征上也可能相似的结论的一种推理方法。类比推理是一种或然性的推理，其结论是否正确需要实践证明。

3. 定性、定量分析法

定性研究是指对某一社会现象或事物以现有的文献资料或经验材料为依据，运用演绎、归纳、比较、分类、矛盾分析等方法，根据社会现象或事物的特有属性和运动变化中的矛盾性进行研究的一种研究方法。其特点是：多运用典型调查方法来获得资料，并以此为主要依据获得结论；可以从纷繁复杂的事物中探寻其本质特征和要素，从个别的、典型的材料中得出结论；所得出的结论多具有概括性或概貌性。

定量研究是运用概率、统计原理对社会现象的数量特征、数量关系和事物发展过程中的数量变化等方面进行研究。其特点是：在实地调查收集资料方面，强调运用抽样技术选择样本；在对样本进行调查研究中，运用变量、操作、假设、检验等概念和方法对一些社会现象进行量化研究；它是为认识社会现象的不同性质提供量的说明，由此来了解事物的性质，或者了解某一社会现象各要素之间量的关系。定量研究是一种科学的方法，对于认识社会现象的规模、速度、程度等数量的变化和数量关系具有重要意义。

社会现象不仅具有质的规定性，而且还有量的规定性。质的规定性是说明事物是什么，量的规定性则是说明多少的问题。只有对社会现象进行定性和定量的研究才能正确认识某些事物。定量研究虽被广泛重视，但有些社会现象还无法进行定量研究，有些社会现象也只能进行粗略的定量研究，精确程度不高。因此，社会调查研究类型的发展趋势是定性和定量研究相结合，从定性出发，经过量化过程，再返回到定性，以达到正确认识社会现象的目的。[1]

第四节 调查报告

（一）调查报告的概念

调查报告又称"考察报告"，是对某些客观事实及现象进行深入细致的调查研究后，对所得的数据、资料等相关材料进行综合分析与系统整理，并将调查结果以书面形式向上级部门及广大群众汇报的一种文体。

调查报告广泛应用于党政机关、企事业单位及社会团体之间，常常还带有一些意见或建议，因而又成为公务文书的重要附件；虽不具有行政效力，但已被普遍视为"机关事务文书"和"管理应用文"。至于我们经常见到的"调查汇报""调查与思考""情况调查"等，也属于调查报告的范畴。

（二）调查报告的功能

1. 决策和指导作用

没有调查就没有发言权。领导管理部门要想做出正确的决策，必须以深入细致的调查为前提，这就深刻地揭示出了调查报告对决策和指导工作的巨大影响。在我们的经济建设新时期，各种新现象、新情况不断出现，一篇优秀的调查报告可以帮助决策部门获得高质量、高层次的信息，为其进行决策提供依据。

2. 揭露和关注作用

某一工作或某一行业中出现的重大问题可通过调查报告的形式进行深入研究。通过分析其产生的原因，以及危害性引起社会的关注，起到警示和教育的作用，有利于公正地解决问题。

3. 宣传和推广作用

调查报告可以把某些地区、单位或个人的先进经验介绍和推广到更大的范围，指导和推动工作。还可以全面地反映新生事物的产生与发展规律，揭示它的现实意义与价

---

[1] 胡亚学，郝懿：《秘书理论与实务》，103～107 页，大连，东北财经大学出版社，2007。

值，为新生事物的健康顺利发展提供平台。

（三）调查报告的特点

1. 真实性

实事求是，一切从实际出发，是调查报告的根本要求。调查报告中运用的事实、数据和材料越真实，得到的结果越具有说服力。所以，调查报告强调须对有形事实（如具体的事件、有形的数据）要做到调查清楚、核对无误；对无形事实（如社会舆论、大众心理状态）要做到真实可信，切忌随意编造。

2. 针对性

调查报告必然是展开有针对性的调查，及时传播工作中出现的新经验，反映行业中出现的新情况，揭露社会中出现的危害国家和人民利益的重大问题。基于这样的目的，调查报告要反映的内容、要写的内容就成了首要解决的问题。只有明确了调查目的，选好切入点，写出的报告才有针对性，才能更好地为决策部门服务。

3. 典型性

调查报告的典型性表现在不论它是揭露问题还是推广经验，都必须选取有代表性的事件。要揭露事件，就要深刻指出它对人们生活或行业发展可能带来的严重影响和后果；要推广经验，就要深刻表明它的先进性具有典型意义，可以得到广泛的认可，成为指导人们行为、思想、工作的规范。

4. 评析性

评析性就是对事实的评价和分析。调查报告是一种介于通讯报道和评论文章之间的文体，所以在写法上要叙议结合，夹叙夹议。它要求准确地叙述事实，从事实材料中提炼出观点，揭示事物的规律，得出科学的结论。这就需要对报告中的事实材料、问题成因等内容进行议论，展示调查报告评析性的特点。调查报告的评析议论不同于一般的议论文，通常它不需要展开完整的论证，只需画龙点睛，点到即止。

（四）调查报告的类型

调查报告分类较多，常见的分类有以下几种：

1. 五分法

这种划分方法分为：基本情况调查报告、揭露问题调查报告、典型经验调查报告、新生事物调查报告和历史事实调查报告。

2. 三分法

这种划分方法分为两类：第一类有典型经验调查报告、揭露问题调查报告和综合分析调查报告；第二类有专题调查报告、综合调查报告和典型调查报告。

3. 两分法

这种划分方法又可分为四类，即四种"两分法"：第一类包括专题调查报告和综合调查报告；第二类包括评述性调查报告和资料性调查报告；第三类包括评述性调查报告和报道性调查报告；第四类包括典型事件调查报告和典型经验调查报告。

结合写作实际和调查报告的内容及功能表现特征，本书将调查报告分成如下三类：

1. 情况调查报告

这类调查报告重点在于反映某一地区、某一行业或工作中的基本情况与发展状况，帮助人们认识社会发展的规律，为上级机关研究问题、制定政策提供依据，侧重于"面"上情况的介绍。

2. 经验调查报告

这种调查报告着重总结经验，探寻规律。主要通过介绍典型经验产生的背景，具体实施办法和产生的成效，以起到以点带面，推广经验，指导全局工作的作用。调查对象有一定的独创性和成功性，一般都是行业的典型。与情况调查报告相比，它侧重于"点"上的经验介绍。

3. 揭露问题调查报告

这类调查报告是通过大量的事实材料，揭露现实生活中的某一重大问题，指出它的严重性及给人们生活带来的影响，借此引起人们的重视与关注。调查报告中要注意分析问题产生的原因，总结教训。

（五）调查的方法

调查的方法多种多样。从调查报告调查的层面来看，基本调查方法的互补、交叉、配套、组合等，显然需要优势互补，从而搞好调查。

1. 普遍调查

这是一种专门组织的、一次性的全面调查，又简称"普查"。即选定某一地区、某一单位、某一生活的层面，进行全面的调查，进而得到较为真实的结果，但它所需的人力、物力、财力都很大。

2. 典型调查

典型调查是调查研究的又一基本方法。它主要是根据调查目的，选择有代表性的对象进行调查，并以典型带动一般，以点带面，对调查的结果进行分析，如走访调查、专门定向调查、实验法调查等。

3. 抽样调查

按照随机原则，从整体中抽取部分单位（抽样总体）进行观察，借此来推算总体情况的方法，如座谈会调查、电话调查等。

4. 现场调查

通过深入现场对事物、现象进行分析，并深入生活获得第一手资料，如现场询问调查、现场巡回调查、现场补充调查等。

5. 书面调查

它是采用书面形式来掌握调查内容，并反映调查结果的方法，一般是无记名式的，可以使被调查者无所顾忌。如调查表统计调查、信访形式调查、资料调查、网上问卷调查等。

（六）调查报告的结构

1. 标题

调查报告的标题分为公文式标题和新闻式标题两种。

（1）公文式标题。一般由调查单位、调查内容、文种三要素构成，如《××局关于2016年××大学就业的调查报告》。其中调查单位可以省略，如《关于2016年××大学就业的调查报告》等。

（2）新闻式标题。题目要新颖、准确，能概括出文章的主要内容，揭示主题思想，如《网络已成当前青少年最主要的娱乐方式》。另外，还有一些调查报告的题目由正标题和副标题组成。一般正标题要能揭示文章的主旨，副标题则点明调查范围、文种，如《有利可图，不惜牺牲百姓健康——××市医药股份有限公司的调查》等。

2. 正文

（1）开头。正文的开头部分，又称导语或引言，一般都要简明扼要地介绍一下调查的时间、地点、调查对象、范围及采取的方式。常见的导语方式有提问式、内容概括式或议论式、引用式等。

（2）主体。正文的主体部分要求材料丰富、证据确凿、论证严密、观点鲜明。为了合理地组织材料，做到条理清晰，层次分明，常用的行文方式有以下三种：

①纵式结构。指以时间发展为序组织材料、安排内容。这种方式便于读者对事件的起因、经过、结果有全面地认识。

②横式结构。这种方式是以事件的性质为依据，将调查对象从不同角度加以分类叙述。这些不同的类别，既相对独立又互相联系，共同支撑着文章的中心观点。

③纵横式结构。这种方式是以上两种方式的组合。它总体上按照纵式结构叙述事件的发生、发展脉络，同时针对其中的重点环节或问题，用横式结构分角度讨论，适用于内容丰富、牵涉面广的调查报告。

3. 结尾

作为全文的结束语，调查报告的结尾一般要求简洁有力。常见的结尾方式有以下三种：总结全文，深化主题；给出建议，指明方向；表明决心，展望未来。也可以不要结尾。

4. 署名

调查报告一般要求署名，可以写在标题的下面，也可以写在正文结尾处的右下方。

（七）调查报告的写作要求

1. 深入调查，点面结合

作好调查报告的第一步就是要进行调查，占有大量的第一手资料，没有这些就写不出有价值的调查报告。调查前要明确调查的对象与目的，确定好调查的方法。在调查中要不怕困难，吃苦耐劳，尽量搜集与调查对象相关的各方面材料，这样的调查报告才可信。

2. 分析材料，抓好典型

调查报告要对收集到的原始资料进行整理与筛选，找出其中最有代表性和概括性的材料，即典型材料。观点来源于材料，只有从这些典型材料中提炼的观点才是准确的，有说服力的。

3. 用词精当，叙述明白

在调查报告的写作中，选词要精练恰当，要善于用简要的议论总结经验，阐明规律。叙述要清楚明白，不要朦朦胧胧，不能似是而非。[①]

[①] 周小其：《经济应用文写作》，76～80页，成都，西南财经大学出版社，2012。

第九章 实习报告写作指导

实习,是大学教育阶段教学计划中非常重要的一个环节,是对在校大学生大学阶段学习效果的一次大检阅,同时又是大学生对未来工作内容及程序的见习和预演。它要求学生把数年来所学的各种知识运用于生产、经营、管理等工作实际,检验学生运用所学知识处理实际问题的能力,增加学生对社会的了解;同时它又能反馈课本知识在实际工作中运用的情况,为课堂教学改革提供重要信息和依据。实习任务完成后,学生按要求写出实习报告,汇报实习情况,记录实习体会。

第一节 实习报告的概述

撰写实习报告的主体一般是将毕业参加实习的学生。实习报告与调查报告有相似的地方,即先有实习(相当于调查,文科的实习有时可以等同于调查),后写报告。

(一)实习报告的含义

实习报告是一种特殊的报告类文体。要想了解什么是实习报告,就必须先理解清楚什么是"实习",什么是"报告"。所谓的"实习",是临近毕业的在校学生根据教学计划的安排而进行的课外实践活动;"报告"是反映实习内容、实习环节、实习效果、实习体会的书面文书。综合而言之,实习报告就是临近毕业的大学生实习环节结束之后,为及时反映实习内容、实习环节、实习效果、实习体会而写作的总结性文书。

(二)实习报告的特点

实习报告是在校学生实习后撰写的一种总结性的专用文书,它的作用仅适用于学校范围之内;所以,它与其他文体的应用文有着本质的区别,并体现出自身的特点。

1. 撰写主体的特定性

一般来说,应用文书的作者没有限定性,只要是从事相关的工作,任何人都能写作与工作相对应的应用文书;任何人在调换工作岗位、改变工作性质和内容以后,仍然能写作另一类与工作岗位、性质、内容相关的应用文书。但实习报告的作者群不一样,他们只能是在校的或临近毕业的学生,是实习生在实习环节结束后撰写完成的文体。学生毕业以后进入社会,从事与学校完全不同性质的工作,工作中写作的应用文可以是除实习报告以外的任何文体,唯有实习报告无须再写。

2. 内容的真实性

实习报告是实习环节进行完毕后写作的,它反映实习过程中的具体情况,如实习单位、实习岗位、工作内容、工作表现、实习体会和感想、需要增补或加强的知识或技能等;作者只有在亲身经历和有真实体会的前提下才能如实反映,而不是在没有参加实习的情况下凭空想象而杜撰出来的。尤其是实习的体会和感想要如实反映，如书本理论知识是否能运用于实际工作并解决实际问题、本人掌握和运用知识的程度及能力、需要增补和拓宽的知识等，都要如实反映；以便学校今后改进教育管理、教学计划和教学方法，也方便自己弥补不足之处和拓宽知识面。

3. 格式的规范性

实习报告作为一种专用文书，有其特定的写作格式和结构要求，这也是实习报告区别于其他应用文书的显著特征之一。当然，写作格式是为表现实习报告的主题服务的，写作格式也是依据具体内容而设置的。所以，实习报告中该有的内容都要有，这些内容要根据格式要求，采取恰当的结构分门别类地进行阐述，这样才能使实习报告内容翔实而具有可读性、结构严谨而具有合理性、格式正确而具有规范性。

（三）实习报告的作用

实习的重要性在前面已经作了较为详细的阐述，实习报告作为实习的总结性文体，其作用主要体现在"教"与"学"两个方面。

1. 反映学生掌握和运用知识的情况

学校教育尤其是高等教育的目的，是为社会培养和输送高素质人才。学校教育的主要手段就是通过课堂教学向学生传授各类科学文化知识。学生在校期间的学习成效如何，除通过课堂上的多种考核方式来检验外，更有效、更重要的是通过实习环节来检验；而且这个环节较之课堂考核来说，更能说明问题，更能体现学生对知识的掌握程度和运用知识的能力。学生在校期间学得怎么样？应该掌握的知识是否已经掌握？或掌握了多少？学生是否具备学以致用的能力？能否用所学知识来解决工作中的具体问题？能否将知识转化为生产力？这些问题都能在实习环节中找到答案。这些答案能否令人满意，需通过实习报告反映出来。

2. 检验学校教学的成果

实习环节既是对学生几年来学习效果的检验，更是对学校教育和教学工作的检验。学校的教育方针和宗旨是否得到贯彻？教学计划是否符合教学规律？各门课程的设置是否合理？专业知识的结构是否能适应社会工作的需要？这些都体现在学校教育是否具有合理性、规范性和实用性上。另外，在实施教学这个环节中，教师如何贯彻和具体实施教书育人的方针？课堂教学的内容是否丰富全面？课堂教学的方法是否卓有成效？指导学生掌握和运用知识的措施是否得力？等等。这些不仅要在课堂卷面考核中得到体现，更重要的是要在实习环节中得到检验。学生所学知识能在实习过程中得到运用并能解决工作中的实际问题，就能证明学校教育教学的实际成效；反之，那就意味着学校教育和教学工作有待改革和改进。实习报告就是一份检验报告单，学校教育和教学的效果能在上面得到如实的反映。

3. 回馈改进教学的信息

"实践是检验真理的唯一标准"，这已经是定论，也是不用争辩的真理。如果说知识是真理，那么，实习就是检验真理的实践环节。学校的教育方针和宗旨是否正确？教学计划的安排是否合理？教师传授的知识是否正确无误？这些知识是否能解决实践中的具体问题？这些都能在实习环节找到答案。实习报告综合反映上述问题，给教育管理和课堂教学提供信息回馈，如果答案令人满意，就说明学校教育管理和课堂教学是卓有成效的；反之，如果答案不能尽如人意，就说明教育管理和课堂教学上还有需要解决和改进的问题，学校在今后的教育管理和课堂教学中要有针对性地进行改革和改进，使教育和教学日趋完善。

第二节 实习报告写作的原则与步骤

（一）实习报告写作的原则

实习报告的写作要严肃认真，既要体现课堂教育的效果，更要体现个人对知识的理解和掌握程度以及运用知识处理实际问题的能力。所以，在撰写实习报告时要遵循如下原则。

1. 观点要正确，结论要科学

从某种意义上说，实习报告类似一篇论文，但又有不同于论文的地方：论文更具学术性，理论性更强，而实习报告是对实习环节的回顾、分析和总结，理论性较之论文要略逊一筹。但实习报告与论文一样，必须具备正确的主题和科学的结论，这样才能体现其价值。

2. 具有独创性，能解决问题

实习报告虽然不是学术论文，但若能体现一定的独创性，则更能检验学生在校学习的成效。高等教育不能等同于基础教育，它所培养的学生应该具有较强的科学研究能力。在实习的过程中善于发现问题、能够分析问题并解决问题，是实习环节锻炼和考查学生的目的之一。这里所说的独创性并非世界级或国家级尖端技术的独创，只是相对而言。这个独创性，是指实习者在课堂所学知识、业已具备的技能的基础上，能够发现或解决他们在课堂上见不到的问题或实习单位尚未解决的问题。这对于尚未走上工作岗位的学生来说，已经是一个可喜的成绩了。

3. 带着课题去，带着成果回

虽说不是大部头的学术专著，也不是毕业论文，但实习报告作为在校生几年来学习情况的汇报和检验，要体现学生一定的研究能力。学生的研究能力包括研究方法的掌握和运用，即运用正确的方法能达到事半功倍的效果，能使研究顺利进行，能得出正确的结论。所以，带着问题或课题去实习，或在实习过程中找课题，在实习中找准正确的方法解决问题，这是一个有心人的明智选择。在实习过程中，有意识地针对课题在实践中找答案，把实习当作课题来做，这样的实习一定是卓有成效的。

4. 材料典型客观，观点新颖正确

这是针对实习报告所提出的观点而言的。观点是文章的灵魂，新观点、新立意需要材料来证明，来自实习现场的客观而典型的材料最具有证明作用，最能说明问题。实习报告的材料不同于论文的材料，它更多的来自于实习环节，有些需要作者通过观察、总结才能获得，经过分析、研究才能体现价值。所以，在实习中要当有心人，广泛地搜集材料，然后再围绕观点或主题筛选、取舍材料、分析研究材料；选用能反映客观事物本来面貌的真实材料，选取具有代表性的典型材料，以增强说服力。

5. 理论联系实际，回馈教改信息

实习是一种有目的性的教学环节，将书本理论与实践活动相结合解决实际工作中的问题是其主要目的之一。学校的课堂教学是传授知识的主要途径，又是一种单方面的行为。因为在课堂上不可能得到实践的检验，要想检验理论知识的效果或作用，就必须到社会实践中去，把书本理论和实践结合起来。在实际工作中，实习者把在课堂上所学到的知识运用于具体工作，一是检验学习效果，解决具体问题；二是通过实践的检验得知，理论能否解决实际问题，学校教育还存在哪些不足，自己的学习还有哪些方面的欠缺，做到心中有数。实习结束后该改进的要改进，该补足的要补足。这样看来，实习报告还能为学校的教学改革提供重要的参考。

6. 内容分层次，结构需严谨

有了正确的观点，有了证明观点的材料，如果文章没有分明的层次、严谨的结构，这样的实习报告是没有可读性的或令人不能卒读的。所以，在报告行文时，首先要有翔实的内容，把内容分层次安排，给人一种清楚分明的感觉；其次，作者事先一定要认真地构思，采用恰当的结构形式，按照一定的逻辑顺序把文章的结构安排得合理有序；这样，再复杂的问题都能说清楚。

（二）实习报告的写作步骤

实习报告的写作作为一次大型的作业，与学术论文的写作有相似之处，所以要按照步骤来进行，一般要事先写好提纲，使写作有序进行。

1. 准备素材

准备素材的工作不是从报告行文时开始的，而是在实习过程中甚至实习之前就开始了。在确定了实习单位、了解了岗位特点、工作性质之后，就应该着手准备报告的写作。在实习过程中，实习者要对实习的全过程、各环节进行深入细致的观察，并作好必要的记录。这些工作笔记就是报告行文时的重要参考，尤其是观察到的问题和不足，是发现问题、分析问题、解决问题的切入点。在这些问题和不足上做文章，是最能体现实习报告的价值的。这些素材要经过整理才能用于报告的写作。

2. 设计框架

所谓设计框架，也叫谋篇布局，就是事先安排好文章的结构，这是素材准备好之后必须做好的工作。假如材料准备很充分，但行文时没有一个很好的结构，其结果是材料杂乱堆积，没有逻辑顺序，前言不搭后语，主旨体现不明，使人看后不知所云。因此，要力避这种情况的发生，就要事先做好谋篇布局的工作，最好能拟出提纲或写作计划，然后按照提纲和计划来实施写作。

3. 写作初稿

在提纲和计划拟订之后，就要进入下一步实质性的工作了，那就是动笔行文。最可行的方法是按提纲的安排写出初稿。初稿的写作可粗可细，能细则尽量细，修改时才能不费大力气。

4. 修改定稿

实习报告这种大型的作业一次性成功定稿,这种情况是不多见的,一般都要经过修改这一关,有的甚至要几易其稿。修改时,或补充材料,或调整结构,或理顺语言,或修正观点,一切根据需要进行。

(三) 论文式实习报告的文本构成

1. 封面
实习报告要装订成册,封面是它的外包装。

2. 标题
在封面上突出写明实习报告的标题。

3. 署名
注明实习者的院、系、专业名称和姓名。

4. 报告正文
报告正文一般要求字数约为10000字,具体字数视学校规定而定;其内容可分为概述、实习目的、实习项目简介、实习内容综合分析、实习总结和结束语等部分。

以上是就论文式实习报告的构成而言,一般性实习报告的构成宜略不宜繁。

第三节 实习报告的写作要求

每所高校对实习报告的写作要求不尽相同,但是它们都具有共性,归纳起来有以下两个方面:

1. 理论联系实际

实习报告的写作过程是更生动、更切实、更深入的专业知识的学习。在报告写作的过程中,可以结合实习课题将所学专业知识和技能运用于实际,在理论与实际结合的过程中进一步消化、加深和巩固所学的专业知识,并将其转化为分析和解决问题的能力。在搜集材料、调查研究、接触实际的过程中,既可以印证学过的书本知识,又可以学到许多课堂上和书本里学不到的新知识。

2. 融会贯通,诚信治学

实习报告的写作不是单一地应用某一专业课程所学的知识和能力,而是综合运用所学各科知识和能力对某一问题进行探讨和研究。工作中有些问题是相互关联的,而课本知识的作用有时也是多方面的。这就要求作者在实习时能够融会贯通,把所学知识综合运用于实际工作中,并能发挥知识的作用,解决实际问题。若平时学习习惯于死记硬背,缺乏能力的培养,缺少动手、动笔和实际操作的能力,在写作过程中问题就会暴露出来。

通过实习报告的写作,可使学生发现自己的长处和短处,以便有针对性地克服缺点。在写作过程中,应克服不以实践和研究为基础的错误倾向,切忌东抄西拼,改头换面,剽窃他人的成果。必须端正文风和学风,诚信治学。

第四节　实习报告的通用格式

与其他应用文书一样，实习报告的通用格式包括标题、正文和落款三个方面，下面作简要介绍。

（一）实习报告的标题

实习报告的标题有两种类型，即公文式标题和观点式标题。

1. 公文式标题

公文式标题由一个短语或一句话构成，它又分为两要素标题和三要素标题。

（1）两要素标题。即：事由＋文种。例如：

实习报告

这种标题最为简略，把实习单位名称、岗位性质或工作内容全部省略，其优点是直陈其事，言简意赅。

（2）三要素标题。即：实习单位（或岗位）名称＋事由＋文种。例如：

××市政务服务中心实习报告

这种标题要素俱全，把实习单位名称、岗位性质和内容等一并写出，其优点是给人一种具体全面的感觉，使读者能从标题上获取更多的信息。

（3）两行式标题。由正题和副题组成。正题在上，副题在下。正题从略，只写明事由和文种。副题概括报告的主旨，并对正题作诠释性说明。例如：

实习报告
——对××市政务服务中心运营现状的思考

这个标题的正题较为简略，只写明事由和文种；副题写明实习单位以及对该单位经营管理状况的研究和分析，是对正题的诠释性说明。

2. 观点式标题

所谓观点式标题，由能够反映实习报告主要观点或主题思想的短语构成，必要时加上副题来诠释正题。例如：

①走进社会大课堂，勤于实践得真知
②走进社会大课堂，勤于实践得真知
——××市政务服务中心实习报告

以上两例，前者用字数相等的两个对称性短语来表现观点（主旨），即在实习过程中的深刻体会；后者加上一个副题，对正题作必要的诠释。

(二) 实习报告的正文

实习报告的正文内容很丰富,它包含了如下几项。

1. 开头

(1) 概述。实习单位简介——包括实习单位成立时间、单位的隶属关系、人员组成情况、机构设置、单位的性质、主管业务范围等。同时,要介绍自己实习的部门,以及这个部门在整个公司运营中的职能作用。

(2) 实习目的。就是通过一段时间的实习,将要完成什么样的任务,达到什么效果,取得什么样的成绩等。要实现预期的目的,需要将宏观的目的分解成微观的目标。要想把实习目标制订得科学、客观、有效,必须遵守 SMART 原则:

① "S"(Specific):目标要清晰、明确,切忌模糊目标。

② "M"(Measurable):目标要可量化,量化的目标才能准确地衡量目标是否达成。

③ "A"(Achievable):目标要通过努力可以实现,也就是目标不能过低和偏高,偏低了无意义,偏高了难以实现,会影响实习的积极性。那什么样的目标才是适中呢?可以用一个形象的比喻来说明:高度适中的目标就像挂在树上的苹果,努力跳一跳就能摘到,这样的目标高度才是适中的。

④ "R"(Relevant):目标要和实习工作有相关性,否则目标定得再好,也无法促进实习工作的进行。

⑤ "T"(Time bound):目标要有时限性,必须在规定的时间内完成。

2. 主体

(1) 实习内容综合分析。

这一部分是实习报告的核心内容,应该详细且具体地撰写。实习生应该对整个实习工作的进程进行描述。其中,包括在各个阶段所从事的工作内容,与团队协作的情况,以及在每个阶段取得的成绩。可以简单地归纳为对以下几个问题的回答:在何时何地做了什么,怎么做的,结果如何?①

(2) 实习总结。

① 收获与体会。如:对实习单位环境的认识,工作适应过程,知识和技能的综合提高,课堂理论在实际应用过程中的作用和存在的问题等。

② 问题与探讨。此处若能提出一两个颇有价值的问题(如单位在运行过程中存在的某些不足或其他被忽视的问题)进行探讨,然后有针对性地提出改进的建议,则更能体现实习报告的价值。

3. 结尾

必要的结束语,以简略的语言、真诚的态度对实习单位表达谢意。

(三) 实习报告的落款

落款包括两点,一是作者署名,二是写明成文日期。如果报告是实习小组成员共同

---

① 高美:《求职预备役——精彩实习全攻略》,218 页,北京工业大学出版社,2014。

完成的，署名应该是若干人。①

第五节　实习报告范例

物业管理实习报告②

一、概述

2015年9月初，我在××××公司进行了物业管理实习工作。在实习期间，我依次对设施管理、事务管理、保安管理进行了实习。在实习中，我在管理处指导老师的热心指导下，积极参与物业管理的相关工作，注意把书本上学到的物业管理理论知识对照实际工作，用理论知识加深对实际工作的认识，用实践验证所学的物业管理理论，探求物业管理工作的本质与规律。简短的实习生活，既紧张、又新奇，收获也很多。通过实习，使我对物业管理工作有了深层次的感性与理性认识。

二、实习单位简介

我所实习的××××管理有限公司，隶属于香港沿海绿色家园集团。目前，该公司拥有员工近1500人，在深圳、厦门、福州、上海、武汉、鞍山、北京、大连、长沙等大中城市均有物业管理的项目。公司管理面积约300万平方米，管理项目类别有大型住宅区、高层商住大厦、商场、公寓、别墅、酒店、高等院校等物业。伟柏花园是其所管辖的物业管理项目之一。伟柏花园由2栋19层高的塔楼组合而成，小区面积约29000平方米，居住270户，居住人口近1000人，管理处员工26人，其中：管理人员6人。

三、实习内容及体会

回顾实习生活，感触是很深的，收获是丰硕的。实习中，我采用了看、问等方式，对伟柏花园管理处的物业管理工作的开展有了进一步的了解，分析了管理处开展物业管理有关工作的特点、方式、运作规律。同时，对管理处的设施管理、事务管理、保安管理有了初步了解。下面是自己的体会。

1. 加强人力资源管理，创"学习型、创新型"企业

严把员工招聘关。××××公司招聘的管理人员须毕业于物业管理专业；招聘的维修人员须是具备相关技术的多面手，并持有《上岗证》；招聘的安保人员须属退伍军人，对其身高体能、知识、品格、心理素质等都进行严格考核挑选。还要做好员工的入职、在职培训工作。××××公司对新招聘的员工进行上岗前的相关培训工作，使员工对小区的基本情况、应开展的工作心中有数，减少盲目性；随着市场竞争激烈，知识、技能的不断更新，对在职员工提供各类专业性的培训机会。××××公司提倡"工作就是学习，工作就是创新"，每位员工都争做"学习型、创新型"员工，员工中形成了一种积极向上的比帮赶超的竞争氛围。从而使员工个人素质得以提高，管理处的管理服务水平和管理效益得以提高，树立了良好的企业形象。

---

① 邹志生：《应用写作教程创意新编》，291～299页，武汉：华中科技大学出版社，2006。
② 金燕：《应用文写作实训教程》，181～183页，上海交通大学出版社，2007。

从实际出发，管理处严格参照ISO9000质量体系运作，制定了严格的规章制度和岗位规程、工作标准、考核标准。管理处根据员工的工作职责，制定全方位的上级、平级、下级的360°考核办法。制定量化考核标准，实行定性和定量考核相结合，增强了考核的可操作性，减少考核时人为因素的影响。建立完善考核机制，实行末位淘汰制，避免了考核走过场的现象。通过考核机制的建立，增强了员工的危机感、紧迫感，促使员工不断提高自身素质。

2. 培育自身核心专长，创特色服务，提升核心竞争力

在实习中，我看到一套由××××公司自行设计开发的"一站式物业管理资讯系统"物业管理服务软件。该软件包括："一站式客户服务、一站式资讯管理、一站式数码社区"三大体系，是一个利用网络、电子商务、科技手段来提高物业管理水平和服务质量，有效地开发、整合、利用客户资源的先进资讯系统。管理处全面提倡"一站式服务"、"最佳保安"的特色管理服务。从而实现了高效的管理运作，解决了业主的奔波之苦，创造了一种无微不至、无所不在的服务。提升了服务效率，提高了业主满意度，提升了物业管理服务的水平和服务质量，最终提升了公司在激烈的市场竞争中的核心竞争力。

3. 推行"顾客互动年"，促进公司与业主之间的良性互动

在实习中我了解到，在2015年××××公司重点开展了"顾客互动年"活动。成立了俱乐部，设立新生活服务中心，开通客户服务热线，及根据小区居住的业主不同的年龄、不同的爱好与兴趣、不同的层次等，有针对性地开展日常的社区活动与主题活动。如：三月份，开展了学雷锋义务服务活动；"六一"儿童节，与幼儿园联谊开展游戏活动；十月份，组织小区业主观看露天电影；十二月份圣诞节，由圣诞老人派发圣诞礼物……通过开展各类丰富多彩的互动活动，加强了公司与业主、业主与业主之间的沟通交流，创建了互动的顾客关系，营造了浓厚的社区氛围和良好的居住环境。

4. 重视物业管理的重要基础工作——设备管理

对于设备管理，我在实习中看到，管理处着重建立和完善设备管理制度；对各类设备都建立设备卡片；作好设备的日常检查巡视，定期进行检查、保养、维修、清洁，并认真作好记录，发现问题及时解决。如对水池、水箱半年清洗消毒一次，进行水质化验，以保证水质符合国家标准；发电机每月试运行一次；消防泵每月启动一次，以确保发生火灾险情时，消防泵能正常使用等等。

5. 管理处一道亮丽的风景线——安保队伍

管理处的保安管理设大堂岗、巡逻岗、监控岗、指挥岗，岗与岗之间密切联系，对小区实行24小时的安全保卫。建立并完善各项治安管理规章制度；对新招聘的保安员进行上岗前岗位的基本知识和操作技能培训，加大对在职保安员的培训力度，注重岗位形象、礼节礼貌、应急处理能力等培训，从而增强保安员的工作责任心和整体素质；强化服务意识，树立"友善与威严共存、服务与警卫并在"的服务职责，安保人员在做好治安管理职能外，还为业主提供各种服务，形成了管理处一道亮丽的风景线。

短暂的实习转眼而过，回顾实习生活，我在实习的过程中，既有收获的喜悦，也有一些遗憾。通过实习，加深了我对物业管理知识的理解，丰富了我的物业管理知识，使

我对物业管理工作有了深层次的感性和理性认识。同时，由于时间短暂，感到有一些遗憾。对物业管理有些工作的认识仅仅停留在表面，只是在看人做、听人讲如何做，未能够亲身感受、具体处理一些工作，所以未能领会其精髓。

通过实习，我发现××××公司无论是在管理经验，还是在人才储备、基础管理上都已储备了雄厚的资源，是物业管理行业中的一个后起之秀，它的发展前景非常广阔。但在深圳，××××公司的品牌不太响亮，若××××公司能挖掘新闻，借用传播媒体扩大其知名度；那么，将在物业管理行业新的规范调整期中占有更大的市场，让更多的居民享受到其优质满意的服务。

通过实习，我认识到要做好物业管理工作，既要注重物业管理理论知识的学习，更重要的是要把实践与理论两者紧密结合。物业管理作为微利性服务行业，它所提供的产品是无形的服务。物业管理是一种全方位、多功能的管理，同时也是一种平凡、琐碎、辛苦的服务性工作。因此，在物业管理实际工作中，要时刻牢记物业管理无小事，以业主的需求为中心，一切从业主需求出发。树立"想业主之所想，急业主之所急，做业主之所需"的服务宗旨，不断学习，不断创新，与时俱进，为业主提供整洁、优美、安全、温馨、舒适的居住环境，为全面建设小康社会开创物业管理新的里程碑。

大学生公司人事部毕业实习报告[①]

一、实习目的

毕业实习是我们大学生必须经历的过程，是理论与实践相结合的重要方式，使我们在实践中了解社会、在实践中巩固知识。实习又是对我们毕业生专业知识的一种检验，它让我们学到了很多在课堂上根本就学不到的知识，既能开阔视野，又能增长见识，为我们走向社会打下坚实的基础，也是我们走向工作岗位的第一步。同时实习也是提高学生政治思想水平、业务素质和动手能力的重要环节，我们通过实习走向社会，接触实务，了解国情、民情，增进群众观念、劳动观念和参与经济建设的自觉性、事业心、责任感；通过深入基层，了解经济管理和财会工作现状，可以使我加深理解并巩固所学的专业知识，进一步提高认识问题、分析问题、解决问题的能力，为今后走向社会，服务社会作好思想准备和业务准备。

二、实习时间与地点

2016年2月5日至5月5日

××科技股份有限公司行政人事部

三、实习报告内容

1. 实习单位情况

××科技股份有限公司是一家集太阳能电池片和太阳能组件的研发、制造、销售和技术服务为一体的新型高新技术企业，是国内太阳能××发电产品制造商和销售商。公司生产的高性能太阳能电池和组件，技术水平位于国内同行业前列。公司主要涉及的市场领域是太阳能电池、组件和××发电系统等，产品可广泛应用到通信、交通、照明、

[①] 蒙继承：《应用文写作实用教程》，153~156页，天津大学出版社，2011。

广电、国防、海事等众多领域。

2. 实习内容

当踏出了大学这扇门,就意味着要踏上职业生涯的道路,对于应届生的我来说,还没有足够的社会经验,经过了这几个月我学到了很多,感悟了很多;特别是在公司领导和同事的关心和指导下,认真完成领导交付的工作,和公司同事之间能够通力合作,关系相处融洽又和睦,配合各部门负责人成功地完成各项工作;积极学习新知识、新技能,注重自身发展和进步。我学会了很多技能,增加了相关的经验。现将这几个月的工作和学习情况总结如下。

(1) 录用,建立员工档案。给员工办好入职手续,新员工刚入公司,首先要通过正常的途径使其成为公司的一名员工,这包括签订保密协议、担保书、劳动合同等等,办工作证等;完成员工的试用期转正工作,审核申请书、述职报告等。

(2) 考勤管理,完成每月考勤记录,并根据考勤情况进行薪资计算与发放。这是相当重要的一块内容,计算薪资需要严谨的态度和细心的工作状态以及高度的责任感。虽然只是简单的计算,公司目前拥有530多名员工,并在继续扩大,人员数量的增加也加大了一定的难度。

(3) 办公物资申请、发放、管理。办公物资的领用、发放、管理也是办公室管理的一项内容,要做到合理使用、规范使用,并且要及时满足各部门的需要。

(4) 离职。给员工办理离职手续,员工离职也需要经过交接任务,确保生产正常进行,并且要解除劳动合同。

(5) 办理员工社保。针对社会出现的几种风险,社会保险设置了养老保险、医疗保险、残疾保险、工伤保险、生育保险、失业或破产保险等项目。因此公司要及时地给员工办理相关保险,我所做的工作是要及时统计新进员工,办理社保,并每隔一段时间到社保中心办理医保卡。另外,当遇到员工的工伤、生育等保险更是需要按照一定的程序办理。

工作的过程就是一个不断学习的过程,我是积极地做,但还是走了些弯路,我取得的点滴进步都或多或少地付出很大代价。做事的方式方法及处理日常生活中琐事的技巧是我现在和将来学习的一部分。工作能力的加强是我努力的方向。对于今后的工作,我有能力、有信心做得更好。

3. 实习调查情况

当然,在经过三个月的任职人事专员之后,我以我自己所学的专业知识结合浅薄的工作经验对该公司目前的状况提出以下几个方面的个人看法和建议。

案例一

目前公司的行政人事部主要成员为两位,一位是行政部经理,另外一位就是人事专员,而公司目前的总人数达到530多人。公司为了防止机构臃肿,尽量少安排人,于是整个部门就两个人。部门经理全面负责上下的协调处理,包括行程车辆的安排,也即包括后勤的管理。而人事专员则全面负责公司人员的录用、离职,办理社会保险,结算薪资,发放奖金,管理办公物品等,也就是说都是一些琐事。工作量很大,一个人兼顾着人力资源几个模块的内容,显得有些繁杂,从而降低了工作效率。另外,由于人员不够，于是将人事部应有的职责下放到各部门。虽然看似减轻了人事部的工作，但事实并不如此。很多事情一开始没有经过人事部，权力分散，职责相互推脱，到后来就很难处理。

分析：公司管理结构安排尚不完善。企业管理可以划为几个分支：人力资源管理、财务管理、生产管理、采购管理、营销管理等。通常公司会按照这些专门的业务分支设置职能部门。目前我所接触较多的是该公司的人力资源管理方面，通过几个月我发现公司的管理还不够规范与严谨，公司对管理层面还不够重视。首先，公司没有合理分配人事管理，行政人事部应该履行的职责被分散为各部门行使，这样使得行政人事部显得似乎是个摆设，没有真正实现该部门的用处。譬如在招聘人员方面，应该是由人事部操作的，而实际上却将权力下放给各部门单独进行，这十分不利于员工的管理。

案例二

公司制定了严格的薪资管理制度，薪资的构成为基本工资和绩效工资。员工的薪资是按时计薪的，绩效考核评比是以奖金的形式来发放的，这对员工来说是比较合理的。但是，薪资的变动很小，即许多员工进公司一年多还是没有调薪，这在一定程度上降低了员工的工作积极性。其次，由于公司是私人企业，公司董事长重生产轻管理的思想使得薪资待遇对办公室人员极其不合理。从目前的薪资状况来看，办公室人员的薪资不如生产线的员工。长期下来，这会造成办公室人员工作激情下降，工作消极，影响正常的生产进行，这对公司的损失是巨大的。

分析：公司的薪资结构不够完善。目前公司的薪资规定在操作上还需改善，在公平性和激励性上需多加重视。当原来设定的新的薪资管理机制经过不断地沟通与签合同过后，所有员工有期待薪资管理逐渐走上正轨的心理，也就是逐步向外部公平性以及外部合理竞争力的方向走。但是经过几次晋升不调薪，即外部薪资竞争力仅在新进员工薪资核定上反应后，员工逐渐对新的薪资管理机制失去信心。

案例三

该公司在公司副总经理的带领下，重视对公司员工的培训以及技术指导，但是这仅仅只是浅层的，目前该公司对企业文化的重视还远远不够。首先，公司领导对员工的人文关怀不够。其次，公司对企业文化的建设并不重视，没有形成统一的思想文化以及内在精神，因而更谈不上企业文化的宣传与继承，这对公司的深层发展来说是欠缺的。企业精神和企业形象对企业职工有着极大的鼓舞作用，特别是企业文化建设取得成功，在社会上产生影响时，企业职工会产生强烈的荣誉感和自豪感。他们会加倍努力，用自己的实际行动去维护企业的荣誉和形象。共同的价值观念形成了共同的目标和理想，职工把企业看成是一个命运共同体，把本职工作看成是实现共同目标的重要组成部分，整个企业步调一致，形成统一的整体。

分析：作为一个新兴产业的公司，在注重产值的同时，更应该注重企业文化的创立。因为企业文化是企业的灵魂，是推动企业发展的不竭动力。它包含着非常丰富的内容，其核心是企业的精神和价值观，是企业长远发展所必须具备的一种精神支柱。除以上三个简单的案例分析之外，我对此次实习还有以下几点看法。

（1）一个健康的企业的发展需要完善的规章管理制度，并且按照合理的程序执行。

要明确各部门的职责,并且要充分运用管理方法,以人为本,从而使公司或团队迅速而稳健地发展、壮大,把握更多的成功机会。制度有形式,企业的规章、条例、标准、纪律、指标等都可以视为制度的表现形式。制度对于企业文化建设,企业软实力的提升都有着非常重要的意义。在正确的企业文化指导下建立的企业制度,可以规范企业内部人员的行为,提高企业员工的工作效率,促进企业的有效管理,进而推动企业发展壮大。而企业制度建设和文化建设是互动互益的,在企业制度建设、文化建设良性互动过程中,制度得以科学完善,企业软实力得以提升。以先进的价值观念、管理理念和发展战略来引领公司的管理流程与制度设计,使管理精益,制度标准,落实有力,彰显企业软实力。企业必须因时应势,不断健全现代企业制度,同时强调企业制度的有效实施,在企业发展过程中不断完善并加以创新,将制度建设视为企业的一项持续的系统工程。通过企业制度建设,促进企业文化发展,提升企业软实力,做大、做强企业。

(2) 要毫不动摇地狠抓人力资源管理。一个企业的发展,归根结底,在于人才,在于充分挖掘人才的潜力,使其为企业服务。重要的是企业的管理者能否找到和使用好这样的人,即识人用人能力的大小决定了一个企业管理者的发展远景。完善的人力资源主要包括以下几个方面:

①组织架构的设计、岗位描述、人力规划编制、考勤管理的工作。

②招聘使用:提供工作分析的有关资料,使部门人力资源计划与组织的战略协调一致。对申请人进行面试作最终录用和委派决定,对提升、调迁、奖惩和辞退作出决定,职务分析和工作分析的编写,制订人力资源计划,通过这些使企业内部"人、事相宜"。即采用科学的方法,按照工作岗位要求,将员工安排到合适的岗位,来实现人力资源合理配制。

③工作报酬:制定合理的薪酬福利制度,按劳付酬,论功行赏,通过报酬、保险和福利等手段对员工的工作成果给予肯定和保障。其次,促使员工提高士气和生产效率的各种激励策略也是对员工工作绩效的一种有效报偿。

④培训开发:现在的市场无疑是产品质量的竞争,说到底是人才的竞争,是一个企业整体素质的竞争。一个产品质量的好坏,也是一个企业所有岗位技能的集中体现,所以应把全员培训作为企业立业之本,追求全员卓越,以人为本的管理方式。提供培训开发需求和待培训者名单,制订并实施培训开发计划:主要指职业技能培训和职业品质的培训,为员工发展提供咨询,规范在职培训开发的指导。通过培训开发来"提高员工能力"和"发挥员工能力",以此改进员工的行为方式,达到期望的标准。

(3) 管理方法要经常创新。管理员工就像开汽车,司机在开车时需小心地看着仪表和路面。路面有新的变化,仪表的指针有变化,他就应该转动方向盘,防止翻车撞人。管理员工也是如此,管理人员要让其员工在指定的轨道上运行,就要仔细观察、经常调整,以防止其出现偏误。管理学家克拉克说过一句很深刻的话:"信息革命改变着人类社会,必定要改变企业的组织和机制"。

随着世界经济一体化进程的加快,随着新知识、高科技发展异常迅猛,竞争也越来越激烈。因此我们必须学会增强创新力,针对工作的重点、难点增强创新力,为企业增添活力,并为做大做强企业打好基础。

参考文献

[1] 任占忠. 大学生实习指导 [M]. 北京交通大学出版社, 2013: 1-20.
[2] 孙荣, 杨蓓蕾, 徐红, 王瑞根. 现代办公室管理 [M]. 上海: 复旦大学出版社, 2012: 333-339.
[3] 黑苹果青年. 这样实习就对了 [M]. 北京时代华文书局, 2014: 9-10.
[4] 宋亮, 周洪林. 现代文秘工作实务 [M]. 北京: 中国书籍出版社, 2015: 199-219.
[5] 中国就业培训技术指导中心. 企业人力资源管理师（二级）[M]. 北京: 中国劳动社会保障出版社, 2014: 100.
[6] 马仁杰. 秘书学教程 [M]. 合肥: 安徽大学出版社, 2015: 115-214, 309-315.
[7] 高美. 求职预备役——精彩实习全攻略 [M]. 北京工业大学出版社, 2014: 16-218.
[8] 刘访. 党政机关公文处理工作条例精解与范例（第二版）[M]. 北京: 中国法制出版社, 2014: 17-30.
[9] 张浩. 最新公文写作技巧、格式、模板与实用范例全书 [M]. 北京: 海潮出版社, 2014: 4-13.
[10] 谭一平. 外企秘书实务 [M]. 北京: 中国人民大学出版社, 2011: 113-121.
[11] 胡亚学, 郝懿. 秘书理论与实务 [M]. 大连: 东北财经大学出版社, 2007: 103-107.
[12] 邹志生. 应用写作教程创意新编 [M]. 武汉: 华中科技大学出版社, 2006: 291-299.
[13] 金燕. 应用文写作实训教程 [M]. 上海交通大学出版社, 2007: 181-183.
[14] 刘少丹, 郭学丽. 行政人员岗位培训手册 [M]. 北京: 人民邮电出版社, 2015: 17, 29-36.
[15] 叶黔达. 办公室工作实务规范手册 [M]. 成都: 四川人民出版社, 2014: 266-267.
[16] 任南. 办公室文员工作一本通 [M]. 北京工业大学出版社, 2014: 129-130.
[17] 金正昆. 政务礼仪教程 [M]. 北京: 中国人民大学出版社, 2005: 262-267.
[18] 周小其. 经济应用文写作 [M]. 成都: 西南财经大学出版社, 2012: 18-80.
[19] 盛明华. 常用经济应用文写作教程 [M]. 上海: 立信会计出版社, 2011: 68-91.
[20] 刘伟. 会议记录整理与写作撮要 [J]. 秘书, 2015 (2): 338-339.
[21] 于立志. 公文写作小全书 [M]. 北京: 中国言实出版社, 2014: 144.
[22] 蒙继承. 应用文写作实用教程 [M]. 天津大学出版社, 2011: 91-156.

［23］娄成武，魏淑艳，曹丁."校府合作"：公共管理专业人才培养模式的新探索［J］.中国行政管理，2009（9）：104.

［24］丁谌.大学生职业生涯规划现状研究［J］.佳木斯职业学院学报，2015（3）：189－190.

［25］滑登红.当代大学生职业生涯规划的现状及对策［J］.山西高等学校社会科学学报，2010（11）：117－119.

［26］中华人民共和国国家质量监督检验检疫总局，国家标准化管理委员会.党政机关公文格式［S］.中国质检出版社，中国标准出版社，2012－06－01.

［27］中国人才网.政府世界献血者日宣传活动策划书［EB/OL］.［2015－05－20］.http：//www.cnrencai.com/cehuashu/177658.html.

［28］国务院办公厅.党政机关公文处理工作条例［EB/OL］.［2013－02－22］.http：//www.gov.cn/zwgk/2013－02/22/content_2337704.htm.

［29］中华人民共和国民政部.党政机关公文格式［EB/OL］.［2013－03－06］http：//jnjd.mca.gov.cn/article/zyjd/zcwj/201303/20130300425648.shtml.

［30］中华人民共和国国家档案局.中华人民共和国档案法［EB/OL］.［2010－02－08］.http：//www.saac.gov.cn/xxgk/2010－02/08/content_1704.htm.

［31］中华人民共和国国家档案局.中华人民共和国档案法实施办法［EB/OL］.［2010－02－05］.http：//www.saac.gov.cn/xxgk/2010－02/05/content_1541.htm.

后　　记

经过了许许多多个日夜的编写和修改，本书稿终于可以付梓出版了，但我始终还是惴惴不安，因为总觉得书稿还存在不少观点可以细细推敲以修改达到至善。但由于时间、精力以及本人水平有限，使得本书难以达到更高的质量和水平。

我一直坚信：一本好的教材不是"写"出来的，而是"教"出来的。因此，在编写此教材的过程中，我始终以公共管理类专业学生的能力提升为出发点，尽可能挖掘我在高校数年一线教学和指导学生实习的经历中所积累下来的心得体会和素材，并将其融入本教材中，希望本教材能够真正指导公共管理类专业学生顺利完成实习，最终达到预期的实习目标。因此，本教材在编写过程中始终围绕着"实务"这一主线，以期将它编写成一部具有实战性的指导教材。

本教材最终得以完成，很大程度上是站在巨人肩膀上的结果。在编写的过程中，借鉴了大量的文献资料。这些文献所具有的精彩观点、独特视角和现实指导性，为本教材的编写提供了丰富的素材，同时也拓展了我写作的思路。由于借鉴的文献量过于庞大，无法一一地向文献的作者致谢，只能在此一并感谢！

本教材能顺利出版要感谢我国行政管理领域泰斗级人物——中山大学夏书章教授。夏老为本教材作序，使得本教材大为增色。感谢我的研究生导师王枫云教授，此书面临"难产"的时候，在他的精心指导下，"难产"最终转变为"顺产"。中山大学出版社编辑曾一达老师不厌其烦地帮助我修改完善书稿，付出了巨大的努力和精力，在此表示深深的谢意。最后，还要感谢广州大学松田学院2016级行政管理班的全体学生，他们牺牲休息时间为本书稿"挑刺"，书稿中很多低级的错漏被他们挑了出来。他们认真执着的精神，令我印象深刻。

由于本人的水平有限，书中难免会有疏漏之处，敬请有关领域的专家学者和广大读者批评指正！

林志聪
2017年5月14日